쉽게 읽는
백범일지

김구 지음 — 도진순 엮어 옮김

돌베
개

쉽게 읽는 백범일지

김구 지음 ㅣ 도진순 엮어옮김

2005년 11월 23일 초판 1쇄 발행
2024년 9월 5일 초판 48쇄 발행

펴낸이 한철희 ㅣ 펴낸곳 돌베개 ㅣ 등록 1979년 8월 25일 제406-2003-000018호
주소 (10881) 경기도 파주시 회동길 77-20 (문발동)
전화 (031) 955-5020 ㅣ 팩스 (031) 955-5050
홈페이지 www.dolbegae.co.kr ㅣ 전자우편 book@dolbegae.co.kr
블로그 blog.naver.com/imdol79 ㅣ 트위터 @dolbegae79 ㅣ 페이스북 /dolbegae

책임편집 김혜형 ㅣ 편집 이경아·윤미향·김희진·김희동·서민경
표지디자인 오필민 ㅣ 본문디자인 이은정·박정영 ㅣ 인쇄·제본 영신사

ISBN 89-7199-229-8 03910

이 도서의 국립중앙도서관 출판시도서목록(CIP)은 e-CIP 홈페이지
(http://www.nl.go.kr/cip.php)에서 이용하실 수 있습니다.(CIP제어번호: CIP2005002337)

* 이 책에 수록된 백범 관련 사진은 백범김구선생기념사업협회에서 제공해 주셨습니다.

백범 존영

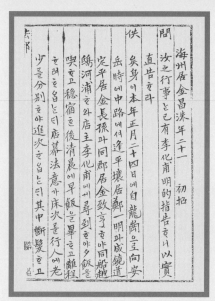

치하포 사건으로 투옥된 김창수에 대한 인천감리서의 1차 신문조서. (1896년 8월 31일)

장련 광진학교 시절의 교사들과 학동들. 맨 뒷줄 오른쪽 끝이 백범이다. (1906년)

상해에서 아내, 큰아들 인과 함께 단란했던 시절. (1922년경)

1924년 1월 1일 사망한 최준례 여사의 묘비.

1919년 9월 임시정부 의정원 의원들과 백범. 앞줄 가운데 흰옷 차림이 도산 안창호, 두번째줄 오른쪽 끝이 백범이다.

홍구 의거 직전 태극기 앞에서 맹세하는 백범 과 윤봉길 의사. (1932년 4월 26일)

백범의 피신을 도와준 가흥의 중국인들과 임정 요인들. 뒷줄 오른쪽에서 세번째가 백범이다.

존폐 위기의 임시정부를 다시 세우고 국무위원 일동과 함께. 뒷줄 왼쪽에서 두번째가 백범 이다.

광복군 창설과 임시정부의 확대

중경 가릉빈관에서 열린 한국광복군 총사령부 성립전례식을 마치고. (1940년 9월 17일)

좌우합작으로 임시정부를 확대하고 난 후, 34회 임시의정원 의원들. (1942년 10월)

중경을 떠나기 전 대한민국임시
정부 환국 기념. (1945월 11월 3일)

서울운동장에서 열린 대한민국 임시정부 환국봉영회. (1945년 12월 19일)

반탁과 정치적 소용돌이

신탁통치 반대 전국대회에서 연설하는 백범. (1946년)

해방 1주년 기념식에 자리를 함께한 백범과 이승만. (1946년 8월 15일)

歷 史 的 刹 那

1948년 4월 19일 오후 6시 45분, 38선상의 백범. 사진을 찍은 유중렬 기자는 이 순간을 "역사적 찰나"라 명명하였다.

평양 모란봉 극장의 남북연석회의에서 축사하는 백범. (1948년 4월 22일)

건국실천원양성소 2기생들과 함께. (1947년 11월 30일)

서울 염리동의 어린이 교육기관 창암학원 개원 기념. (1949년 3월 14일)

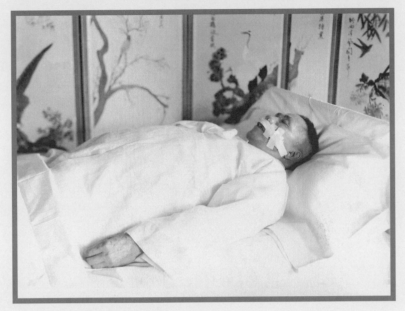

1949년 6월 26일, 경교장에서 서거한 백범.

1949년 7월 5일 백범 국민장 장례 행렬.

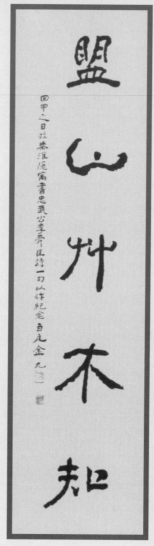

誓海魚龍動 바다에 맹세하니 어룡(魚龍)이 움직이고
盟山草木知 산에 다짐하니 초목(草木)이 알더라.

백범이 어려운 시기에 즐겨 애송하던 충무공 이순신의 시구. 1936년 남경 진회하(秦淮河) 회청교 옆에서 주애보와 더불어 몸을 숨기고 있었던 백범은 자신의 회갑을 맞이하자 충무공의 구국정신으로 스스로를 다짐하였다.

踏雪野中去　눈덮인 들판을 걸어 갈 때
不須胡亂行　함부로 어지럽게 걷지 말지어다.
今日我行跡　오늘 내가 디딘 발자국은
遂作後人程　언젠가 뒷사람의 길이 되느니라.

이 시는 백범이 만년에 즐겨 썼던 시로, 이 글은 1948년 10월 26일, 즉 안중근 의거 기념일에 쓴 것이다. 백범은 이 시로써, 조국이 눈보라 치는 위기에 당면할 때 일신의 안위나 이해관계보다는 후손들에게 남겨 줄 역사를 강조하였다.

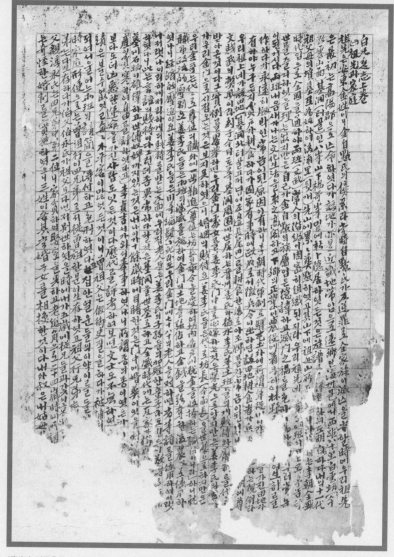

백범이 민족운동의 전선에서 깨알 같은 글씨로 기록한 『백범일지』 원본의 첫 면.

쉽게 읽는 백범일지

이 책은 내가 중국 상해와 중경에 있을 때 써 놓은 『백범일지』를 한글 철자법에 맞게 윤문한 것이다. 마지막 부분에는 본국에 돌아온 뒤의 일을 추가하였다.

내가 상해에서 대한민국 임시정부의 주석이 되어 언제 죽음이 닥칠는지 모르는 위험한 일을 시작할 때, 당시 본국에 들어와 있던 어린 두 아들에게 나의 지난 일을 알리고자 하는 동기에서 이 글을 쓰기 시작했다. 이렇게 유서 대신으로 쓴 것이 이 책의 상권이다.

윤봉길 의거 이후 중일 간의 전쟁으로 일시적으로 우리 독립운동의 기지와 기회를 잃게 되었으나, 나는 이 목숨을 던질 곳이 없어 살아남아 다시 민족운동의 기회를 기다리게 되었다. 그때 내 나이 벌써 칠십을 바라보아 앞날이 많이 남아 있지 않으므로, 주로 미주와 하와이의 한인 동포를 염두에 두고 민족 독립운동에 대한 나의 경륜과 소감을 알리려고 쓴 것이 하권이다. 이것 역시 유서라 할 수 있다.

내가 살아서 고국에 돌아와 이 책을 출판할 줄은 꿈도 꾸지 아니하였다. 다만 완전한 독립국가가 수립된 뒤 이 책이 출간되어 지나간 이야기로 동포들의 눈에 비춰지기를 원하였다. 그런데 행이라 할까 불행이라 할까, 아직 완전한 독립국가를 수립하지 못하였지만 죽지 못한 내 생명은 고국에 돌아와 이 책을 동포의 앞에 내놓게 되니 실로 감개무량하다.

나를 사랑하는 몇 친구들이 이 책을 출간하는 것이 동포에게 다소간 이익이 된다고 권하기로, 나도 허락하였다. 이 책을 발행하기 위해 국사원 안에 출판소를 두고 김지림 군과 삼종질 홍두 그리고 여러 친구와 여러 기관에서, 혹은 번역과 한글 철자법 수정으로, 혹은 비용과 용지의 마련으로, 혹은 인쇄로 힘쓰고 수고한 데 대하여 고마운 뜻을 표하여 둔다.

끝에 붙인 「나의 소원」 한 편은 내가 지금 우리 민족에게 하고 싶은 말의 개요를 적은 것이다. 무릇 한 민족이 국가를 세워 국민 생활을 하려면 반드시 기초되는 철학이 있어야 하며, 이것이 없으면 국민의 사상이 통일되지 못하여 더러는 이 나라의 철학에 쏠리고 더러는 저 민족의 철학에 끌리어, 사상과 정신의 독립을 유지하지 못한 채 남을 의뢰하고 저희끼리는 추태를 나타내게 되는 것이다.

오늘날 우리의 현상을 보면 더러는 로크John Locke의 철학을 믿으니 이는 워싱턴을 서울로 옮기는 자들이요, 또 더러는 마르크스Karl Mark · 레닌V. I. Lennin · 스탈린I. V. Stalin의 철학을 믿으니 이들은 모스크바를 우리의 서울로 삼자는 사람들이다. 워싱턴도 모스크바도 우리의 서울은 될 수 없는 것이요 또 되어서도 안 되는 것이니, 그것을 주장하는 자가 있다면 그것은 일제시대 동경을 우리 서울로 하자는 자와 다름이 없을 것이다.

우리의 서울은 오직 우리의 서울이라야 한다. 우리는 우리의 철학을 찾고, 세우고, 주장해야 한다. 이것을 깨닫는 날이 우리 동포가 진실로 독립정신을 가지는 날이요, 참으로 독립하는 날이다.

「나의 소원」은 이러한 동기, 이러한 의미에서 실은 것이다. 다시 말하면 내가 품은, 내가 믿는, 우리 민족 철학의 대강령을 적어 본 것이다. 그러므로 동포 여러분은 이 한 편을 주의하여 읽어 주서서, 저마다의 민족 철학을 찾아 세우는 데 참고를 삼고 자극을 삼아 주시기를 바라는 바이다.

내가 이 책 상편을 쓸 때 열 살 내외이던 어린 두 아들 중에서, 큰아들 인仁은 젊은 아내와 어린 딸 하나를 남기고 중국 중경에서 이미 죽었다. 작은아들 신信은 지금 스물여섯의 청년이 되어 미국에서 돌아와 내 곁에 있다. 중국의 군인인 동시에 미국의 비행 장교였던 그는 장차 우리 나라의 군인이 될 날을 기다리고 있다.

이 책에 나오는 동지들 중에는 생존해서 독립 사업에 헌신하는 사람들도 있지만, 이미 세상을 떠난 이도 많다. 무릇 난 자는 다 죽는 것이지만, 개인이 나고 죽는 중에도 민족의 생명은 늘 있고 늘 젊은 것이다. 따라서 우리는 우리의 시체로 성벽을 삼아서 우리 민족의 독립을 지키고, 우리의 시체로 발판을 삼아 우리 민족의 자손을 높이고, 우리의 시체로 거름을 삼아서 우리 민족의 문화의 꽃을 피우고 열매를 맺어야 한다. 앞서 세상을 떠나간 동지들이 다 이러한 일을 하시고 간 것에 대해 나는 늘 감사한다. 나도 비록 늙었으나 앞으로 이 몸뚱이를 헛되이 썩히지는 아니할 것이다.

나라는 내 나라요 남들의 나라가 아니다. 독립은 내가 하는 것이지 다른 사람이 하는 것이 아니다. 우리 민족 삼천만이 저마다 이 이치를 깨달아 행한다면, 우리 나라가 완전 독립이 아니 될 수도 없고, 또 좋은 나라 큰 나라로 길이 보전되지 아니할 수 없는 것이다.

나 김구가 평생 생각하고 행한 일이 다 이러한 것이다. 나는 내가 못난 줄 잘 알고 있다. 그러나 아무리 못났더라도 국민의 하나, 민족의 하나라는 사실을 믿으므로 내가 할 수 있는 일을 쉬지 않고 해온 것이다. 이것이 내 생애요, 내 생애의 기록이 바로 이 책이다.

그러므로 내가 이 책을 발행하는 데 동의한 것은, 잘난 사람으로서가 아니라 못난 사람이지만 민족의 한 분자로 살아간 기록이기 때문이다. 하층민 백정白丁과 평민인 범부凡夫를 의미하는 백범白凡이라는 내 호가 이것을 의미한다. 내가 만일 민족의 독립운동에 조금이라도 공헌한 것이 있다면, 그만한 것은 대한사람이면 누구나 할 수 있는 것이다.

나는 우리의 젊은 남녀들 속에서 참으로 크고 훌륭한 애국자와 빛나는 큰 인물이 쏟아져 나올 것을 믿는다. 그러나 그보다도 더 간절히 바라는 것은 누구나 저마다 이 나라를 제 나라로 알고 평생 이 나라를 위하여 있는 힘을 다하는 것이니, 이러한 뜻을 가진 동포들에게 이 '범인의 자서전'을 보내는 것이다.

단군기원 4280년(서기 1947년) 11월 15일 개천절날*

* 개천절은 처음에는 음력 10월 3일로 기념하였다.
1947년 11월 15일은 음력으로 10월 3일, 즉 개천절이다.

_ 책을 펴내면서

백범白凡 김구金九의 자서전『백범일지』는 진한 감동을 주는 국민적 도서로 폭넓은 사랑을 받고 있지만, 기초적인 부분조차 제대로 알려지지 못한 경우가 적지 않다. 우선『백범일지』白凡逸志라는 제목부터 살펴보면, 일지逸志는 매일매일 기록한 일기日記나 일지日誌가 아니라 알려지지 않은 이야기를 기록했다는 의미이다. 따라서『백범일지』에는 다른 곳에서 볼 수 없는 진귀한 내용들이 많이 포함되어 있다.

그러나 민족운동과 건국운동으로 분망한 가운데 시간을 내어 한참 지나간 일을 집중적으로 기록한 것이기 때문에 시기가 모순되거나 혼란한 경우가 많고, 인명·지명에도 착오나 착각이 적지 않다. 백범은 어린 자식의 나이를 잘못 기록하기도 하고, "연월일자를 기억하지 못하겠으므로 본국의 어머님에게 서신으로 물어서 쓴 것"이라고 하거나, 한참 기술하다 "선후가 뒤바뀌었다"고 하는 등 적지 않은 혼란과 착오가 있을 수 있음을 내비치고 있다.

요컨대『백범일지』원본은 목차조차 정비되지 않은 수고手稿 (Manuscript)이다. 1947년 정치적 격동 속에서 원본의 이러한 착오나 착각들이 제대로 보완되지 않은 채『백범일지』가 출간되었고, 그 후 오랫동안 보완이나 수정이 되지 않아 현재 여러 가지 문제를 야기하고 있는 실정이다.

그러나 여기서 강조해야 할 것은 『백범일지』 원본이 정비되지 않은 수고이며 착오가 많다는 것은, 거짓을 기록한 것과는 전혀 다른 차원이라는 것이다. 나는 오히려 그것들이 만리타향에서 변변한 자료나 보조원 하나 없는 지난한 집필 여건과, 민족운동의 전선에서 틈을 내어 하나라도 더 기록하고자 골몰하는 백범의 진정성을 반증하는 보석과 같은 징표라고 생각한다. 보다 정연한 체계로 바로 세우는 것은 후손인 우리들의 몫일 것이다.

1997년 나는, 본문은 『백범일지』 원본을 충실하게 따르면서도 각주로서 원본의 여러 가지 결점들을 보완한 주해본을 출간한 바 있다. 그러나 원문의 체계를 그대로 따랐기 때문에 중복되거나 혼란한 배열을 일목요연하게 정돈할 수 없었고, 많은 각주들로 보완 설명을 하지 않을 수 없었다. 이런 연유로 당시 「책을 펴내면서」에서 "이 책이 새로운 『백범일지』 가문 — 예컨대 새로운 축약본이나 청소년을 위한 『백범일지』 등 — 이 탄생할 수 있는 계기가 되길 감히 기원한다"고 밝힌 바 있다. 즉 나의 주해본을 바탕으로 누군가 청소년 또는 대중용 『백범일지』를 발간해 주길 희망하였던 것이다.

나의 주해본은 출간 당시 학계와 언론의 과분한 찬사를 받았고, 이에 힘입어 출판사 측에서는 연속하여 대중용 『백범일지』를 재촉한 바 있지만, 본인은 연구가 본업이라며 정중하게 사양하였다. 그런데 2002년 8월 MBC가 나의 주해본을 《느낌표, 책을 읽읍시다》의 도서로 선정하자, 초등·중등·고등학생들과 대중들이 이메일로 이러저러한 격려와 질문을 보내 왔다. 나는 한편으로는 독파가 만만치 않은 책을 구입한 그들에게 적잖이 미안했고, 다른 한편으로는 직접 대중용『백범일지』를 펴내야 하겠구나 생각하게 되었다.

그러던 중《2005년 독일 프랑크푸르트 도서전》에 나의 주해본 『백범일지』가 〈한국의 책 100〉에 선정되어 독일어로 번역된다는 통고를 받았다. 그 소식을 접하니 반가움보다 의무감이 앞섰다.『백범일지』의 원본 체계를 그대로 따르고 있는 주해본으로는 외국인들에게『백범일지』의 정수精髓를 전달하기 어려울 뿐 아니라 오히려 번잡하게 보일 수 있기 때문이었다. 그래서 자청하여 많은 시간을 들여 주해본『백범일지』를 대폭 정비하였고, 2004년 가을에 각주가 없는 〈번역저본〉을 전달하였다. 이 〈번역저본〉을 다시 대폭 정비한 것이 지금 출간하는 대중 및 청소년용『쉽게 읽는 백범일지』이다. 따라서 이 책은 1997년의『백범일지』주해본과 2005년 프랑크푸르트 도서전 〈번역저본〉의 후손으로서, 몇 가지 장점을 지니고 있다고 생각된다.

먼저, 주해본에서 미처 발견하지 못하였거나 수정하지 못한『백범일지』원문의 착오들을 바로잡았다. 특히 시기가 혼선되어 있는 내용의 선후 관계를 바로잡았으며, 그 결과 드러나는 착오들, 예컨대 그간 잘못 알려져 있던 결혼 연도의 착오 등을 바로잡을 수 있었다. 또한 각주들을 생략하고 그 내용을 본문에 반영하였다.

다음,『백범일지』는 세 번에 걸쳐 기록되었고 그 후 정비되지 않았기 때문에 상권과 하권, 하권과 해방 이후의 추가본에서 상당 부분 중복된다. 이 책에서는 해당 사건의 시기를 기준으로 중복 부분을 통합하고 일목요연하게 다시 배치하였다. 또한 이야기가 지나치게 번잡하게 퍼지는 부분도 백범의 동선이 잘 드러나게 정비하였다.

이러한 연유로『쉽게 읽는 백범일지』는 원본이나 주해본의 단순

한 축약이 아니다. 문장을 거듭 교열하고, 중복 부분을 통합하고, 번잡한 부분을 정비하여 정연한 체계를 잡으니, 비로소 백범의 내면세계, 그 정신적 번뇌와 성장 및 전환의 과정이 훨씬 명료하게 드러났다. 이를 적극 반영하여 차례를 전면적으로 다시 조정하였다. 대중용 작업을 하면서 내가 백범에 대해 다시 배울 수 있었던 것도 바로 이러한 점 때문이었다.

아울러 이 책에는 본문의 내용과 관련되는 사진과 자료, 그리고 백범의 동선을 일목요연하게 파악할 수 있는 지도 등을 100컷 이상 첨부하였다. 이것으로써 시각적 효과도 높일 수 있지만, 더 중요한 것은 백범마저 기억하지 못했던 관련 인물·유적·자료들을 찾아내어, 『백범일지』 본문에 다양한 역동성을 부여하게 된 것이었다. 이러한 작업을 통해 나도 많은 사실을 새롭게 알게 되었다. 독자들은 우선 이러한 사진·자료·지도만 일별해 보아도, 개항기부터 해방 이후까지의 격동기에 한반도와 중국 대륙 곳곳에 남겨진 백범의 자취를 생생하게 느낄 수 있을 것이다.

작업 중 내내 화두가 되었던 것은 평범에서 비범으로 성장하는 백범의 내면세계를 온전히 드러내어, 독자들에게 역동적으로 전달해야 한다는 것이었다. 대중 및 청소년용의 입문서일수록 쉽고 재미있을 뿐만 아니라 더욱 우량한 내용이 담보되어야 할 터이기 때문이다. 나에게 이 책은 『백범일지』 연구의 결정판이라 할 수 있다.

책의 출간에 앞서, 보이지 않는 도움을 주신 분들에게 먼저 사의를 표하고 싶다. 이 책은 백범기념관, 서울대학교 규장각 등 여러 기관과 개인이 소장한 많은 사진과 자료를 이용하였고 그 외 많은 논저를 참고하였지만, 대중서라는 책의 성격상 일일이 출처를 밝히지 못하였다. 이 책이 조금이라도 나아간 바가 있다면 이러한 선진 연구자들의 학덕과, 기관 및 개인의 보이지 않는 협조 때문일 것이다.

아울러 이 책은 여러 사람의 두터운 후원과 오랜 독려의 산물이기 때문에 출간과 함께 호명되어야 할 분들이 있다. 지방의 교육과 문화 창달에 각별한 열정을 지니신 최충경 경남스틸 대표께서는 이 작업을 적극 후원해 주셨다. 백범 관련 작업을 항상 자신의 일로 여기고 협조하시는 백범기념관의 홍소연 실장님, 현대문으로 교열하는 작업을 도와 주신 창원대 국문학도들, 이 책의 출간을 오랫동안 독려하고 기다려 준 돌베개 출판사의 한철희 사장님과 김혜형 편집장님, 『백범일지』의 진정한 주인이라 할 수 있는 열혈 독자님들, 이런 분들을 생각하면 이 책은 여전히 부족할 수 있다. 고개 숙이며, 주해본 출간 당시와 마찬가지로 "현재로서는 정성을 다했으며, 미흡한 점은 앞으로 계속 보완하겠다는 것을 분명하게 약속드린다."

늦가을 봉림산의 단풍 아래에서
엮은이 도진순

차례

상권

인仁 · 신信 두 아들에게

너희들이 아직 어리고 먼 곳에 있어 수시로 내 이야기를 말해 줄 수 없구나. 그래서 그간 내가 겪어 온 바를 간단히 적어 몇몇 동지에게 맡겨 너희들이 성장하거든 보여 주라고 부탁하였다. 너희들이 다 자랐으면 부자간에 따뜻한 대화라도 나누겠지만, 세상일이 뜻대로 되는 것이 아니구나. 내 나이 벌써 쉰셋인데 너희는 겨우 열 살 전후의 어린아이들이니, 너희들의 나이와 지식이 더할수록 나의 정신과 기력은 약해질 따름이다. 또한 나는 이미 일본에 선전포고하여 언제 죽을지 모르는 몸이다.

이 일지逸志를 기록하여 전하는 것은 너희들에게 나를 본받으라는 뜻이 결코 아니다. 나는 너희들이 역사상 많은 위인들을 배우고 본받기를 원한다. 나를 본받을 필요는 없지만, 너희들이 성장하면 아비의 삶을 알 길이 없겠기에 이 일지를 쓰는 것이다. 오래된 사실들이라 잊어버린 것이 많아 유감스럽지만, 일부러 지어낸 것은 없으니 믿어 주기 바란다.

대한민국 11년(1929) 5월 3일
중국 상해 임시정부 청사에서 집필을 끝내고

1

황해도 벽촌에서의
어린 시절

1. 상놈이 된 집안 내력과 양반에 대한 울분

우리는 안동 김씨이며 신라의 마지막 임금 경순왕敬順王(?~978)의 자손
이다. 우리 조상은 고려시대 공신으로 대대로 서울에 살았지만, 조
선 중기 때 선조 한 분(김자점)이 반역죄를 저질러 집안이 망하게 되자
온 집안이 황해도 해주읍 서쪽으로 80리 떨어진 백운방 텃골 팔봉산
양가봉 밑까지 숨어 들어와 살게 되었다.

　우리 조상들은 집안이 망하는 것을 피하기 위해 일부러 상놈 노
릇을 하여, 대대로 텃골 주위의 진주 강씨·덕수 이씨 등 토착양반들
에게 천대와 압제를 받았다. 우리 집안 처녀가 두 집안으로 시집가
는 것은 경사로 여겼지만, 두 문중의 처녀가 우리 집안으로 시집오
는 것은 보지 못했으니, 이는 혼인의 천대이다. 강씨와 이씨는 높은
직위의 방장坊長(지금의 면장 정도)을 했으나, 우리 김가는 이들의 명령에

따라 세금이나 거두는 존위尊位가 되는 것이 고작이었으니, 이는 취직의 천대였다. 강씨와 이씨는 양반의 권세로 우리 집안의 토지와 돈을 빼앗고 우리를 농노農奴로 부렸으니, 이는 경제적 압박이다. 또 그들은 비록 어린아이라도 우리 집안의 나이 많은 노인에게 "이랬나, 저랬나, 이리하게, 저리하게" 낮춤말을 썼지만, 우리 집안 노인은 저들의 아이들에게도 반드시 높임말을 사용하였으니, 이는 언어의 천대였다.

우리 집안의 내력을 살펴보면 선비도 없진 않았으나 이름난 이는 없었고 대체로 불평분자들이 많았다. 증조부는 가짜 어사질로 체포되어 해주 관아에 구속되었다가 어느 서울 양반의 청탁 편지로 겨우 형벌을 면하였다고 한다. 내가 어렸을 때에는 종증조할아버님, 할아버님 형제, 그리고 아버님 네 형제가 살아 계셨다.

아버님[順永]은 둘째로, 가난하여 늦도록 노총각으로 지내시다가 스물네 살에 삼각혼三角婚(결혼 상대를 구하기 힘든 하층 사회에서 갑이 을에게, 을은 병에게, 병은 갑에게 각각 딸을 시집보내는 혼인 풍속)이라는 괴상한 방법으로 결혼하셨다. 어머님은 현풍 곽씨로 열네 살에 아버님께 시집오셨다.

아버님은 겨우 이름 석 자 쓸 줄 아는 학식만 있으셨지만, 기골이 준수하고 성격이 호방하셨다. 술 취하면 양반 강씨와 이씨를 만나는 대로 때려 1년에 몇 번씩 해주 관청에 구속되는 소동을 일으키셨다.

사람이 맞아 다치면 그를 때린 자의 집에 눕혀 두고 생사 여부를 기다리는 것이 그 시대 지방의 관습이었다. 우리 집에는 한 달에도 몇 번씩 전신이 피투성이가 되어 거의 죽게 된 사람이 사랑방에 누워 있곤 했다. 아버님께서 자주 그리하신 것은 술기운 때문만은 아니었다. 아버님은 마치 『수호지』水滸誌의 영웅들처럼 강한 자가 약한 자를 업신여기는 것을 참지 못하셨다. 그러므로 인근 상놈들은 다 아버님을 존경했고 양반들은 무서워서 피하였다.

해마다 세밑이 되면 우리 집에서는 닭·계란·연초 등을 준비해서 어디론가 보내곤 했다. 아버님께서 한 달에도 몇 번씩 해주옥에 잡혀가셨으므로, 그럴 때를 대비해 미리 해주 관청에 선물을 하였던 것이다. 이렇게 하면 관가에 구속돼 매를 맞더라도, 영리營吏와 사령司令들이 아프지 않게 시늉만 내서 때려 주었다.

인근 양반들의 회유책이었는지 아버님이 도존위都尊位(존위의 대표)에 천거되신 일이 있었다. 그때에도 아버님은 다른 존위들과 달리 양반에게는 가혹하게 세금을 거두고, 가난하고 천한 사람들에게는 인

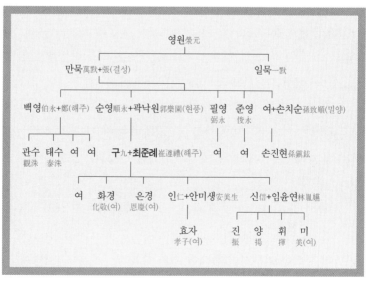

백범 선생의 가계도

정을 베푸셨다. 결국 아버님은 3년이 못 되어 공금 유용으로 면직을 당하셨지만, 이런 이유로 양반들은 아버님을 함부로 대하지 못했다.

아버님 어렸을 적 별명은 '효자'였다. 할머니가 돌아가실 때 왼손 무명지를 칼로 잘라 할머니 입에 피를 넣어 드리고 사흘이나 더 사시게 하였다고 한다. 할머니는 내가 태어나던 날 돌아가셨다.

결혼 직후 부모님은 종조부 댁에서 더부살이를 하셨다. 어머님은 어린 나이에 결혼하여 고된 일을 하느라 말할 수 없이 고생을 하셨지만, 내외간에 사이는 좋으셨다. 결혼 후 한두 해가 지나자 부모님은 독립하여 따로 살림을 차리셨고, 그 후 내가 태어났다. 어머님께서는 "푸른 밤송이에서 크고 붉은 밤 한 개를 얻어 깊이 감추어 둔 것"이 나의 태몽이라고 늘 말씀하셨다.

2. 난산으로 태어난 개구쟁이

나는 병자년丙子年(1876) 7월 11일 자시子時(밤 12시 전후)에 할아버님과 큰아버님께서 사시던 텃골 웅덩이 큰집에서 태어났다. 어머님께서는 나를 매우 힘들게 낳으셨다. 산통이 시작된 지 근 일주일이 지나도록 아이가 태어나지 않아 친척들이 모여 온갖 의술 치료와 미신 처방을 하였지만 효력이 없었다고 한다. 상황이 다급해지자 집안 어른들이 아버님께 소길마를 머리에 쓰고 지붕 용마루로 올라가 소 울음소리를 내라고 했지만 아버님은 선뜻 따르지 않았다. 할아버님 형제분들이 다시 호통을 치셔서 아버님이 시키는 대로 하고 난 후에야 내가 태어났다고 한다. 이것은 부부가 난산의 고통을 함께 나누도록 하는 고향의 풍속이었다.

집도 가난한데다 나이 겨우 열일곱에 아이를 얻었으니, 어머님은 항상 내가 죽었으면 좋겠다고 한탄하셨다. 젖이 부족해서 암죽(곡식 가루를 밥물에 타서 묽게 끓인 것)을 끓여 먹이기도 했고, 아버님이 나를 품고 이웃 산모에게 가서 젖을 얻어 먹이기도 하셨는데, 먼 친척 할머니인 핏개댁은 밤늦은 시각에도 싫어하는 표정 없이 젖을 주셨다고 한다. 내 나이 열 살 때쯤 그분이 돌아가셨는데, 텃골 동산에 있는 그분 묘를 지날 때마다 나는 경의를 표하곤 했다. 나는 서너 살 때 천연두를 앓았는데, 어머님께서 보통 종기를 치료할 때와 같이 대나무 침으로 따고 고름을 파내어 내 얼굴에 마마자국이 많이 생겼다.

다섯 살 때, 집안 어른들을 따라 우리 가족은 강령군 삼가리로 이사하여 두 해 동안 살았다. 우리 집은 깊은 산 입구 호랑이가 다니는 길목에 있었다. 밤에는 종종 호랑이가 사람을 물고 문 앞을 지나다녔으므로 밖에 나갈 수 없었지만, 낮에는 이웃동네 이생원 댁 아이들과 놀다 오곤 했다. 하루는 그 집 아이들이 해주놈 때려 주자고 공모하여 이유 없이 나를 매질하였다. 나는 곧장 집으로 돌아와 부엌칼을 가지고 그 집 아이들을 다 찔러 죽일 결심으로 달려갔다. 앞문으로 들어가면 아이들이 눈치 챌까 봐 칼로 울타리를 뜯고 들어갔는데, 마침 안마당에 있던 처녀가 놀라 제 오라비에게 일렀다. 나는 다시 실컷 얻어맞고 칼까지 빼앗겼다. 집에 돌아와서는 칼을 잃어버린 탓에 부모님께 말씀드리지도 못하고 내내 시치미를 떼었다.

또 하루는 집에서 혼자 입이 궁금하던 차에, 집 앞으로 엿장수가 지나가며 "헌 그릇이나 부러진 숟갈로 엿 사시오!"라고 외치는 소리를 들었다. 엿은 먹고 싶었으나 "엿장수가 아이들 자지 베어 간다"

는 어른들 말씀을 들어온 터라 겁이 나서 방문을 걸어 놓고 엿장수를 불렀다. 주먹으로 문구멍을 뚫고 아버님이 쓰시던 좋은 숟갈을 분질러 절반만 구멍으로 내밀었다. 엿장수도 엿을 한 주먹 뭉쳐서 들이밀어 주었다. 맛있게 엿을 먹고 있는데 아버님이 들어오셔서 반 동강 난 숟가락을 보셨다. 사실대로 말씀드리자 아버님은 다시 그런 짓을 하면 엄벌하겠다고 꾸중만 하셨다.

　그 후 어느 날, 아버님께서 엽전 스무 냥을 방 아랫목 이부자리 속에 넣어 두고 나가시는 것을 보았다. 혼자 심심한데다 앞동네 구걸이 집에서 떡 파는 것을 알았기에 돈을 전부 꺼내 온몸에 감고 떡집으로 갔다. 가는 도중에 삼종조부를 만났다.

　"이 녀석, 돈 가지고 어디 가느냐?"

　"떡 사 먹으러 가요."

　"네 아비가 보면 큰 매 맞는다. 어서 집으로 돌아가거라."

　삼종조부는 돈을 빼앗아 아버님께 갖다 주셨다. 집에 돌아온 직후, 아버님은 한마디 말씀도 없이 빨랫줄로 나를 꽁꽁 동여 들보에 달아매고 매질하셨다. 어머님도 들에서 안 돌아오신 때라 말려 줄 사람도 없고 아파 죽을 지경이었다. 그때 마침 나를 귀여워하시던 장련 재종조부께서 비명 소리를 듣고 뛰어 들어오셨다. 이 할아버님은 아버님과 동갑이셨지만 손윗사람의 권위로 나를 풀어 주셨다. 게다가 아버님의 설명은 다 듣지도 않으시고, "어린것을 그다지 무지하게 때리느냐?"고 꾸중하시며 매를 빼앗아 한참 동안 아버님을 때리셨다. 나는 할아버님이 무척 고마웠고 아버님께서 매 맞으시는 것도 퍽 고소하였다. 할아버님은 나를 업고 들판으로 나가 수박과 참외를 실컷 사 먹인 다음 할아버님 댁으로 데리고 가셨다. 여러 날 장런 할아버님 댁에서 지내다가 집으로 돌아왔다.

한번은 여름에 장맛비가 와서 근처에 작은 내가 흐르게 되었다. 나는 붉은 물감과 푸른 물감을 꺼내 다 풀어 넣고, 푸른 내 붉은 내가 서로 만나며 섞이는 장관을 구경하다가 어머님께 매를 몹시 맞았다.

일곱 살 때 우리 집은 고향 텃골로 돌아왔다. 내가 아홉 살 때 할아버님이 돌아가셨는데, 준영 삼촌은 장례식 날에 술에 취해 상여꾼들을 모조리 두들겨 패고 쫓아내 버렸다. 결국 삼촌을 가두어 묶어 놓고 집안 식구끼리 겨우 장례를 치렀다. 가족들은 모두 너무 화가 나서 가족회의를 열고 준영 삼촌이 앉은뱅이가 되도록 발뒤꿈치 근육을 잘라버렸다. 다행히 힘줄이 상하지 않아 병신은 되지 않았지만, 그날 삼촌이 범같이 울부짖는 바람에 나는 무서워 근처에도 가지 못했다. 준영 삼촌은 술버릇이 괴팍하여 취하면 난리를 치셨는데, 아버님과는 반대로 양반에게는 감히 덤비지 못하고, 문중 친척에게만 위아래 없이 욕하고 싸움을 걸어 할아버님과 아버님께 매를 맞곤 했다.

지금 생각해 보면 이러한 추태는 상놈의 행위라 하겠다. 그때 어머님은 "우리 집안의 많은 풍파가 모두 술 때문에 생기는 것이니, 너마저 술을 먹는다면 나는 차라리 자살하고 그 꼴을 안 보겠다"고 말씀하셨다. 나는 이 말씀을 마음 깊이 새겼다.

3. 양반의 꿈, 궁핍한 배움길

하루는 집안 어른들에게 이런 이야기를 들었다. 몇 해 전 우리 집안에 혼인이 있었는데, 그 집 할아버님이 새 사돈을 만나려고 밤중에 갓을 쓰고 나가셨다가, 이웃동네 양반에게 들켜 갓을 찢기고 다시는 못 쓰게 되셨다는 것이었다. 나는 크게 충격을 받아, 어째서 그 사람들은 양반이 되고 우리는 상놈이 되었는지 물어보았다.

"강씨나 이씨가 조상은 우리보다 못하지만, 현재 진사進士가 세 사람이나 있지 않느냐?"

"어떻게 해야 진사가 됩니까?"

"학문을 연마하여 과거에 급제하면 되는 것이다."

이 말을 듣고 나는 서당에 보내 달라고 아버님께 졸랐다. 아버님은 주저하셨다. 동네에 서당이 없어서 다른 동네 양반서당에 갈 수밖에 없는데, 양반서당에서는 상놈을 잘 받지도 않거니와 혹 받아 주더라도 멸시만 당할 터이니 그 꼴을 보기도 싫다고 하셨다. 결국 아버님은 문중과 인근의 아이들을 몇 명 모아 서당을 새로 하나 만드셨다. 수강료로 쌀과 보리를 주기로 하고 이생원이라는 선생님을 모셔 왔다. 그는 양반이지만 글이 넉넉지 못하여 우리 같은 '상놈의 선생'이 된 것이다.

선생님이 오시는 날, 나는 너무 좋아서 머리 빗고 새 옷 입고 마중 나갔다. 저 앞에서 키가 크고 쉰 살 남짓 되어 보이는 노인이 오고 계셨다. 아버님께서 먼저 인사하시고 "창암昌巖(김구의 어린 시절 이름)아, 선생님께 절하여라" 하셨다. 공손히 절하고 선생님을 바라보니 마치 신선이나 하느님처럼 거룩하게 보였다. 이렇게 해서 우리 집 사랑에 공부방을 열고 선생님 식사를 봉양하게 되었다. 이때 내 나이 열두 살(1887)이었다. 나는 새벽 일찍 일어나 누구보다 먼저 선생님 방에 가서 글을 배우고, 멀리서 오는 동무들을 가르쳐 주었다.

석 달 뒤 서당은 인근 신존위申尊位의 사랑으로 옮겨 갔다. 나는 아침마다 고개를 넘어 집과 서당을 오가며 끊임없이 글을 외웠다. 동무들 중에는 나보다 수준이 높은 아이도 있었지만, 외우는 시험에서는 내가 늘 최우등이었다. 그런데 반 년도 되지 않아 선생님을 내보내게 되었다. 표면적인 이유는 그 선생님이 밥을 많이 먹는다는 것이었지만, 사실은 신존위의 손자보다 내가 공부 잘하는 것을 시기했기 때문이었다. 일전에 시험을 앞두고 선생님이 나더러 일부러 글을 못 외우는 것처럼 하라고 부탁하셔서 그대로 한 적이 있었다. 그날은 신존위 아들이 닭 잡고 술상을 차려 내어 잘 먹었다. 그런데도 결국 선생님을 내쫓았으니 이는 분명 '상놈의 짓'이었다.

어느 이른 아침, 선생님이 오셔서 작별을 고하셨다. 나는 선생님 품에 매달려 목 놓아 울었다. 선생님도 눈물이 비 오듯 하였다. 작별하고 나서 나는 밥도 먹지 않고 울기만 하였다.

얼마 후 다른 선생을 모셔 와 공부를 하기도 했지만, 이번에는 갑자기 아버님이 온몸을 쓰지 못하는 전신불수가 되셨다. 그때부터 나는 공부도 못하고 아버님 심부름만 해야 했다. 워낙 가난한 살림에 치료비와 약값을 대야 하니 가산은 곧 탕진되었다.

네댓 달 치료 후 아버님의 병세가 반신불수로 다소 호전되셨다. 집에 돈이 없어 좋은 의원을 모실 형편이 못 되자, 부모님은 문전걸식을 해서라도 훌륭한 의원을 찾아다니기로 결정하셨다. 두 분은 집과 밥솥까지 다 팔아 버리시고 나를 큰어머님 댁에 떼어 둔 채 떠나셨다.

나는 사촌들과 같이 송아지 고삐를 끌고 다니며 산허리 밭두렁에서 세월을 보냈다. 부모님이 그리워 견딜 수 없을 때에는 두 분을 따라 신천·안악·장련으로 떠돌기도 했지만, 장련에서 부모님은 다시 나를 친척 누이 집에 떼어 두고 텃골 고향으로 돌아가셨다. 나는 장련 친척 댁에서 주인과 함께 구월산에 나무하러 가곤 했다. 나무 하는 것도 힘들었지만, 동네 서당에서 책 읽는 소리를 들을 때는 말 할 수 없는 비애를 느꼈다.

얼마 후 부모님이 장련에 오시자 나는 고향으로 돌아가 공부하 겠다고 졸랐다. 아버님도 기력이 차차 회복되신 데다 공부하고 싶어 하는 나의 열성을 가상히 여기셔서 같이 고향으로 돌아왔다. 고향에 돌아와 보니 의식주 무엇 하나 의지할 데가 없었다. 친척들이 조금 씩 추렴하여 겨우 살 곳을 마련하였고, 나도 서당에 다니게 되었다. 책은 빌려서 읽고, 어머님이 품을 팔아 먹과 붓을 사 주셨다.

그런데 내 나이 열넷이나 되고 보니, 어린 소견으로도 서당 선생 이 대개 고루하여 남의 모범이 될 자격이 없어 보였다. 그때 아버님 께서 종종 과거 글공부를 그만두고 실용문 쓰는 일에 주력하라고 훈 계하셔서, 나는 토지문서나 재판문서 등을 틈틈이 연습하여 무식한 집안 사람들 중에서는 그나마 장래 존위의 자격이 있다고 촉망을 받 았다. 당시 내 한문 실력은 겨우 글자 몇 줄 엮는 정도였지만, 중국 역사책 『통감』通鑑이나 『사기』史記 등에서 "왕후장상의 씨앗이 따로 없다"는 말이나, 유방劉邦과 한신韓信의 영웅담을 읽을 때는 나도 모 르게 신이 나서 양어깨가 들썩거렸다. 그래서 나는 어찌하든지 실용 문 이상의 글공부를 계속하고 싶었다.

그러나 집안이 가난하여 좋은 선생을 찾아 배울 형편이 못 되었 으므로 아버님이 고민을 많이 하셨다. 그런데 우리 동네에서 10리쯤 되는 학명동에 정문재鄭文哉라는 선비가 있었다. 그는 평민이지만 그 지방에서 알아주는 큰선비였고, 더욱이 큰어머님과 재종남매간이었

다. 아버님이 이 정선생께 부탁하셔서 나는 수강료 없이 공부를 할
수 있게 되었다. 나는 매일 밥구럭을 메고 험한 고갯길을 쏜살같이
넘나들며 학문을 배웠다.

2

파란만장한
실패와 단련의 성장기

1. 과거 낙방, 양반의 꿈은 무너지고

임진년王辰年(1892, 17세)에 해주에서 과거를 시행한다는 공고가 났다. 정선생님께서 이 사실을 아버님께 알려 주셨다.

"이번 과거에 창암이를 데리고 가면 좋겠는데, 과거 답안은 두꺼운 장지狀紙에 써야 하기 때문에 미리 연습하지 않으면 잘 쓸 수가 없다네. 그런데 노형은 가난하니 종이를 마련하기가 힘들겠지?"

"종이는 내가 주선하여 볼 테지만, 창암이는 글씨만 쓰면 되겠나?"

"글은 내가 지어 줌세."

이 말에 아버님은 무척 기뻐하시며 어렵게 장지 다섯 장을 사 주셨다. 나는 하얀 종이가 온통 검게 변하도록 열심히 글씨를 연습하였다.

드디어 과거 보는 날, 해주 관아의 시험장인 관풍각觀風閣 주변은 사방이 새끼줄 망으로 둘러쳐졌고, 정해진 시간에 과거장의 문을 열었다. 큰 종이양산을 들고 도포 입고 유건 쓴 선비들이 흰 베에 자신이 속한 접接(서당과 유사한 의미)의 이름을 써서 장대 끝에 매달고, 자리를 먼저 잡으려고 힘 있는 자를 앞세워 떼 지어 들어가는 광경이 참으로 볼만하였다. 또한 늙은 선비들이 합격을 애걸하는 모습도 볼만하였다. 그들은 새끼줄 망 사이로 머리를 들이밀고 제발 합격시켜 달라고 외치고 있었다.

"소생은 아무개이옵는데, 먼 시골에 살면서 과거 때마다 참석하여 금년 칠십 살입니다. 다음 과거에는 참석하지 못하겠습니다. 한 번만이라도 합격하면 죽어도 한이 없습니다."

어떤 이는 큰소리로 외치고, 어떤 이는 목 놓아 우니, 비굴하기도 하고 가엾기도 하였다. 나는 선생님께 늙은 선비들이 애걸하던 모습을 말씀드린 후, "이번에는 아버님 명의로 과거 답안을 지어 주시면 좋겠습니다. 저는 앞으로도 기회가 많지 않겠습니까?" 하고 부탁하였다. 선생님은 흔쾌히 수락하셨다. 우리 대화를 들은 다른 선생님 한 분이 "네 글씨가 나만은 못할 터, 네 아버님 답안지의 글씨를 내가 써 주마. 너는 후일 과거 공부를 더 해서 직접 짓고 쓰도록 해라" 하고 거들어 주신다.

이렇게 해서 정선생님이 짓고 다른 선생님이 쓴, 아버님 명의의 과거 답안지를 새끼줄 망 사이로 감독관에게 들여보냈다.

그러고 나서, 과거 부정에 얽힌 이런저런 말을 많이 들었다. 시험장의 사환使喚이 과거 답안지를 한 아름 도적질해 갔다는 이야기, 글도 모르는 자가 남의 글을 베껴 자기 것으로 제출했다는 이야기, 글 모르는 부자가 큰선비에게 몇천 냥씩 주고 글을 사서 급제하여 진사가 되었다는 이야기를 들었다. 또한 서울 아무개 대신大臣에게 편지를 부쳤으니 합격한다고 자신하는 사람, 감독관의 수청 기생에게 좋은 비단 몇 필을 선사하였으니 꼭 붙을 것이라고 자신하는 자도 있었다.

이런 이야기를 듣고 나는 과거에 대한 의문이 생기기 시작하였다. 도대체 과거가 무슨 필요가 있으며 무슨 가치가 있는가? 선비가 되는 유일한 통로인 과거장의 꼬락서니가 이 모양이니, 내가 아무리 학문에 능통하더라도 결국에는 과거장의 대서업자밖에 더 되겠는가? 불쾌하고 비관적인 생각밖에 들지 않았다.

집으로 돌아와 아버님과 상의한 후 서당 공부를 그만두기로 했다. 아버님 역시 옳게 여기시고 차라리 풍수나 관상 공부를 해보라고 권하셨다. 풍수에 능해 조상을 명당에 모시면 자손이 복록을 누리게 되고, 관상에 능해 사람을 잘 알아보면 착한 사람과 군자를 만날 수 있다는 말씀이었다. 이치에 맞는 말씀이라 생각하고 풍수와 관상 서적을 얻어 달라고 부탁드렸다.

아버님이 관상서인 『마의상서』麻衣相書 한 권을 빌려다 주셨다. 나는 독방에서 이것을 공부하였다. 관상서를 공부하려면 먼저 거울로 자신의 얼굴을 보면서 부위와 개념을 익힌 다음, 다른 사람 얼굴로 확대 적용해 나가는 것이 제일 빠른 길이다. 나는 두문불출하고 석 달 동안 내 얼굴을 면밀히 관찰하였다. 그런데 내 얼굴에는 어느 한 군데도 귀하고 부유하고 좋은 상은 없고, 천하고 가난하고 흉한 상밖에 없었다. 과거장에서 얻은 비관에서 벗어나기 위해 관상서를 공부했는데, 오히려 과거장 이상의 비관에 빠져 버렸다. 세상 살고 싶은 마음이 없어졌다. 그런데 관상서에 이런 구절이 있었다.

얼굴 좋은 것이 몸 좋은 것만 못하고   相好不如身好
몸 좋은 것이 마음 좋은 것만 못하다.   身好不如心好

이것을 보고 나는 얼굴 좋은 사람보다 마음 좋은 사람이 되어야
겠다고 결심하였다. 그러나 마음 좋은 사람이 되는 방법이 있나 스
스로 물어보니 그 역시 막연하여, 관상서를 덮어 버리고 지리책을 읽
었으나 취미를 붙이지 못하였다. 다시 병서兵書들을 읽었는데, 이해
못할 내용도 많았지만 장수의 자질을 논한 다음 구절들은 흥미롭게
낭송하였다.

태산이 앞에서 무너져도 마음은 흔들리지 않는다.
병사들과 더불어 고락을 함께한다.
나아가고 물러섬을 호랑이와 같이 한다.
적을 알고 나를 알면 백 번 싸워도 지지 않는다.

당시 나는 열일곱 살의 나이로 1년간 친척 아이들을 모아 훈장
질하면서 의미도 잘 모르는 병서만 읽었다.

2. 동학 입문으로 다시 태어나다

그즈음 기이한 사람이 나타나 바다 위에 배를 못 가게 딱 붙잡아 놓
고 세금을 내야 놓아준다는 둥, 정도령이 계룡산에 도읍을 정하면 조
선왕조가 망할 것이라며 아무개는 계룡산으로 이사했다는 둥, 사방

에서 괴이한 이야기들이 분분하였다. 그런데 인근 마을 오응선吳膺善과 최유현崔琉鉉 등이 동학에 입도해서 공부하는데, 방문을 여닫지 않고도 홀연히 나타났다가 사라지며 공중으로도 걸어다닌다는 이야기를 들었다. 게다가 그들의 스승 최도명崔道明은 하룻밤 사이에 능히 충청도를 왔다 갔다 한다고 한다. 나는 호기심이 생겨 한번 찾아가 보고 싶었다. 그런데 그 집에 찾아가려면 고기를 먹지 않고 목욕하고 새 옷으로 갈아입고 가야 한다고 했다.

내 나이 열여덟 되던 계사년癸巳年(1893) 정초, 나는 고기도 먹지 않고 목욕하고 머리 땋고 푸른 도포에 푸른 허리띠를 매고 오씨 댁을 방문하였다. 문에 이르자 방에서 글 읽는 소리가 들리는데 무슨 뜻인지 알 수 없었다. 면회를 청하였더니 젊은 청년이 나와 맞이해 주었다. 상투를 짜고 관冠을 쓴 걸 보니 분명 양반이었다. 그런데 내가 절을 하자 그 사람도 공손히 맞절을 하고는 "도령은 어디서 오셨소?" 하고 묻는다. 나는 황공하여 어찌 상놈 아이에게 높임말을 쓰는지 물었다. 그는 자신이 동학 도인이기 때문에 빈부귀천으로 사람을 차별대우하지 않는다고 했다. 이 말만 들어도 별세계에 온 것 같았다. 그와 문답이 시작되었다.

"동학의 취지는 어떤 것이며 어느 선생이 천명하였습니까?"

"동학은 용담龍潭 최수운崔水雲 선생이 천명하였으나 이미 순교하셨고, 지금은 그 조카 최해월崔海月 선생이 대도주大道主가 되어 포교 중입니다. 동학의 취지는 말세에 사악한 인간들이 개과천선하고 새 백성이 되어 참 주인을 모시고 계룡산에 새 나라를 건설하는 것입니다."

나는 매우 흡족한 마음이 들었다. 과거에 낙방한 뒤 관상 공부하면서 마음 좋은 사람이 되기로 결심했던 터라, 하늘님을 모시고 도를 행한다는 말이 가장 먼저 마음에 와 닿았다. 또한 동학에 들기만 하면 차별대우를 철폐한다는 말이나 앞으로 평등한 새 나라를 건설한다는 말에서, 지난해 과거장에서 품었던 비관을 넘어설 방법을 발견하였다.

동학에 입도할 마음이 불같이 일었다. 오씨에게 절차를 물어보니 백미 한 말, 백지 세 묶음, 누런 초 한 쌍을 가져오면 입도식을 해 준다고 했다. 아버님은 나의 동학 입도를 흔쾌히 승낙하시고 필요한 예물을 준비해 주셨다. 나는 곧바로 입도하였고, 뒤이어 아버님도 입도하셨다.

동학에 입도하면서 나는 김창암金昌巖에서 김창수金昌洙로 이름을 바꾸었다. 입도 후 나에 대한 근거 없는 이야기가 인근에 두루 퍼졌다. 김창수가 한 길 이상 공중으로 걸어가는 것을 보았다는 소문이 황해도와 평안도에까지 퍼져 나의 교도가 상당히 많아졌다. 내가 상놈인 만큼 내 밑에는 상놈들이 많이 쏠려 들어왔다. 비록 나이 어렸지만 교도를 많이 거느렸기 때문에 '아기접주'라는 별명까지 붙었다.

이듬해인 갑오년甲午年(1894) 가을, 오응선·최유현 등에게 충청도 보은報恩에 있는 해월 대도주로부터 각자의 교도를 보고하라는 통지문이 내려왔다. 황해도에서 이름 있는 도인道人 열다섯 명을 선발하는데 나도 뽑히게 되었다. 교도들이 여비를 거두어 마련해 준 해주 특산물 향먹(香墨)을 선물로 가지고 충청도 보은군 장안長安에 도착하니, 이집 저집에서 동학 주문 외는 소리가 들리고, 집집마다 사람이 가득하였다.

시간이 지나 황해도 도인들을 부른다는 통지를 받고 우리는 해월 최시형 선생 처소로 갔다. 선생은 나이가 예순 가까이 되어 보이

동학의 2대 교주 해월 최시형 선생

해월을 만난 것이 상당히 인상 깊었던 듯, 백범의 해
월에 대한 묘사는 매우 정확하다. 백범이 만날 당시
해월은 68세였으며, 백범이 묘사한 바와 같이 다소
야윈 얼굴에 흑백의 긴 수염이 보기 좋게 섞여 있었
다. 해월은 1898년 체포되어 교수형을 당했다.

는데, 수염은 길며 색은 보기 좋을 정도로 검은 가닥이 섞여 있었다.
얼굴은 맑고 여위었으며, 머리에 큰 검은 갓을 쓰고, 저고리만 입고
앉아서 일을 보셨다. 일행 열다섯 명이 한꺼번에 절하자 해월 선생
도 답례로 절을 하시고, "멀리서 수고스레 왔다"며 간단히 인사하셨
다. 대표가 열다섯 명이 가져온 각각의 교도 명부를 선생께 드렸다.
선생은 그것을 문서 책임자에게 맡기시며 처리하라고 분부하셨다.

우리가 선생의 방에 있을 때, 남도 지방의 각 관청에서 동학당을
체포하여 압박하고 있고, 고부古阜에서는 전봉준全奉準이 벌써 병사를
일으켰으며, 아무개 군수가 동학교도의 가족을 체포하고 가산을 전
부 강탈하였다는 등의 보고가 들어왔다. 선생은 매우 진노하여 순
경상도 말로 "호랑이가 물러 들어오면 가만히 앉아서 죽을까! 참나
무 몽둥이라도 들고 나가서 싸우자!"라고 말씀하셨다. 이 말은 곧
'동원령'이었다.

각지에서 와서 대령하고 있던 대접주들이 물 끓듯이 밀려 나가

동학 접주 임명 첩지(부분)에 찍힌 원형 도장

해월이 내린 접주 임명 첩지에는 백범이 묘사한 바와 같이 원형의 도장이 찍혀 있는데, 자세히 살펴보면 흥미롭게도 양음의 태극으로 구성되어 있다. 전서체의 글자를 추적하면 한편으로는 '해월'(海月)이 음각되어 있고, 다른 태극에는 북접 사령부를 의미하는 '북접의소'(北接義所)가 양각되어 있다. 이 첩지는 1897년 백범의 동료 김형진(일명 金炯楔)이 받았던 것인데, 1894년 백범도 "해월 선생의 원형 도장이 찍힌" 이러한 접주 임명장을 받았을 것이다.

기 시작하였다. 우리 열다섯 사람에게도 접주로 임명하는 첩지貼紙를 내려 주었는데, 첩지에는 전서체篆書體로 새긴 해월海月 선생의 원형 도장이 찍혀 있었다.

선생에게 하직 인사를 드리고 돌아오는 도중, 곳곳에서 흰옷 입고 칼 찬 동학당을 만났다. 광혜원廣惠院 장場에 도착하니 동학군 수만 명이 진영을 차리고 행인들을 검사하고 있었다. 특히 평소 동학당을 학대하던 양반들이 잡혀와 길가에서 짚신을 삼고 있는 모습이 볼만하였다. 동학군은 우리 일행의 증명서를 보고 무사히 통과시켜 주었다. 부근의 촌락에서는 밥을 짐으로 지어서 지역 사령부인 도소都所로 보내는데, 그 수가 헤아릴 수 없을 정도로 많았다. 한편 동학당이 집회하는 것을 보고 놀라 벼를 베던 농군들이 낫을 버리고 도망가는 것도 보았다. 경성을 지나다가 경군京軍이 동학군 토벌을 위해 삼남(충청, 호남, 영남) 지방으로 행군하는 것도 보았다.

동학농민전쟁 당시 농민군 모습

어깨에 화승총을 메고 허리에 화약통과 화승(火繩)을
차고 걸어가는 동학군. 산포수가 많은 백범 부대의
농민군도 주로 이런 모습이었을 것이다. 말탄 농민
군 지휘관은 칼을 차고 양산을 쓰고 있다. 그 위의
도장은 '제중의소'(濟衆義所)로 동학군 사령부를 의미
한다. 일본의 낭인 단체인 천우협(天佑俠) 기관지 『이
륙신보』(二六新報) 1894년 8월 11, 12일자에 수록된
삽화.

3. 동학군이 동학군에 패하다

9월경 우리는 고향으로 돌아왔다. 황해도에도 양반과 관리의 핍박이
있는 데다 삼남에서 향응하라는 통지가 잇따라, 11월에 우리도 거사
하기로 결정하였다.

첫번째 총집결 장소는 죽천장竹川場으로 정하고 각지에 통지문을
보냈다. 나는 팔봉산 아래 살았으므로 '팔봉'이란 접接 이름을 짓고,
푸른 비단에 '팔봉도소' 八峯都所 넉 자를 크게 쓰고, 표어로는 '척왜척
양' 斥倭斥洋 넉 자를 써서 높이 걸었다. 곧바로 거사하면 경군과 왜병
이 와서 접전이 벌어지겠기에, 먼저 동학교도 중 무기 가진 자들을
모아서 우선 군대를 편성하기로 했다. 나는 본래 산골 상놈 출신이
므로 내 밑에 산포수가 많았다. 부대를 편성하니 총 가진 군인이 700
여 명이나 되어 여느 다른 접보다 우리 접의 무력이 우세하였다.

황해도 동학군의 최고회의에서는 해주성을 먼저 함락하기로 결정하고, 나를 선봉으로 임명하였다. 그 이유는 내가 비록 나이 어리지만 평소에 병법을 연구하였고, 또 나의 접이 산포수로 잘 무장되어 있었기 때문이다. 그러나 사실은 자신들이 총알받이가 되기 싫다는 이유도 있었다.

나는 최고회의의 결정을 승낙하였다. 즉시 출동하여 맨 앞에서 말을 타고 선봉 사령기를 잡고 해주성으로 달려갔다. 총사령부는 해주성 서문 밖 선녀산仙女山에 진을 친 후 총공격령을 내리기 위해 나에게 작전 계획을 맡겼다. 나는 다음과 같은 작전 계획을 내놓았다.

"아직 서울의 경군京軍이 도착하지 못하였고, 지금 성안에는 오합지졸로 편성된 군인 200여 명과 왜병 7명이 있다. 선발대가 먼저 남문을 공격하면, 내 지휘하의 선봉부대는 최대 속력으로 서문을 공격하여 함락시킬 것이다. 총사령부는 정황을 보고 아군이 허약한 곳을

해주성의 남문 1894년 11월 황해도 동학농민군은 소수 일본군의 사격에 의해 이 해주성 남문 앞에서 패퇴하였다.

응원한다."

나의 계획은 받아들여졌다. 그런데 작전을 개시할 무렵 왜병들이 성 위에 올라가 공포 네댓 방을 쏘았다. 남문으로 향하던 선발대가 이 총소리에 놀라 도주하자, 왜병이 남문 밖으로 나와 계속 총을 쏘아댔다.

나는 선봉대를 이끌고 서문 아래 도착하여 맹렬하게 공격하였지만, 총사령부는 갑자기 퇴각을 명령하였다. 남문 밖에서 동학당 서너 명이 총에 맞아 죽었기 때문이었다. 나의 선봉부대도 사령부의 명령에 따라 퇴각하지 않을 수 없었다. 결국 해주 서쪽 80리 후방인 회학동으로 후퇴하여 군사들을 수습하였다.

나는 이번 거사의 실패에 분개하여 군대를 훈련하는 데 힘을 쏟기로 했다. 동학교도 여부를 가리지 않고 각 지방에서 장교 경력이 있는 자를 데려와 총술·행군·체조 등을 교련시켰다. 그러던 어느 날 구월산 아래 사는 정덕현鄭德鉉과 우종서禹鍾瑞라는 사람이 찾아와 만나자고 하였다. 나이는 나보다 열 살 남짓 많아 보이는데, 보고 아는 것이 많은 사람이었다. 찾아온 이유를 묻자 그들은 태연하게 대답하였다.

"동학군이란 한 놈도 쓸 만한 이가 없는데, 그대가 좀 낫다는 말을 듣고 한번 보고 싶어 왔노라."

같이 있던 교도들이 발끈하였지만, 나는 그들을 꾸짖고 다시 공손히 물었다.

"선생들이 먼 길을 오신 것은 저에게 좋은 방책을 가르쳐 주고자 하심이 아닙니까?"

"요새 동학접주라는 자들이 호기충천해서 선배를 무시하는 판국인데, 결국은 자네도 동학접주 아닌가?"

"먼저 가르쳐 주신 후 제가 실천하는 것을 보신 다음에, 다른 접주와 마찬가지인지 아닌지 판단하시는 것은 어떻습니까?"

이 말에 정씨는 흔쾌히 악수하고 다음 방책을 말하였다.

1. 군기정숙. 병졸들이 서로 절하거나 높임말 쓰는 것을 폐지할 것.
2. 민심을 얻을 것. 총을 가지고 마을을 다니면서 곡식이나 돈을 빼앗는 강도 행위를 금지할 것.
3. 어진 현자를 초빙하는 글을 발표해 경륜 있는 인사를 많이 구할 것.
4. 전군을 구월산 안에 모아 군사훈련을 실시할 것.
5. 왜놈이 재령·신천 두 군에 쌀 수천 석을 쌓아 두었으니, 그것을 몰수하여 패엽사祺葉寺로 옮겨 군량미로 충당할 것.

나는 다섯 방책을 모두 기꺼이 시행하기로 하였다. 곧바로 전군을 소집하여 정씨를 모주謀主로, 우씨를 종사從事로 대우하고 최고의 예를 표하게 했다. 이어서 간단한 군령 몇 조를 공포한 후 구월산으로 옮길 준비를 하였다.

그러던 어느 날 밤, 신천信川의 안태훈安泰勳 진사로부터 밀사가 왔다. 안진사는 문장과 글씨는 물론 지략까지 겸비하여, 해서 지방은 물론이고 전국에 명성이 높아 조정 대신들도 크게 대접하는 이였다. 당시 그는 자기 집에 300여 명의 산포수를 모집하여 의려소義旅所를 세우고 신천 지역 동학군 토벌에 성과를 거두고 있어, 동학군들은 그를 두려워하고 있었다. 그러한 안태훈이 비밀리에 나를 조사하고, 나의 인품을 아끼어 밀사를 보낸 것이었다. 나는 즉시 참모회의

황해도 신천군 구월산 패엽사

동학농민군의 김창수 부대는 1894년 구월산 패엽사를 근거지로 삼아 활동했으나, 이해 겨울 같은 동학군인 이동엽 부대의 공격으로 패하였다.

를 열고 안태훈 측과 "나를 치지 않으면 나도 치지 않는다", "어느 한 쪽이 불행에 빠지면 서로 돕는다"는 밀약을 세웠다.

그리고 우리는 구월산 패엽사로 군대를 옮기고, 왜놈들이 신천에 쌓아 놓은 백미 천여 석도 모두 수거하였다. 또한 각 동네에 동학당을 빙자하여 돈을 빼앗거나 행패부리는 자가 있으면 즉각 보고하라는 훈령을 보내고, 고발되는 대로 체포하여 엄히 다스렸다. 그러자 사방이 평안해지고 민심이 안정되었다.

이때 구월산 주변에는 이동엽李東燁이란 접주가 큰 세력을 형성하고 있었다. 그런데 이동엽 부대의 동학군이 패엽사 부근 촌락을 노략질하다가 우리 군인에게 잡혀 총기를 빼앗기고 벌을 받고 돌아간 사건이 일어나는가 하면, 내 부하 중에서도 마을에서 도둑질을 하다가 발각되면 도망가서 이동엽의 부하가 되는 경우가 늘어났다.

내 나이 열아홉 살이던 갑오년 섣달경, 나는 며칠 동안 몸에 열이 오르고 두통이 심하여 방에 누워 있었다. 패엽사 주지스님이 문병 와서 나를 자세히 보더니 "홍역도 치르지 못한 대장이구려!" 했다. 그는 영장領將 이용선李龍善을 시켜 사람들의 출입을 막고 자신이 직접 치료를 전담하면서 나이 든 여승에게 나를 간호케 하였다.

그러던 어느 날 이동엽이 우리를 치러 온다는 급보가 오자마자, 그의 부하들이 총을 쏘고 칼을 휘두르면서 절 안으로 쏟아져 들어왔다. 이동엽은 자기 부하들에게 호령하였다.

"김접주에게 손대는 자는 사형에 처한다."

이동엽이 이같이 명한 것은, 자신은 황해도의 임종현林宗鉉 접주로부터 임시로 임명된 접주이지만 나는 해월 선생에게 직접 임명받은 정통 접주이기 때문에, 나를 해하였다가 뒷날 큰 벌을 받을까 두려워하였기 때문이었다. 그런데 이동엽은 나 대신 우리 부대의 영장 이용선을 사형에 처하라고 명령하였다. 나는 그 말을 듣고 자리를 박차고 나가 호령하였다.

"이용선은 나의 지휘 명령에 따라 행동한 것뿐이니, 그를 죽이려거든 차라리 나를 총살하라!"

그러나 이동엽은 부하들을 시켜 나를 움직이지 못하게 하고 이용선만 끌고 갔다. 얼마 후 동네 어귀에서 총소리가 났다. 달려가 보니 이용선은 총에 맞아 죽었고 입은 옷이 전부 불타고 있었다. 나는 이용선의 머리를 껴안고 통곡하다, 어머님이 내가 동학접주를 한다고 처음으로 지어 보내신 명주저고리를 벗어 그의 머리를 감싸주고 동네사람들을 시켜 정성껏 묻어 주게 했다. 내가 눈 속에서 벌거벗고 목 놓아 우는 것을 보고 이웃사람들이 옷을 가져다주었다.

그날 밤, 나는 부산동 정덕현의 집으로 가서 사정을 설명하고 복수를 다짐하였다. 그러나 정씨는 만류하였다.

"이용선의 죽음은 불행한 일이지만, 형은 남은 일을 마무리해야 할 사람입니다. 의리상 복수는 당연하지만, 만약 우리 부대와 이동엽 부대가 싸운다는 소문이 퍼지면, 경군과 왜병이 즉각 이동엽 부대를 섬멸하고 패엽사까지 점령하고 말 것입니다. 지금은 복수를 말할 때가 아닙니다."

정씨 집에서 2~3일간 요양한 후, 장연군 몽금포 부근의 동네로 옮겨 석 달간 숨어 지냈다. 소문을 들으니 이동엽은 잡혀가서 사형을 당하고 동학군도 거의 소탕되었다고 했다.

4. 적장의 집에서 만난 스승 고능선

나는 정씨와 같이 텃골 본가에 가서 부모님을 뵈었다. 부모님은 매우 불안해하시며 멀리 가서 화를 피하라고 하셨다. 다음 날, 정씨의 권고대로 나는 밀약을 맺은 바 있는 안진사가 사는 청계동으로 갔다. 동구 앞으로 한 줄기 개울이 흐르고 그곳 바위 위에는 '청계동천'淸溪洞天이라는 안진사의 글씨가 새겨져 있었다. 동구를 막은 듯한 작은 봉우리 사이로 들어가니, 청계동은 사면이 험준하고 수려한 산으로 둘러싸여 있고, 민가 40~50채가 드문드문 흩어져 있었다.

안진사의 집으로 들어가 본채 마루에 올라가니, 벽에는 그가 친필로 쓴 '의려소'義旅所 현판이 붙어 있었다. 안진사는 본채에서 우리를 친절하게 맞아 주었다.

"김석사金碩士(김창수를 높여 부르는 말)가 패엽사에서 벗어난 후 심히 염려되어 여기저기 찾아보았으나 계신 곳을 모르던 터에 이처럼 찾아 주시니 감사합니다. 부모님이 모두 계시다고 들었는데 어디 편히 계실 곳이 있습니까?"

"달리 계실 곳이 없어 아직 본동에 계십니다."

그는 즉시 부하에게 당장 텃골로 가서 나의 부모님을 모셔 오라 명령하고, 인근에 가옥 한 채를 매입해 주었다. 이리하여 그날 바로 청계동 생활이 시작되었다. 당시 내 나이 스무 살, 을미년乙未年(1895) 2월이었다.

안진사에게는 아들이 셋 있었는데, 맏아들이 중근重根으로 나이 열여섯에 이미 결혼하여 상투를 틀었고, 자색 명주수건으로 머리를

황해도 신천군 천봉산 아래 청계동 그림 1884년 갑신정변이 실패하자 이에 관련되었다는 의심을 받던 안태훈은 출세의 길을 버리고 구름과 달과 더불어 살기로 결심하고 대가족을 이끌고 청계동으로 들어왔다. 청계동은 그림과 같이 깊고도 신묘한 오목골로 별천지라 불리었다. 1895년 동학의 꿈이 좌절된 김창수는 이곳에서 안태훈에게 몸을 의탁하였다.

동이고서 날마다 총을 메고 사냥을 다녔다. 안중근은 영리하고 사격술이 뛰어나, 나는 새 달리는 짐승을 백발백중으로 맞히는 재주가 있었다. 짐승을 사냥해 오면 안진사 여섯 형제가 반드시 한데 모였고, 오주부吳主簿·고산림高山林·최선달崔先達 등도 모였다. 나는 술 마시고 시를 읊조리는 데 아무 재주가 없었지만, 함께 초청 받아 산짐승과 들새 고기의 진미를 맛보고 즐겼다.

안진사는 자기 아들과 조카들을 위하여 서재를 만들었다. 안진사는 당시 8, 9세의 정근定根과 공근恭根에게는 언제나 "글을 읽어라", "써라"고 독려했지만, 그가 맏아들 중근에게 공부 않는다고 야단치는 것은 보지 못하였다(안중근의 옥중 진술에 의하면, 그가 일찍이 초패왕과 같은 장부의 삶을 살겠다고 밝히고 난 뒤부터, 안진사는 안중근에게 공부를 재촉하지 않았다고 한다).

나는 날마다 안진사의 사랑에 나갔다. 50여 세 되어 보이고 몸집이 크고 옷차림이 검소한 노인 한 분이 종종 들렀다. 그분은 고능선高能善이라는 학자로, 사람들은 그분을 '고산림'高山林이라 불렀다. 해

안태훈 진사

그는 아들 안중근과 더불어 동학군을 토벌하는 의병을 일으켰으나, 적장 김창수를 청계동에 받아들였다. 이로 인해 백범과 안씨 집안의 오랜 인연이 시작되었고, 안중근 의사의 조카딸 안미생은 백범의 맏며느리가 되었다.

서 지방에서 품행이 바르기로 이름난 학자였는데, 안진사가 동학군에 대한 의병을 일으킬 때 고능선을 자문 참모로 모셔와 청계동에 살게 했다고 하였다. 어느 날 고선생이 내게 말했다.

"창수, 내 사랑 구경은 좀 아니하겠나?"

나는 감동하여 다음 날 고선생 댁을 찾아갔다. 고선생은 기쁜 낯으로 친절히 맞이하였다. 고선생의 사랑은 작은 방인데 책이 가득 쌓여 있고, 사면 벽에는 옛 선비들이 남긴 좌우명과 선생 자신이 깨우쳐 얻은 글 등이 붙어 있었다. 고선생은 나더러 매일 자기 사랑에 놀러 와서 세상일도 논하고 학문도 토론하자고 했다.

"선생님이 이처럼 너그러우시니 황공 감사하지만, 제가 감당할 만한 자질이 있겠습니까?"

당시 내 마음은 매우 절박한 상태였다. 과거장에서 낙심하고, 관상 공부에서도 실망하였으며, 동학당이 되어 '새로운 국가', '새로운 국민'을 꿈꾸었으나 그도 역시 바람 잡듯 헛된 일이 되었다. 이제 모든 것이 실패한 패장敗將 신세가 되어 겨우 생명만 부지하고 있는 형편이었다. 장래를 생각하면 대체 어디다 발을 디뎌야 할지 답답한 심정이었다. 그러니 과연 내가 고선생의 사랑을 받을 자격이 있는지, 오히려 선생께 누를 끼치는 것은 아닌지 두려움이 앞섰다. 나는 마음에 있는 그대로 말하였다.

"선생님! 저는 불과 스무 살에 실패를 많이 경험하였습니다. 선생님이 저의 자질과 품성을 밝히 보시고 좋은 점이 있으면 사랑해 주시고 교훈도 해 주십시오. 그리하지 못한다면, 저의 발전은 고사하고 선생님의 높으신 덕에 누만 끼치고 말 것입니다. 저는 그렇게 되는 것을 원치 않습니다."

모르는 결에 눈물이 앞을 가렸다. 고선생은 이러한 나를 위로해
주셨다.

"사람이 자기를 알기도 쉽지 않거든 하물며 남을 어찌 알 수 있
겠는가? 아무쪼록 성현聖賢의 발자취를 밟아 가도록 하게. 예로부터
성현의 자리에 이른 자도 있고, 좀 모자라는 자도 있으며, 중도에 자
포자기하는 짐승만도 못한 자도 있다네. 자네가 마음 좋은 사람이
되려는 생각을 가졌다면, 몇 번 실패나 곤란을 경험하였더라도 그 마
음 변치 말고 끊임없이 고치고 나아가게. 목적지에 이르는 날이 반
드시 있을 것이네. 실패는 성공의 어머니요 고민은 즐거움의 뿌리이
니 상심 말게. 나 같은 늙은이가 자네 앞길에 혹시 보탬이 된다면 그
또한 영광이 아닌가?"

고선생의 말씀은 내게 위안이 되었을 뿐 아니라 주리던 아이가
어머니 젖을 빨아 먹는 것과 같았다.

"그러시면 앞으로 갈 길을 가르쳐 주십시오. 마음을 다해 받들

김창수의 스승 고능선
청계동에서 만난 백범의 진정한 첫 스승이다. 백범이
의병의 세계를 떠나 근대적인 애국계몽운동에 참여한
뒤에도 고능선의 의리관과 사생관은 백범에게 평생 깊
은 영향을 끼쳤다.

어 행하겠습니다."

"그같이 결심하였으면 내 모든 힘을 다하겠네. 젊은 사람이 너무 상심 말고 매일 나와 함께 지내세."

그날부터 나는 밥을 안 먹어도 배고픈 줄 모르겠고, 고선생이 죽으라면 죽을 수도 있을 것 같았다. 나는 날마다 고선생 사랑에 가서 시간을 보냈다. 선생은 책을 차례대로 가르치지 않고, 나의 정신과 재질을 보아 떨어진 곳을 기워 주고 빈 구석을 채워 주는 구전심수口傳心受(말로써 요체를 전하여 마음으로 받아들이게 함)의 방법을 이용하셨다. 선생은 주로 의리義理에 대해 말씀하셨는데, 아무리 뛰어난 재주와 능력이 있어도 의리에서 벗어나면 그 재능이 도리어 화근이 된다는 것, 사람의 처세는 마땅히 의리에 근본을 두어야 한다는 것, 그리고 일을 할 때에는 판단·실행·계속의 세 단계를 밟아 성취해야 한다는 것 등, 여러 가지 가르침을 주셨다. 특히 선생은 과단성 없는 것이 나의 가장 큰 결점이라 여기셨는지, 과단성이 없으면 모든 일이 쓸데없다 하시며 다음 구절을 힘주어 설명하셨다.

벼랑에서 가지 잡고 오르는 것은 대단한 일 아니고, 得樹攀枝無足奇
움켜잡은 그 손마저 놓아야 대장부라 할 수 있으리. 懸崖撒手丈夫兒

매일 고선생 댁에서 놀다가, 밤 깊고 인적이 고요할 때 나랏일을 논의했다. 어느 날 고선생이 놀라운 말씀을 하셨다.

"역사에서 흥해 보지 못한 나라가 없고 망하지 않는 나라가 없네. 전에는 땅과 백성은 가만 두고 임금 자리만 빼앗는 것으로 흥망을 논하였지. 그러나 지금 나라가 망한다는 것은 땅과 백성과 주권을 모두 강제로 빼앗기는 것이네. 우리 나라도 필경은 왜놈에게 망하게 되었네. 조정의 대신들은 전부 외세에 영합하려는 생각만 가지고, 어떻게 하면 러시아나 영국·미국·프랑스·일본과 친하여 자기 자리를 튼튼히 할까, 순전히 이런 생각들뿐이라네. 최고 학식을 가졌다는 학자들도 혀만 차고 한탄할 뿐 어떠한 구국의 경륜도 보이지 않으니 큰 유감일세. 나라가 망하는 데도 신성하게 망하는 것과 더럽게 망하는 것이 있는데, 우리 나라는 더럽게 망하게 되겠네."

내가 놀라자, 선생은 다시 말씀하셨다.

"백성들이 의義를 붙잡고 끝까지 싸우다가 함께 죽는 것은 신성하게 망하는 것이지만, 백성과 신하가 모두 적에게 아부하다 꾐에 빠져 항복하는 것은 더럽게 망하는 것일세. 지금 왜놈의 힘이 대궐까지 파고들어 대신들을 마음대로 내치니, 우리 나라를 제2의 왜국으로 만든 것 아니겠는가? 그런즉 자네나 나나 죽음으로 나라에 충성하는 일만 남았네."

선생은 슬픈 얼굴로 나를 보았다. 나는 울면서 또 물었다.

"망하지 않게 할 방침은 없습니까?"

"자네 말이 옳네. 기왕 망할 나라라도 망하지 않게 힘써 보는 것이 백성의 의무지. 조정 대신들처럼 무조건 외세에 영합하지 말고, 청국淸國과 연합할 필요가 있네. 작년 청나라가 청일전쟁에서 패했으니 언젠가 보복전쟁을 벌이려 할 것일세. 청나라에 가서 사정도 조사하고 뒷날 한목소리로 대처하는 것이 절대 필요한데, 자네 한번 가 보려나?"

"저같이 아무것도 모르는 어린것이 청국에 간들 무슨 이익이 있겠습니까?"

"자네와 같은 생각을 하는 동지들이 많으면 청나라의 정계·학계·상업계 각 방면으로 들어가서 활동을 할 수 있지 않겠나? 지금은 누가 그런 뜻을 가진 사람인지 알 수 없으니, 자네 한 사람이라도 실행해 보는 것이지."

"마음이 울적하니 바람도 쏘일 겸 떠나 보겠습니다."

고선생은 크게 만족하며 내가 떠난 뒤에도 부모 걱정은 하지 말라고 하셨다. 나는 안진사와도 상의를 하면 어떻겠는지 물었지만 고선생은 반대하였다.

"내가 안진사의 의향을 짐작하는바, 그는 천주학天主學을 해볼 마음이 있으니, 만일 그같이 서양 오랑캐에게 의뢰할 마음이 있다면 그것은 대의大義에 벗어나는 행동이네. 다만 안진사는 확실한 인재이니, 자네가 청국에 가서 여러 곳을 다녀 보고 좋은 기회가 생기면 그때 가서 상의하여도 늦지 않을 것이네. 그러니 이번 일은 비밀에 부치고 떠나는 것이 좋을 것 같네."

나는 고선생의 말씀을 옳게 여기고 출발을 준비하였다.

5. 의병의 국제연대를 찾아 청나라로

하루는 안진사 사랑에서 참빗장수 한 사람을 보았다. 말과 행동을 보니 보통 참빗장수와 다른 듯하여 먼저 인사를 청해 보니, 남원에 사는 김형진金亨鎭(일명 金炯模)이라는 사람으로 나와 같은 안동 김씨였다. 그 사람에게 참빗을 사겠다고 청하여 하룻밤 함께 자면서 이런저런 이야기를 나누어 보니, 과연 그는 보통 참빗장수가 아니라 안진사에 대한 소문을 듣고 찾아온 것이었다. 사람됨이 뛰어나거나 학식이 넉넉해 보이지는 않았으나, 시국에 대한 불평으로 무슨 일이든 해 보겠다는 결심이 있었다. 다음 날 함께 고선생 댁을 방문하여 김형진의 사람됨을 살펴보시게 하였다. 고선생은 이야기를 나눠 보시더니, 남의 머리는 못 되나 다른 사람을 도와서 일을 이룰 만한 소질은 있어 보인다고 하셨다.

나는 집에서 부리던 말 한 필을 팔아 200냥의 여비를 준비하여 김형진과 함께 청나라로 출발하였다. 가는 길에 백두산을 답파하고 중국의 동삼성東三省(길림성·요녕성·흑룡강성)을 거쳐 북경北京까지 갈 계획이었다.

우리는 우선 평양에 도착하여 여행 방법을 의논하였다. 둘 다 참빗장수 행세를 하기로 하고, 여비로 참빗·붓·먹과 기타 산중에서 요긴한 물품을 사서 한 짐씩 짊어졌다. 평양에서 모란봉 을밀대를 잠

평양 모란봉의 을밀대 1895년 5월 백범은 처음으로 을밀대를 보았다. 그로부터 53년 뒤인 1948년 4월, 백범은 남북연석회의에 참여하고 다시 을밀대를 찾았다.

함흥의 명물 만세교 성천강을 가로지르는 만세교는 조선시대 초기에 3,000여 개의 판목을 맞추어 세운 나무다리. 왕의 만수무강을 기원한다는 뜻에서 만세교라 하며, 정월대보름에 이곳에서 다리밟기 놀이를 하면 무병장수한다고 전한다. 1905년 러일전쟁 중에 소실된 것을 일본군이 1908년 다시 세웠으나, 1928년 대홍수로 유실되자 1930년 철근콘크리트로 건설하여, 이제는 나무다리를 볼 수 없다.

시 구경하고, 강동·양덕·맹산을 지나 함남의 고원·정평을 거쳐 함흥에 도착하였다. 함흥에서는 조선에서 제일 큰 나무다리인 만세교萬歲橋를 건넜다. 만세교가 있는 하천(성천강)은 장마 때를 제외하고는 옷을 걷어 올리고 건너갈 만큼 얕았지만, 폭은 가장 넓은 곳이 약 5리나 되었다. 다리를 지나가니 큰 장승 네 개가 좌우 길가에 마주보고 서 있었으며, 이태조가 세웠다는 낙민루樂民樓도 있었다.

　함남 단천의 마운령을 넘어 갑산에 이른 때가 을미년乙未年(1895) 7월경이었다. 이상한 것은 갑산이 분명 산중 큰 읍임에도 불구하고 거의 모든 집의 지붕에 한결같이 푸른 풀이 무성하게 자라, 마치 사람이 살지 않는 황폐한 마을 같은 느낌이 드는 것이었다. 이 지역은 '봇껍질'이라 부르는 자작나무 껍질로 지붕을 덮고 흙을 씌워 놓는데, 거기에 풀씨가 날아와서 여름에 무성해졌기 때문이었다. 그렇게 해 놓으면 지붕이 흙기와나 돌기와보다 오래 가고 아무리 큰비가 와도 흙이 씻겨 나가지 않는다고 한다. 또 그곳에서는 사람이 죽은 후 염습할 때에도 봇껍질로 싸는데, 그렇게 하면 흙 속에서 만 년이 지나도 해골이 흩어지지 않는다고 한다.

혜산진에 이르러 제천당祭天堂을 구경했다. 제천당은 백두산 줄기가 남쪽으로 내달으며 조선 산맥의 큰 줄기를 이루는 곳에 있는데, 해마다 조정에서 이곳으로 관리를 보내 백두산 신령에게 제사를 올린다고 한다. 혜산진은 압록강 건너편의 중국인 민가에서 개 짖는 소리까지 다 들리는 곳이며, 압록강도 걸어서 건너 다닌다고 했다.

거기서 백두산 가는 길을 물으니 서대령西大嶺을 넘어서 간다고 했다. 우리는 삼수군·장진군·후창군·자성군을 건너 중국 땅인 모아산帽兒山으로 갔다. 여러 군郡을 지나는 길은 험산 준령 아닌 곳이 없고, 어떤 곳은 70~80리 안에는 사람 사는 곳이 없어 아침에 미리 점심밥을 싸 가지고 간 적도 있다. 산이 매우 험하였으나 맹수는 별로 없었고 삼림이 빽빽하여 지척을 분별키 어려웠다. 큰 나무는 밑동 하나를 벤 그루터기 위에 7~8명이 둘러앉아 밥을 먹을 정도라고 하였다. 나무 한 그루를 찍어 넘겨 곡식 저장하는 통을 파는데, 장정이 나무통 안에 서서 도끼질하는 것을 직접 보기도 했다. 또 이편 산 꼭대기의 늙은 나무가 쓰러져 건너편 산꼭대기에 걸쳐 있는 것도 많이 보았는데, 그 나무다리를 타면 굳이 깊은 계곡으로 가지 않고 산을 건너갈 수 있었다. 우리도 나무를 타고 건너 보았는데, 마치 신선이 다니는 길인 듯싶었다.

그 지방은 먹을 것이 풍부하고 사람들의 인심이 좋아서 손님 오

는 것을 매우 반가워했다. 양식은 대개 귀리와 감자이고, 개천에는
'이면수'라는 물고기가 많이 있는데 맛이 좋았다. 짐승 가죽으로 의
복을 만들어 입는 것을 보면 원시 그대로 생활하는 것 같았다.

모아산에서 서북쪽으로 노인치老人峙라는 고개를 넘어 서대령으
로 가는데, 백리 길에 우리 동포를 만났다. 대부분 금 캐는 사람들인
데, 만나는 이마다 백두산에 가지 말라고 말렸다. 향마적嚮馬賊이라는
중국인 도적 떼가 총으로 사람을 쏘아 죽이고는 소지품을 빼앗아 간

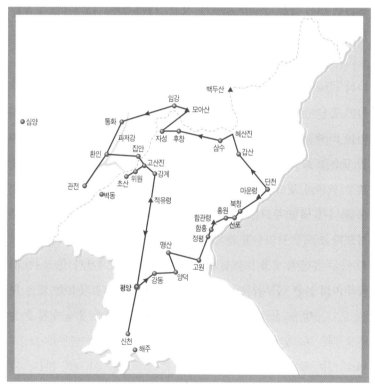

『백범일지』에 기록된 김창수와 김형진의 청나라 노정(1895년)

다는 것이었다. 상의 끝에 우리는 백두산으로 가지 않고 중국의 통화현성通化縣城으로 갔다.

이곳에서 가장 미운 자들이 중국어를 통역하는 호통사胡通辭들이었다. 우리 동포들은 대개 청일전쟁을 피해 낯설고 물선 이곳으로 넘어와 산속 험한 곳만 택하여 화전을 일구며 살고 있었다. 그런데 호통사들은 중국인에게 붙어 여자들의 정조를 유린하고 돈과 곡식을 억지로 빼앗는 등, 동포들에게 차마 입에 담지 못할 악행을 많이 저지르고 있었다. 어떤 중국인의 집에서 한복 입은 동포 처녀가 있는 것을 보고 이상하게 여겨 사람들에게 물어보니, 호통사가 중국인에게 자기의 빚을 못 갚은 대신 처녀를 중매해 주기로 약속하고, 처녀의 부모를 위협하여 처녀를 강제로 그 중국인에게 보낸 것이라 했다. 통화·환인·관전·임강·집안 어디서나 똑같이 호통사의 폐해가 심하였다.

곳곳에 두세 집 내지 여남은 집이 모여 사는데, 고국에서 '앞대나그네'(고국인)가 왔다고 무척 반가워하면서 고국 이야기를 하라고 조르기도 하고, 이집 저집에서 다투어 음식을 대접해 주었다. 대부분 생활난과 청일전쟁을 피하여 건너간 집들이었고, 본국에서 죄를 짓고 도망한 자들, 즉 민란 주동자들이나 평안·함경도에서 공금을 유용하고 도망쳐 온 하급관리들도 간혹 있었다.

6. 김이언 의병도 실패하고

이 지방을 두루 돌면서 수소문하여 들어 보니, 벽동碧潼 사람 김이언

金利彦이 힘과 용기가 뛰어나고 학식도 풍부하다 하였다. 일찍이 중국의 심양 자사瀋陽刺史가 그의 용기와 힘을 높이 사서 준마 한 필과 『삼국지』 한 질을 주었고, 청나라 고급장교들도 그를 융숭하게 대우한다고 하였다. 그런데 그가 지금 청나라의 원조를 받아서 의병을 일으키려 하고 있다고 했다. 우리는 삼도구三道溝에 있는 김이언의 비밀 주소를 알아내고, 그의 사람됨을 관찰하기 위해 각자 모르는 사람인 것처럼 따로 그를 찾아가기로 했다.

김형진이 먼저 유람객 행색으로 출발하고, 나는 참빗장수의 행색으로 네댓새 뒤에 출발하였는데, 압록강을 100여 리 앞둔 곳에서 청나라 무관 한 사람을 만났다. 그는 궁둥이에 관인이 찍힌 말을 타고, 머리에는 청나라 군인모자인 마라기를 쓰고 머리장식인 옥로玉鷺를 꽂고 붉은 술을 드리우고 있었다. 나는 덮어놓고 그의 말머리를 잡았다. 그 무관이 말에서 내렸다.

나는 청나라 말을 몰랐기 때문에 품 안에 여행 취지서 한 장을 지니고 다녔다. 내가 그 취지서를 그에게 보여 주자, 그 무관은 글을 채 다 읽기도 전에 갑자기 길바닥에 털썩 주저앉더니, "왜적은 함께 세상을 살 수 없는 원수"라는 구절을 가리키며 나를 붙들고 큰소리로 통곡했다. 내가 필통을 꺼내 서로 필담筆談을 시작했다. 먼저 그 사람이 물었다.

"일본이 어찌하여 그대의 원수인가?"

"일본은 임진왜란 이후 대대로 국가의 원수일 뿐 아니라, 지난달에는 우리 국모를 불살라 죽였기 때문이오."

나는 초면에 그같이 통곡하는 까닭을 되물었다.

"나는 지난 청일전쟁 당시 평양전투에서 전사한 서옥생徐玉生의

아들〔徐慶璋〕이오. 강계 관찰사에게 부친의 시체를 찾아 달라고 부탁하였는데, 가서 보니 부친의 시체가 아니기에 빈손으로 되돌아오는 길이오."

그는 자기 집이 금주錦州인데, 부친은 가병家兵 1,000명을 이끌고 평양전투에 나갔다고 했다. 그러나 그들은 모두 전멸하고 현재 자기 집에는 가병 500명만 남아 있다고 했다. 재산이 매우 넉넉하고 나이는 서른 몇 살이며 부인은 몇 살이고 자녀는 몇 명이라고 상세히 일러 주었다.

나는 그에게 평양 보통문 밖에서 일본사람들이 세운 '서옥생 전망처'徐玉生戰亡處란 나무비를 보았다고 말해 주었다. 그는 내가 자기보다 어린 것을 알고는 나를 '띠디'弟弟(아우)라 부르고, 자기더러는 '꺼거'哥哥(형)라 부르라고 써 보였다. 그리고는 내 봇짐을 자기 말안장에 달아매고 나를 말 등에 올려 태우면서 자기 집에 같이 가자고 하였다.

나는 말 위에서 곰곰이 생각했다. 서씨와 교제할 좋은 기회이지만, 먼저 길을 떠난 김형진에게 이 사실을 알릴 길이 없었다. 또 김이언이 의병을 일으킨다고 하니, 무작정 금주로 가서 서씨 집에 머물러 있을 마음이 없었다. 나는 말에서 내려 그에게 물었다.

"여보, 꺼거. 내가 고국의 부모를 떠나온 지 어느덧 1년이 다 되가고, 또 왕실에서 변을 당한 후에 나라 안의 정치 상황이 어떻게 변했는지도 모르고 있소. 그러니 일단 고국으로 돌아가 부모님께 승낙을 얻고 도로 여기로 와서 꺼거와 함께 지내며 앞날을 도모함이 어떻겠소?"

서씨는 대단히 아쉬워하였으나, 반드시 다시 만날 것을 재삼 눈물로 부탁하고 서로 헤어졌다.

대엿새 후 삼도구에 도착하였다. 참빗장수로 행세하면서 이집 저집 찾아다니며 김이언과 그 부하들에 대해 알아보았다. 두령인 김이언은 힘이 장사인데, 나이 50여 세에 앉은자리에서 500근짜리 화포를 양손으로 들어 올렸다 내렸다 한다고 한다. 그러나 내가 보기에 그는 일 벌이기를 좋아하고 자신감이 지나쳐 다른 사람의 의견을 받아들이는 도량이 부족해 보였다.

김이언은 압록강 이쪽 변방으로 초산·강계·위원·벽동 등에서 포수들을 모집하였고, 저쪽 중국 변방에서도 이주민 포수를 모집하여 그 수가 거의 300명이나 되었다. 그가 의병을 일으킨 명분은 "국모가 왜구에게 피살된 것은 국민 전체의 치욕이니 가만히 참고 있을 수 없다"는 것이었다. 그는 글을 잘 쓰는 그의 동지 김규현金奎鉉에게 격문을 지어 뿌리게 했다. 의병 모의에는 김형진과 나도 참가했다. 나는 몰래 강계성에 들어가 화약을 사서 등에 지고 압록강을 건너기도 했고, 초산·위원 등지에 숨어 들어가 포수를 모집하기도 했다.

거사 시기는 을미년(1895) 11월 초였다. 압록강이 대부분 빙판으로 얼어붙어 있었으므로 삼도구에서 행군하여 얼음 위로 강을 건너 강계성까지 쳐들어갈 계획이었다. 김이언은 강계 병영의 장교들과 미리 연락해 두었으니 성에 들어가는 것은 문제가 없다 하였다. 그러나 내 생각에는 문제가 많아 보여서 물었다.

"이번에 청나라 군사들을 동원합니까?"

"이번에는 안 되지만, 우리가 강계를 점령하고 나면 청나라 원병이 온다고 하였소."

"그렇다면 포수 중에 청나라 말을 잘하는 사람 몇십 명에게 청나라 옷을 입혀 청나라 장교로 꾸밉시다. 그 이유는, 강계성의 장교들이 내응한다는 것을 그대로 믿기 어렵기 때문입니다. 그 사람들은 청나라 군사들이 같이 오면 내응하겠다는 것이지, 청나라 병사가 그림자도 보이지 않으면 정세는 불리한 방향으로 가고 말 것입니다."

그러나 독단적인 김이언은 국모 죽인 원수를 갚기로 한 이상 당당하게 백의군인白衣軍人으로 입성하는 것이 옳다며, 청나라 장교로 가장하는 것에 반대하였다. 또 김이언은 먼저 고산진高山鎭을 쳐서 무기를 빼앗은 다음, 그 무기를 가지고 강계를 공격한다는 계책을 세웠다. 그러나 나는 우리에게 있는 300여 명의 포수만으로도 급습하면 강계성을 점령할 수 있다고 주장했다. 그러나 김이언은 먼저 고산진을 쳐서 무기를 탈취하고 그 다음 날 강계를 점령하는 것이 옳다는 것이었다.

우리 두 사람은 어찌 되든 따라가 보기로 했다. 밤중에 고산진을 침입하여 무기를 탈취하고, 다음 날 한밤중에 전군이 얼음 위를 밟고 강계로 진군하였다. 인풍루 밖 10리쯤 되는 곳에 선두가 도착했을 때, 남쪽 기슭의 소나무 숲 속에서 화승총 불빛이 반짝거리는 것이 보였다. 강계 부대 소속 장교 몇몇이 나와서 김이언을 찾아 물었다.

"이번 공격에 청병淸兵이 있는가?"

"우리가 강계를 점령하고 통지하면 곧 청병이 올 것이오."

김이언의 대답에 장교들은 고개를 설레설레 흔들면서 돌아갔다. 그들이 돌아가자마자 솔숲에서 포성이 울리더니 총탄이 비처럼 쏟아졌다. 빙판 위에서 1,000여 명 가까운 사람과 말 떼가 크게 혼잡을 빚으니, 어느새 총탄에 맞아 죽는 자, 다쳐서 아우성치는 자들이 생겨나기 시작했다.

나는 김형진과 몇 걸음 물러나면서 상의했다.

강계 인풍루 전경 인풍루는 강계의 장자강과 그 지류인 북천이 합류하는 지점의 높은 절벽 위에 있다. 장자강 달빛을 바라볼 수 있는 만월의 인풍루는 '관서 8경'의 하나로서 널리 알려져 있다. 김창수가 참여한 김이언 의병은 얼어붙은 강 위로 진군하였지만, 이 인풍루 10리 밖에서 패하였다.

  "김이언의 이번 실패는 영원한 실패라, 다시 사람들을 모으지 못할 거요. 그러니 저들과 같이 도망갈 필요가 없소. 잠시 강계성 부근에 몸을 피했다가 고향으로 돌아갑시다."

  산언저리로 올라가서 가까운 촌락으로 들어갔다. 동네가 전부 피난하고 사람을 찾아볼 수 없었다. 한 집에 들어서니 문을 다 열어 둔 채 집이 비어 있었다. 우리는 우선 안방에 들어가 화덕에 손발을 녹였다. 방 안 가득 기름 냄새와 술 냄새가 나서 시렁 위에 놓인 광주리를 꺼내 보니 고기가 가득하였다. 닭다리와 돼지갈비를 숯불에 구워 먹고 있는데, 집주인이 가만히 문을 열고 방 안을 들여다보았다. 그 사람은 그날이 어머니의 대상大喪이라 조문객들과 함께 제사를 지내다가 갑자기 포성이 진동하여 식구들을 산속에 피신시키고 오는 길이라 했다. 나는 한편으로 실례했다고 말하고 한편으로는 위로를 했다.

"우리는 장사하러 성내에 왔다가 난리가 났다 하기로 피난 온 것이오. 마침 당신 집 문이 열려 있어 들어왔다가 음식물이 있어서 요기를 하고 있었소. 난리 때라 이런 일도 있는 법이니 용서하시오."

주인은 그제야 안심을 했다. 나는 주인에게 산속에 피해 숨은 식구들을 다시 돌아오게 하라고 했다. 주인은 오히려 자기 집을 우리에게 부탁하였다. 그 집에서 잠을 자고, 다음 날 아침 일찍 강계를 출발하여 며칠 만에 신천으로 돌아왔다.

7. 인연 없는 스승의 손녀사위

신천 청계동으로 가는 길에 고선생 댁에 콜레라가 들어 맏아들 원명부부가 죽었다는 소식을 들었다. 동네에 들어서자마자 먼저 고선생 댁으로 갔다. 고선생은 침착하고 태연한 듯해 보였으나, 나는 가슴이 답답해 아무 말도 할 수 없었다. 하직인사 할 때 고선생이 뜻 모를 말씀을 하셨다.

"곧 성혼을 하기로 하세!"

집에 가서 부모님과 이야기하면서, 내가 고선생의 손녀(원명의 맏딸)와 약혼했다는 사실을 비로소 알았다. 아버님께서 말씀하셨다.

"네가 떠난 이후 어느 날 고선생이 갑자기 자기 집안과 혼인하면 어떻겠느냐고 물으시더라. 선생이 청계동에 온 뒤로 수많은 청년들을 시험하여 왔으나 너 만한 사람을 아직 보지 못하였는데, 불행히 아들과 며느리가 갑자기 죽고 보니 너와 맏손녀를 혼인시키고 싶은 마음이 든다고 말씀하셨다. 나는 황공하여 감당할 수 없다고 말씀드리고, 또 네 생김새가 못나서 선생 집안에 욕이 될까 두렵다고도 했다. 그런데 고선생은 네 인중이 짧은 것이나 이마가 두툼한 것, 그리고 걸음걸이 등이 범의 모양을 타고났다고 하시며, 장차 세상을 크게 놀라게 할 날이 있을 것이니 두고 보라고 하시더라."

고선생이 그처럼 나를 촉망하신다니 나는 더욱 책임감이 무거워지는 느낌을 받았고, 또 그 성의를 감당키 어렵다는 생각을 하였다. 그러나 그 댁 규수의 자품이 뛰어난 점이나 훌륭한 가정교육을 받은 점을 생각하면 만족한 마음도 들었다.

그 뒤 고선생 댁에 가면 안채에서도 나를 인정하는 빛이 보였다. 예닐곱 살 된 둘째 손녀아이는 나더러 "아저씨"라 부르며 허물없이 대해 주었고, 규수가 직접 밥상을 차려 들고 선생님 방에 들어오기도 했다. 나는 퍽 기분이 좋았다. 원명 부부의 장례도 내가 도와서 지냈다.

나는 고선생께 청나라에 다녀온 이야기를 상세히 말씀드렸다. 압록강과 두만강 건너편 토지의 비옥함과 지세와 인심에 대해 말씀드리고, 서옥생의 아들과 결의한 일, 김이언의 의병에 동참하였다가 실패한 일, 또 장차 군대를 움직일 만한 곳 등을 두루 소상히 말씀드렸다.

마침 그때(음력 1895년 11월 15일) 단발령斷髮令이 내려서 군대와 경찰과 문관들이 모두 머리를 깎고 단발을 실시하고 있었다. 나는 고선생과 안진사와 더불어 의병 일으킬 것을 상의하였다. 그러나 안진사는 아무 승산 없이 일어났다가는 실패할 수밖에 없다며 거절하였다. 뿐만 아니라 그는 지금 당장 머리를 깎을 의향도 있다고 했다. 그 말에

단발령에 의해 머리카락이 잘리는 모습

1895년 10월 8일 명성황후가 시해되었고, 11월 15일 단발령을 실시하였다. 왕비 시해와 단발령에 대한 분노로 전국에서 의병이 봉기하였고, 1896년 2월 11일 고종이 러시아공사관으로 옮긴 아관파천 이후 정부는 단발령을 정지시켰다.

고선생은 두말 않고 "진사, 오늘부터 끊네"라며 절교를 선언하였다.

나도 매우 걱정스러웠다. 모름지기 의리 있는 선비라면 "목을 자를지언정 머리카락은 자를 수 없다", "저승에서 머리 없는 귀신이 될지언정 이승에서 머리 깎는 사람은 되지 않겠다"고 하는 것이 옳다고 여기던 때였다. 그러니 안진사가 단발할 의향까지 보였다는 것은 의리가 없다는 말이 아니고 무엇이겠는가? 게다가 안진사가 우리나라 동학을 토벌하면서 서양 오랑캐의 서학西學(천주학)을 믿겠다는 것도 괴이하였다.

생각 끝에 속히 혼례를 올리고 안진사의 청계동을 떠나기로 결심하였다. 부모님은 훌륭한 가문의 며느리를 맞게 된 것이 너무 기쁘셔서 힘을 다하여 혼수 준비를 하셨다. 그러나 어찌 예상하였으랴? 호사다마好事多魔라고, 괴이한 일이 생겼다. 하루는 10여 리 길 해주 검단에 있는 친구 집에 가서 자게 되었는데, 아침에 고선생이 그 곳까지 찾아와서 낙심천만하여 말씀하셨다.

"자네가 어렸을 때 약혼하였다가 취소한 일이 지금에 와서 문제가 되네. 내가 어제 사랑에 앉았노라니 김가라는 사람이 찾아와서, 내 앞에다가 칼을 내어놓고 하는 말이 '당신 손녀와 김창수를 혼인시킨다 하니 첩으로 주는 것이오, 아니면 정실이오?' 하고 물었네. '초면에 그게 무슨 무례냐?' 하니, 김가가 화가 잔뜩 나서 '내 딸이 김창수의 정실부인인데 당신 손녀와 다시 결혼한다니 이 칼로 생사를 가늠하겠소' 하지 않겠나? 나는 '김창수가 이미 파혼한 줄 알고 혼인하기로 하였소. 그런데 엄연히 약혼 중이라 하니, 이 일은 내가 김창수를 만나 해결할 터, 그대는 물러가오' 하고 돌려보냈네. 이 일을 어찌하겠나?"

나는 일이 재미없게 된 것으로 보고 고선생께 말씀드렸다.

"제가 선생님을 믿고 따르는 것은 선생님의 교훈을 마음에 새기고 받들자는 것이지, 손녀사위가 되려는 것이 아닙니다. 그러니 혼인을 하든 안 하든 상관이 있겠습니까? 혼사는 단념하고 의리로만 선생님을 받들겠습니다."

이미 혼사가 순조롭게 되지 않을 줄 알고 잘라 말하긴 하였으나, 속으로는 매우 섭섭하였다. 고선생은 내 말을 듣고 눈물을 흘리며 탄식하였다.

"이런 괴변이 어디 있나? 그러면 혼사는 없었던 일로 치세. 그러나 이제 관리들이 단발을 하고 나면 평민들의 머리도 깎으려 들 터이니, 자네는 빨리 달아나서 단발의 화를 면하도록 하게. 나는 화가 미치면 죽기로 작정하였네."

여기서 내 첫번째 혼약에 대한 이야기를 적고자 한다. 내가 네댓 살 때, 아버님이 술집에서 김치경金致景이란 함지박장수를 만나 그에게 8~9세 된 딸이 있음을 보고 취중에 농담같이 청혼을 하셨다. 김치경은 혼사를 승낙하였고 사주까지 보냈다. 그 후 아버님은 이 여자아이를 종종 집에 데려오셨다. 동네 아이들이 그것을 보고 나를 '함지박장수의 사위'라고 놀려대곤 했다. 나는 이런 놀림 때문에 마음이 매우 불편하였다. 그러던 어느 추운 겨울날, 얼음판 위에서 팽이를 돌리며 놀고 있는데 그 여자아이가 제게도 팽이 하나를 깎아 달라고 하였다. 나는 화가 치밀어서 어머님을 졸라 그 여자아이를 도로 돌려보냈다. 그러나 파혼한 것은 아니었다.

그러다가 동학접주로 동분서주하고 있었는데, 하루는 집에 들어가니 부모님이 술과 떡을 마련해 놓고 혼인 준비를 하고 계셨다. 나는 한사코 장가들지 않겠다고 말씀드렸다. 결국 부모님은 김치경에게 혼약을 깨자고 말씀하셨고, 그 집 딸도 다른 곳으로 시집보내라고 하셨다. 그때는 김치경도 아무런 반대도 하지 않았다. 그런데 막상 나와 고선생 댁의 혼인 소문이 돌자, 이 혼사를 방해하면 돈푼이나 얻을 수 있을 거라는 생각에 짐짓 방해를 놓은 것이었다. 그때 김치경은 술장사를 하고 있었는데, 아버님이 너무 화가 나서 찾아가 싸움까지 하셨지만 이미 다 지나간 일이었다. 그는 그때 벌써 자기 딸을 인근 동네에 돈을 받고 혼약해 놓은 상태였다고 한다. 그 후 고선생은 비동飛洞으로, 우리 집은 고향 텃골로 이사하였다.

질풍노도의 복수 의거,
치하포 사건

1. 치하포 단독 의거

나는 단발령을 피해 청나라 금주에 있는 서옥생의 집으로 출발하였다. 평양에 도착하니 관찰사 이하 관리들이 길목을 막고 서서 지나가는 사람들의 머리를 깎고 있었다. 단발령을 피하려고 시골이나 산골로 숨는 백성들의 원성이 가득 찬 것을 목도하니 화가 머리끝까지 치밀어 올랐다.

그런데 안주安州에 도착하니 게시판에 단발정지령斷髮停止令이 붙어 있었다. 소문을 들으니 경성 종로에서 억지로 단발을 시키다가 사람들이 반발하여 일본인을 때려죽이고 가옥을 부수는 등 큰 소동이 났다고 한다. 나는 장차 나라 사정이 많이 변할 낌새라 굳이 출국할 필요가 없다는 생각이 들었다. 또 삼남三南 방면에서 의병이 일어난다고도 하니 시세를 지켜보리라 결심하고 가던 길을 돌아섰다.

병신년丙申年(1896, 21세) 2월 하순, 나는 용강군에서 안악군 치하포 鴟河浦로 배를 타고 건너게 되었다. 그런데 강물 위로 얼음이 떠다니는 바람에 열대여섯 명의 남녀 선객이 탄 배가 얼음덩이에 갇혀서 조수를 따라 오르락내리락하는 신세가 되고 말았다. 해마다 얼음이 풀릴 때가 되면 종종 이런 참사가 일어나는데, 선객들은 물론 뱃사공까지 얼음귀신이 되는 줄 알고 살려 달라 아우성이었다. 나는 선객들에게 일제히 힘을 합해 얼음덩이를 밀어내 보자고 하였다. 그리고 몸을 날려 얼음덩이로 올라갔다. 우선 얼음덩이가 모인 형세를 살핀 후, 큰 얼음덩이에 의지해서 작은 것을 힘껏 밀어내는 등 애를 쓴 끝에 간신히 한 줄기 살길을 찾게 되었다.

치하포는 멀어서 닿지 못하고, 5리쯤 떨어진 강기슭으로 올라갔다. 서산에 지는 달이 아직 희미하게 빛나고 있었다. 치하포 나루터 주인집에는 풍랑으로 유숙하는 손님들이 세 칸 여관방에 가득하였다. 우리 일행도 방 세 칸에 나누어 들어가 잠을 자고 쉬었다. 잠이 막 들자마자 먼저 들어온 여행객들이 일어나 떠들며 오늘은 날씨가 좋으니 배를 타고 건너게 해 달라고 한바탕 야단을 쳤다. 조금 있다가 아침 식사가 시작되었다.

그때 가운뎃방에 단발을 하고 한복을 입은 사람 한 명이 눈에 띄었다. 성은 정씨라 하고 장연에 산다는데 말투는 경성 말씨였다. 사람들은 그를 진짜 조선인인 줄 알고 이야기를 나누었으나, 내가 보기에는 분명히 왜놈이었다. 자세히 보니 흰 두루마기 밑으로 칼집이 보였다. 가는 길을 물으니 진남포로 간다 했다. 나는 그놈의 행색에 대해 곰곰이 생각해 보았다.

'이곳은 일본인들이 많은 진남포 맞은편이므로 왜인들이 본래 행색대로 다니는 곳이다. 그러니 저놈이 보통 장사치나 기술자라면 군이 조선사람으로 위장할 필요가 없다. 그렇다면 혹시 저자가 우리 국모를 시해한 미우라三浦梧樓가 아닐까? 만일 미우라가 아니더라도 그놈과 공범인 것 같다. 여하튼 칼을 차고 숨어 다니는 왜인이 우리 국가와 민족에게 독버섯인 것은 명백한 사실이다. 그러니 내가 저 한 놈을 죽여서라도 국가의 치욕을 씻어 보리라.'

이렇게 결심한 후, 나는 먼저 주위를 살펴보았다. 방 세 칸에 가득 찬 손님이 40명은 넘어 보였다. 그놈의 패거리가 몇 명 정도인지는 알 수 없었으나, 17~18세쯤 되어 보이는 총각이 그놈 곁에서 무슨 말인가 하고 있었다.

'나는 혼자에다 빈손이 아닌가? 섣불리 덤볐다가 저놈 칼에 목숨이 끊기면 내 뜻은 세상에 드러나지 못하고 한낱 도적놈 취급만 받고 말 것이다. 또 빈손으로는 단번에 저놈을 죽일 수가 없다. 게다가 방 안에 있는 사람들이 말리면 그 틈을 타서 저놈의 칼이 내 몸을 베고 말 것이다. 아무리 생각하여도 이 일은 불가능한 일이다.'

마음이 자못 어지러워 고민하고 있는데, 홀연히 한 가닥 빛이 비치듯 고능선 선생의 교훈이 떠올랐다.

벼랑에서 가지 잡고 오르는 것은 대단한 일 아니고,
움켜잡은 그 손마저 놓아야 대장부라 할 수 있으리.

나는 스스로 묻고 대답해 보았다.
"너는 저 왜인을 죽여 설욕하는 것이 옳다고 확신하는가?"
"그렇다."

"너는 어릴 때부터 '마음 좋은 사람' 되기가 소원이 아니었더냐?"

"그렇다. 그러나 지금 나는 한낱 도적의 시체로 남게 될까 미리 걱정하고 있다. 그렇다면 내가 이때까지 '마음 좋은 사람'이 되고자 했던 것은 다 거짓이고, 사실은 '몸에 이롭고 이름 내는 것을 좋아하는 사람'이 되려는 것이 아닌가?"

드디어 죽을 작정을 하고 나니, 백 가지 계책이 줄지어 떠올랐다. 우선 방 안 손님 40여 명과 동네사람 수백 명을 무형의 노끈으로 꽁꽁 동여 움직이지 못하게 하기로 했다. 만약 왜놈이 조금이라도 불안을 느끼면 거기에 대비하게 될 터이니 일단 안심을 시키고, 나 한 사람만 자유자재로 연극을 연출하기로 했다.

아랫방에서 제일 먼저 밥상을 받은 사람이 숟가락질을 시작했다. 그러나 자던 입에 새벽밥이라고, 밥이 제대로 넘어갈 리 없었다. 그 사람이 채 삼분의 일도 못 먹고 있을 때, 나는 네댓 숟갈로 한 그릇 밥을 다 먹어 치우고, 주인을 불렀다.

"어느 손님이 불렀소?"

"내가 청했소이다. 오늘 700여 리 산길을 넘어가야 하니 아침을 든든히 먹고 가야겠소. 밥 일곱 상만 더 차려 주시오."

주인은 대답도 아니 하고 다른 손님들을 향해 이렇게 말했다.

"젊은 사람이 불쌍도 하다. 미친놈이군."

나는 방 한켠에 드러누워 방 안 분위기를 보면서 왜놈의 동정을 살폈다. 제법 똑똑해 보이는 청년들이 여관 주인의 말에 동조하여 나를 미친놈이라고 하자, 담뱃대를 물고 앉은 노인들이 나무라며 말했다.

"말을 함부로 말게. 지금엔들 기이한 영웅이 없으란 법 있겠나? 이런 말세에는 영웅이 나는 법일세."

청년들이 대번에 그 말을 받아 대꾸했다.

"영웅이 없을 리야 없겠지요. 그렇지만 저 사람 생긴 꼴을 보세요. 무슨 영웅이 저렇겠어요?"

왜놈은 별로 주의하는 빛도 없이 식사를 마치고 중문 밖에 서서 총각아이가 밥값 계산하는 것을 지켜보고 있었다. 나는 천천히 일어나서 크게 호령하며 그 왜놈을 발길로 차서 거의 한 길이나 되는 계단 밑으로 떨어뜨렸다. 그리고는 바로 쫓아 내려가서 놈의 목을 힘껏 밟았다. 세 칸 방의 문들이 일제히 열리면서 사람 머리들이 다투어 나왔다. 나는 사람들을 향하여 소리쳤다.

"누구든지 이 왜놈을 위해 내게 덤벼드는 자는 모두 죽이리라!"

말이 채 끝나기도 전에, 방금 내 발에 밟혔던 왜놈이 칼날을 번쩍이며 달려들었다. 얼굴로 떨어지는 칼을 피하면서 발길로 그놈의 옆구리를 차서 거꾸러뜨리고 손목을 힘껏 밟으니 칼이 땅바닥에 떨어졌다. 나는 그 칼로 왜놈을 머리부터 발끝까지 점점이 난도질했다. 피가 샘솟듯 마당에 흘러넘쳤다. 나는 손으로 그놈의 피를 움켜마시고 그 피를 얼굴에 바르고 피가 떨어지는 칼을 들고 방 안으로 들어가 호통을 쳤다.

"아까 저 왜놈을 위해 내게 달려들려던 놈이 누구냐?"

미처 도망가지 못한 자들은 모두 엎드려 빌기 바빴다.

"장군님, 살려 주십시오. 그놈이 왜놈인 줄 모르고 말리러 나갔던 것입니다."

노인들은 겁이 나서 벌벌 떨면서도 아까 청년들을 책망하며 나를 편들어 준 일로 떳떳이 가슴을 내밀고 말했다.

"장군님, 아직 아무것도 모르는 청년들이니 용서하십시오."

여관 주인 이화보李和甫는 감히 방에 들어오지도 못하고 바깥에 엎드려서 빌었다.

"소인이 사람 보는 눈이 없어 장군님을 멸시하였으니, 죽어도 여한이 없습니다. 그러나 저 왜놈에게는 밥 팔아먹은 죄밖에 없습니다."

나는 방 안에서 벌벌 떨고 있는 사람들에게 일어나 앉으라고 명하고, 주인에게 물었다.

"저놈은 조선옷에 조선말도 능한데 어떻게 왜놈인 줄 알았느냐?"

"몇 시간 전에 황주黃州로부터 목선 한 척이 포구에 들어왔는데, 뱃사람들의 말이 일본 영감令監 한 분을 태워 왔다고 하기에 알았습니다."

"그 목선이 아직 포구에 머물러 있느냐?"

"그렇습니다."

나는 뱃사람을 데려오라고 했다. 눈치 빠른 이화보는 세면도구를 들여오고, 밥 일곱 그릇과 반찬을 차려 들여놓았다. 밥 먹은 지 10분 정도밖에 안 되었으나 과격한 행동을 한 뒤라서 한두 그릇쯤은 더 먹을 수 있었다. 그러나 아무래도 일곱 그릇은 무리였다. 그래도 애당초 일곱 그릇이나 시킨 것이 거짓으로 보이면 재미없을 것 같아서 큰 양푼 한 개를 청하여 밥과 반찬을 한군데에다 붓고, 숟가락 두 개를 포개 들고 밥 한 숟갈이 사발통만큼 되게 떠먹었다. 곁에서 보기에는 몇 번만 더 뜨면 밥을 다 먹겠다 싶도록 보기 좋게 한 두어 그릇 분량을 먹다가 숟갈을 던지고 혼잣말로 중얼거렸다.

"오늘은 먹고 싶던 원수의 피를 많이 먹었더니 밥이 들어가지 않는다."

식사를 마치자 왜놈을 싣고 온 뱃사람 7명이 문 앞에 엎드려 죄를 청하였다.

"소인들은 황주에 사는 뱃사람들인데 진남포까지 뱃삯을 받은 죄밖에 없습니다."

나는 뱃사람들에게 왜놈의 소지품을 전부 가지고 오도록 했다. 소지품을 살펴보니 그 왜인은 쓰치다土田讓亮라는 일본인으로, 가진 돈이 엽전 800냥 남짓 되었다. 그 돈으로 뱃삯을 지불하고, 나머지 돈은 이화보를 시켜 가난한 집에 나눠 주라고 했다. 그리고 왜놈의 시체는 우리 조선사람뿐 아니라 모든 생물의 원수이므로 바다 속에 던져서 물고기와 자라들까지 즐겁게 뜯어 먹도록 하라고 시켰다. 그런 다음 이화보에게 필기구를 갖고 오게 해서 '국모의 원수를 갚기 위해 이 왜인을 죽였노라'는 내용의 포고문을 쓰고, 마지막 줄에 '해주 백운방 텃골 김창수'라 써서 길가 벽에 붙였다.

그리고 다시 이화보에게 명령하였다.

"네가 안악 군수에게 사건의 전말을 보고하라. 나는 내 집으로 돌아가서 연락을 기다리겠다. 기념으로 왜놈의 칼은 내가 가지고 가겠다."

출발하려고 보니 흰옷이 피로 물들어 꼴이 말이 아니었다. 다행히 벗어 걸어 둔 두루마기가 있었으므로 그것을 입고 칼을 허리에 찬다음, 유유히 사람들 사이를 지나갔다. 겉으로는 태연자약한 척하였으나 속으로는 매우 조급하였다. 만약 동네사람들이 가지 못하게 막는다면 왜놈들이 와서 나를 죽이고 말 것이기 때문이었다. 일부러천천히 걸어서 고개 위로 올라 곁눈질로 치하포를 내려다보니, 사람들이 여전히 모여 서서 내가 가는 것을 보고 있었다. 시간은 흘러 어느덧 아침 해가 높이 솟아 있었다.

고개를 넘은 후에는 빠른 걸음으로 신천읍에 도착하였다. 그날은 장날이라 시장 이곳저곳에서 치하포 이야기가 들렸다.

"오늘 새벽 치하포 나루에 어떤 장사가 나타나서 왜놈을 한 주먹으로 때려죽였다지."

"그래, 그 장사하고 같이 용강에서 배를 타고 온 사람을 만났는데, 나이 스물도 채 못 되어 보이는 소년이라더군. 강 위로 빙산이 몰려와서 배가 그 사이에 끼여 다 죽게 되었는데, 그 소년 장사가 큰 빙산을 손으로 밀어내고 배에 탄 사람들을 다 살렸다네. 게다가 그 장사는 밥 일곱 그릇을 눈 깜짝할 사이에 다 먹더라는걸."

이런 말을 들으면서 신천 서부에 사는 동학당 친구 유해순柳海純을 찾아갔다. 유씨는 내 몸에서 피비린내가 난다며 옷에 피가 묻은 까닭을 물었다. 나는 대강 일을 말해 주었다. 유해각·유해순 형제는 크게 놀라며 과연 쾌남아다운 행동이라 하고 몸을 피하라 일렀다. 나는 절대로 그렇게 할 수 없다고 말하였다.

집으로 돌아와 아버님께 말씀드리니 부모님 역시 피신할 것을 권하셨다. 그러나 나는 이번 일이 사사로운 감정 때문이 아니라 나라의 수치를 씻기 위해 행한 일이니 정정당당하게 대처하겠다고 말씀드렸다. 아버님도 다시 강권하지 않으시고 집안이야 흥하든 망하든 스스로 알아서 하라고 말씀하셨다.

2. 첫번째 투옥, 인천으로 이감

집으로 돌아온 후 석 달이 넘도록 아무 소식이 없더니, 병신년丙申年
(1896, 21세) 5월 11일 잠자리에서 일어나기도 전인데 어머님이 집 앞뒤
에 못 보던 사람들이 수없이 둘러서 있다고 말씀하셨다. 이 말씀이
끝나자마자 수십 명이 쇠채찍과 쇠몽둥이를 가지고 달려들었다.

"네가 김창수냐?"

"그렇거니와 무엇 하는 사람들인데 이같이 시끄럽게 남의 집에
쳐들어오는가?"

그들은 내무부의 체포영장을 보여 주고 나를 압송해서 해주로
떠났다. 순검과 사령이 모두 30명이 넘었고, 내 몸은 쇠사슬로 여러
겹 동여졌다. 동네 20여 호 전부가 문중 사람들이었으나 두려워서
어느 누구도 감히 내다보지 못하였고, 인근 동네의 강씨와 이씨들은
내가 동학한 죄로 붙잡혀 가는 줄 알고 수군거렸다.

이틀 만에 해주옥海州獄에 들어갔다. 어머님은 밥을 빌어다가 옥
바라지를 하셨고, 아버님은 늘 그러셨듯 감옥의 관리들과 교섭하여
나를 풀어 주려고 애쓰셨다. 그러나 사건이 너무 커서 아무 소용이
없었다.

옥에 갇힌 지 한 달쯤 지나자 신문이 시작되었다. 나는 큰칼을 목
에 걸고 선화당 뜰로 들어갔다. 감리監吏 민영철閔泳喆이 신문하였다.

"네가 안악 치하포에서 일본사람을 살해하고 도적질하였다는데
사실이냐?"

"그런 일 없소."

"증거가 분명한데 부인을 하느냐?"

형을 집행하라는 호령이 나자 사령들이 내 두 발과 두 무릎을 한데 찬찬히 동이고 다리 사이에 붉은 몽둥이 두 개를 들이밀었다. 한 놈이 몽둥이 하나씩을 잡고 좌우를 힘껏 누르니 단번에 뼈가 허옇게 드러났다. 내 왼다리 정강마루에 있는 큰 상처자국이 바로 이때 생긴 것이다. 나는 입을 꾹 다물고 아무 말도 하지 않고 있다가 결국 기절하고 말았다. 그러자 형을 잠시 멈추고 얼굴에 찬물을 끼얹고는 다시 물었다. 나는 감리를 보고 말했다.

　"본인의 체포장은 내무부에서 발급한 것이니 본 해주 관찰부에서 처리할 수 없는 사건이 아니오? 내무부에 보고하여 주시오."

　그러자 아무 말도 하지 않고 도로 하옥시켜 버리고 말았다.

　그때로부터 두 달 가까이 지난 7월 초, 인천감리서에서 네댓 명의 순검巡檢이 와서 나를 데려갔다. 아버님은 집과 세간을 팔기 위해 고향으로 가시고, 어머님만 인천으로 동행하셨다. 그날 연안읍에서 하룻밤 자고 다음 날 나진포로 가는 도중, 연안읍에서 약 5리쯤 되는 길가 무덤 곁에서 잠시 쉬게 되었다. 무덤 곁에 세워 둔 비문을 보니 '효자 이창매의 묘'라 새겨져 있었고, 바로 옆에 그의 부친의 묘가 있었다. 이창매는 연안의 하급 관리인데, 부친 장례 후에 사시장철 비바람을 맞으며 지성으로 산소를 모셨다고 한다. 얼마나 극진하게 모셨던지, 묘 앞 신을 벗은 자리에서 절하는 자리까지 한 걸음씩 걸어 들어간 발자국들과 무릎을 꿇었던 자국, 그리고 향로와 향합을 놓았던 자리에 영영 풀이 나지 않았다고 한다. 누군가 그 움쑥움쑥 패인 자리를 흙으로 메우면 뇌성이 울고 큰비가 내려 그 흙들을 씻어 내곤 했다는 이야기를 근처 사람들과 순검들이 해 주었다.

　눈으로 비문을 보고 귀로 그 이야기를 들으며, 나는 순검들이 알세라 어머님이 알세라, 피 섞인 눈물을 흘렸다. 부모 죽은 후까지 저렇듯 효도한 자취를 남겼으니, 부모 생전에는 어떠했을지 알 것 같았다. 이창매가 다시 살아나 나를 꾸짖는 듯싶었다. 허둥지둥 내 뒤를 따라다니시느라 넋이 다 빠져서 하염없이 한숨만 짓고 계시는 어머님을 차마 뵐 수 없었다. 일어나서 출발할 때, 이창매의 무덤을 다시 되돌아보며 마음속으로 수없이 절을 하였다.

나진포에서 배를 탔다. 병신년 7월 25일, 달빛이 없어 천지가 캄캄하고 물소리밖에 들리지 않았다. 강화도를 지날 때쯤, 순검들이 마음 놓고 잠든 사이에 어머님이 조용히 입안엣말씀으로, "네가 이제 왜놈 손에 죽을 터이니, 차라리 맑고 맑은 이 물에 나와 같이 죽어서 귀신이라도 함께 다니자"고 하시며 내 손을 끌고 뱃전으로 나가셨다.

"어머님은 자식이 이번에 죽을 줄 아십니까? 결코 죽지 않습니다. 나라를 위하여 원수를 죽였으니 하늘이 도우실 테지요. 분명히 죽지 않습니다."

그러나 어머님은 그저 위안하는 말로 들으시고 다시 내 손을 잡아 끄셨다. 자식의 말을 왜 안 믿으시냐고 한 번 더 간곡하게 말씀드리자 그제야 투신할 결심을 버리고 말씀하셨다.

"너의 아버님과도 약속하였다. 네가 죽는 날이면 우리 둘도 같이 죽자고."

어머님은 그때부터 내가 죽지 않을 거라 한 말을 어느 정도 믿으셨던 모양이다. 하늘을 향해 두 손을 비비시면서 알아듣지 못할 낮은 음성으로 축원을 하셨다.

인천옥(감리서)에 들어갔다. 내가 인천으로 이감된 이유는 갑오경장 이후 외국인 관련 사건을 다루는 특별재판소가 그곳에 있었기 때

1896년 치하포 사건으로 김창수가 투옥된 인천감리서　1883년 제물포 개항 이후 인천감리서가 설치되었다. 감리서는 관내 각국 조계를 비롯한 통상 업무를 보는 한편 새로 생긴 경부서(警部署 : 경찰서)와 재판소를 산하에 두었다. 치하포 사건은 해주부 관할 지역에서 일어났지만, 외국인과 관련된 사건이라 인천감리서로 이관되어 김창수가 여기서 재판을 받았다.

문이다. 감옥 주위에는 담장을 높이 쌓아 올렸고, 담 안에 있는 방들은 반으로 나누어 한편에는 미결수와 강도·절도·살인 등 죄인들을, 다른 한편에는 잡범을 가두어 놓고 있었다. 기결수에게는 파란색 옷을 입혔고, 윗옷 등쪽에 강도·살인·절도 등의 죄명을 먹으로 써 놓았다. 감옥 바깥으로 일하러 나갈 때는 좌우 어깨와 팔꿈치를 쇠사슬로 동이고, 2인 1조가 되도록 등 뒤에 자물쇠를 채워 간수가 인솔하고 다녔다.

　감옥에 들어가자마자 나는 도적죄수간의 기다란 9인용 차꼬(두 개의 나무 사이에 구멍을 파서 죄인의 발목을 넣고 자물쇠로 채우는 옛 형구)에 꼼짝없이 묶이는 신세가 되었다. 이미 한 달 전에 치하포의 이화보가 잡혀 들어와 있었는데, 그는 내가 자신의 무죄를 증언해 줄 것으로 여겨 매우 반가워했다. 그는, 왜놈들이 내가 그의 집 벽에 써 붙여 놓았던 포고문을 떼어 감추고, 나를 순전히 살인 강도로 꾸며 놓았다고 했다.

어머님은 옥문 앞까지 따라오셔서 내가 들어가는 것을 보시고 눈물을 흘리셨다. 어머님은 비록 농촌에서 자라셨지만 무슨 일이나 잘하셨고 특히 바느질에 능하셨다. 무슨 일이 손에 잡히셨을까만 자식의 목숨을 살리기 위해 감옥에 하루 세 끼 밥을 넣어 주는 조건으로 감리서 밖 박영문朴永文의 집에 고용되셨다. 옛사람들이 "슬프다, 부모님께서 나를 낳으시느라 고생하시었다"고 노래하였지만, 부모님은 내가 태어날 때도 많은 고생을 하셨고, 나를 먹여 살리기 위해 또 천배 만배의 고생을 더 겪으셨다.

감옥 안이 불결한데다 찌는 듯이 더운 여름철이라, 나는 장티푸스에 걸렸다. 아픔을 견디다 못해 짧은 소견에 자살을 하려고 동료 죄수들이 잠든 틈을 타서 이마에 손톱으로 '충'忠자를 새기고 허리띠로 목을 졸랐다. 숨이 잠깐 끊어졌다가 홀연히 정신을 차려 보니, 차꼬에 같이 묶인 동료들이 죽는다고 고함을 치며 소동을 부리고 있었다. 내가 정신을 잃으면서 심하게 발작하는 바람에 일어난 소동이었다. 그 후로는 자살할 기회가 없었다. 또한 나 스스로도 병으로 죽든 원수에게 죽든 저절로 죽는 것은 어쩔 수 없는 일이지만, 자살하는 것은 옳지 않다고 생각하게 되었다.

3. 신문장에서 영웅이 되고, 옥중에서 왕이 되다

신문한다는 기별이 왔다(1896년 8월 31일). 나는 생각했다.

'내가 해주에서 다리뼈가 다 드러나는 악형을 당하면서도 혐의를 부인했던 것은 내무부에 가서 내 뜻을 이야기하기 위함이었다. 그러나 지금 내가 불행히 병으로 죽게 되었으니, 부득불 이곳에서라도 왜놈 죽인 취지를 분명히 말하고 죽으리라.'

마음을 굳게 먹고 간수 등에 업혀 경무청으로 들어가니, 고문 도구들이 삼엄하게 차려져 있었다. 간수가 나를 업어다가 문밖에 앉혀 놓자, 경무관 김윤정金潤晶이 내 모양을 보고 물었다.

"어찌하여 죄수의 몰골이 저렇게 되었느냐?"

열병 때문이라고 간수가 보고하자, 김윤정이 나에게 물었다.

"정신이 있어 묻는 말에 대답할 수 있느냐?"

"정신은 있으나 목이 말라 말이 나오지 않으니, 물 한 잔 주시오."

그러자 곧 청지기더러 물을 가져다가 마시도록 해 주었다. 성명, 주소, 나이를 순서대로 묻고 사실 심리에 들어갔다.

"네가 모월 모일 안악 치하포에서 일본인을 죽인 일이 있느냐?"

"그날 그곳에서 국모의 원수를 갚기 위해 왜구 한 명을 때려죽인 사실이 있소."

조선인 경찰 관리들이 일제히 얼굴을 들고 서로 쳐다보았다. 법정 안이 이상하게 조용해지기 시작했다. 내 옆 의자에 와타나베渡邊라고 하는 왜놈 순사가 걸터앉아서 방청인지 감시인지를 하고 있었다. 나는 그것을 보고서 "이놈!" 하고 큰소리로 죽을힘을 다해 호통을 쳤다.

"만국공법萬國公法 어디에 통상화친조약을 맺은 나라의 국모를

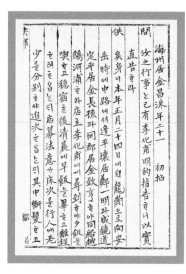

김창수의 1차 신문조서

김창수는 치하포 사건으로 인천감리서에서 세 번에 걸쳐 신문을 받았는데, 놀랍게도 그 조서가 다 남아 있다. 사진은 1896년 8월 31일자 첫번째 조서.

시해하라는 구절이 있더냐? 이 개 같은 왜놈아! 너희는 어찌하여 우리 국모를 시해하였느냐? 내가 살면 몸으로, 죽으면 귀신이 되어서, 네 임금을 죽이고 왜놈을 씨도 없이 다 죽여 우리 나라의 치욕을 씻으리라!"

통렬히 꾸짖는 서슬에 겁이 났던지 와타나베는 욕을 하며 대청 뒤쪽으로 숨고 말았다. 법정 안의 공기가 긴장되기 시작하였다. 관리가 김윤정에게 말했다.

"사건이 중대하니 감리 영감께 말씀드려 직접 신문하시도록 해야 하겠습니다."

잠시 후 감리사 이재정李在正이 들어와 윗자리에 앉았다. 나는 법정 맨 윗자리에 앉은 이재정에게 물었다.

"본인은 일개 시골의 천민이지만 백성의 의리로 왜구 한 명을 죽였소. 그러나 나는 아직 우리 동포가 왜왕을 죽여 복수하였다는 말을 듣지 못하였소. 지금 당신들은 국모상이라고 흰 갓을 쓰고 있는데, 나랏님의 원수를 갚지 못하면 흰 갓도 쓰지 아니한다는 구절을 읽어 보지 못하였소? 어찌 한갓 부귀영화와 국록을 도적질하는 마음으로 임금을 섬기시오?"

이재정과 김윤정을 비롯하여 관리 수십 명의 얼굴이 달아올라 홍당무 빛을 띠고 있었다. 이재정이 하소연하듯 말했다.

"창수가 하는 말을 들으니, 그 충의와 용기를 흠모하는 반면 부끄러운 마음 비길 데 없소이다. 그러나 상부의 명령대로 신문하여 보고하려는 것인즉, 사실이나 상세히 말씀하여 주시오."

김윤정은 내 병세가 아직 위험함을 보고 감리와 무슨 말인가 수군수군하더니 간수에게 도로 하옥시키라고 명하였다.

어머님께서는 나를 신문한다는 소문을 들으시고 경무청 밖에 서 계셨다. 그곳에서 간수의 등에 업혀 들어가는 나를 보시고, '병이 저 지경이니 무슨 말을 잘못하여 당장 죽지나 아니할까' 근심이 가득하셨다고 한다. 그런데 신문 시작부터 관리들이 떠들어대니, 감리서 부근 사람들이 구경하러 몰려들며 야단이었다. 법정 안은 발 디딜 곳이 없었고 문밖까지 사람들이 둘러서서 순검들에게 물어댔다.

"참으로 별난 사람이다. 아직 아이인데, 도대체 무슨 사건이냐?"

간수와 순검들이 보고 들은 대로 사람들에게 이야기를 해 주었다.

"해주 김창수라는 소년인데 중전마마의 복수를 위해 왜놈을 때려죽였대. 아까 감리사를 꾸짖는데 그도 아무 대답 못하던걸."

이런 이야기가 파다하게 퍼져 나갔다. 간수의 등에 업혀 나가면서 어머님의 얼굴을 살펴보니 표정이 밝아져 계셨다. 사람들에게 이야기를 들으신 까닭인 듯하였다. 나를 업고 가던 간수도 어머님을 향해 말했다.

"당신, 안심하시오. 어쩌면 이렇게 호랑이 같은 아들을 두셨소?"

감옥에 돌아와서 나는 다시 한 번 큰 소동을 일으켰다. 나를 다시 도적죄수간에 가두고 차꼬를 채우는 데 크게 분개했기 때문이다. 나는 벽력같이 소리를 지르며 호통을 쳤다.

"전에는 아무 말도 하지 않았으므로 나를 강도로 대우해도 잠잠히 입 다물고 있었다. 허나 오늘 정당하게 내 뜻을 말했는데도 이렇게 함부로 대하느냐? 땅에 금만 그어 놓고 감옥이라 해도 나는 도망가지 않을 것이다. 당초 도망할 생각이 있었다면 왜놈 죽인 그 자리에 내 주소와 성명을 밝히고, 또 내 집에서 석 달이 넘도록 잡으러 오기를 기다리고 있었겠느냐? 너희들이 왜놈을 기쁘게 하려고 내게 이리 나쁜 대우를 하느냐?"

어쩌나 요동을 쳤던지 차꼬에 같이 채인 여덟 사람이 발목 부러진다고 고함고함 야단이었다. 김윤정이 즉시 감옥에 들어와 이 광경을 보고 애꿎은 간수를 꾸짖었다.

"그 사람은 다른 죄수들과 다른데 왜 도둑들과 섞여 있게 하느냐? 하물며 중병에 들지 않았느냐? 즉각 좋은 방으로 옮겨 몸을 풀어 주고 잘 보호하여 드려라."

그때부터 나는 감옥의 왕이 되었다. 면회 오신 어머님의 얼굴에도 비록 초조하긴 하였으나 희색이 돌았다.

"아까 신문을 받고 나온 뒤 경무관이 돈 150냥을 보내면서 네게 보약을 먹이라고 하더라. 오늘부터는 일하는 집의 주인 내외는 물론이고 사랑손님들도 나를 매우 존경해 주고, 또 네가 먹고 싶은 음식은 무엇이든 다 해 주겠다고 한다. 얼마 전에는 어떤 뚜쟁이 할미가 와서, 고용살이하는 것보다는 자기가 중매를 서서 돈 많고 권력 있는 남편을 얻어 줄 터이니, 그리 가서 밥도 맘대로 옥에 가져가고 너를 속히 나오도록 주선하는 것이 어떠냐 하였다. 그래서 내 남편이 며칠 안에 이곳에 온다고 말한 일도 있다."

어머님 말씀을 들으니 천지가 아득하였다.

"그것이 다 이놈의 죄올시다."

이 말씀밖에는 드릴 말씀이 없었다.

신문 다음 날부터 면회를 청하는 사람들이 하나둘 생기기 시작했다. 감리서·경무청·순검청·사령청 등에 있는 수백 명의 직원들이, 제물포 개항된 지 9년 즉 감리서 설립 후 처음 보는 희한한 사건이라고 선전한 까닭이었다. 권력자들은 물론이고 노동자들까지 제각기 아는 관리를 찾아가서 내 신문 날짜를 미리 알려 달라고 청탁한다는 말을 많이 들었다.

제2차 신문일(1896년 9월 5일)에도 간수의 등에 업혀 옥문 밖을 나섰다. 사방을 살펴보니 사람들이 길에 가득 찼고, 경무청 안에도 각 관청의 관리들과 항구의 유력자들이 다 모인 모양이었다. 담장 꼭대기와 지붕 위까지, 경무청 뜰이 보이는 곳은 어디나 사람들이 다 올라가 있었다. 법정에 들어가 앉으니 김윤정이 슬쩍 내 곁을 지나가며, "오늘도 왜놈이 왔으니 기운껏 호령을 하시오" 한다. 나는 전에 다 말하였으니 다시 할 말이 없다며 신문을 끝내고, 뒷방에 앉아 나를 넘겨다보고 있던 와타나베를 꾸짖고 다시 감옥으로 돌아왔다. 그 후로는 면회 오는 사람이 더욱 많아졌다. 대개 이런 말들을 하였다.

"나는 인천항에 사는 아무개올시다. 당신의 의기를 사모하여 신문장에서 얼굴을 뵈었소이다. 설마 오래 고생하려고요. 안심하고 지내십시오. 출옥 후 반가이 뵙시다."

그들은 면회 올 때마다 음식을 한 상씩 정성스레 준비하여 들여 보내 주었다. 나는 그 사람들이 보는 데서 몇 점씩 먹고 죄수들에게 차례로 나누어 주었다.

제3차 신문(1896년 9월 10일)은 감리서에서 했는데, 그날도 인천 사람들이 다 모인 것 같았다. 감리사 이재정이 직접 신문했는데 왜놈은 보이지 않았다. 감리가 매우 친절히 묻고, 신문서 꾸민 것을 보여 주며 읽게 하고 고칠 것은 고치게 하고 서명케 하였다. 이로써 신문은 끝이 났다.

며칠 후에는 왜놈들이 내 사진을 찍는다고 하여 경무청으로 업혀 들어갔다. 그날도 청사 안팎에 구경꾼이 인산인해를 이루었다. 김윤정이 슬쩍 내 귀에 들리게 말하였다.

"오늘 저 사람들이 창수의 사진을 찍으러 왔으니, 주먹을 쥐고 눈을 부릅뜨고 사진을 찍으시오."

그런데 사진을 어떻게 찍을지가 문제가 되어 한참 동안 옥신각신하였다. 결국 청사 내에서 찍는 것은 허락지 않고 길거리에 나가 사진을 찍게 하였다. 왜놈은 내게 수갑을 채우든지 포승으로 얽든지 하여 죄인의 표시를 내 달라고 부탁했지만, 김윤정은 폐하의 분부가 없는 이상 김창수의 몸에 형구를 댈 수 없다며 단호하게 거절하였다. 왜놈이 다시 애걸하니, 내 옆자리에 포승을 놓고 사진 찍는 것으로 겨우 허락해 주었다. 나는 며칠 전보다 기운이 좀 돌아와 있었으므로 경무청이 들썩거릴 정도로 큰소리를 질러 왜놈을 꾸짖고 구경꾼들을 향하여 고함고함 쳤다.

"왜놈이 국모를 살해하였으니 이는 온 나라 백성에게 크나큰 치욕이오. 왜놈의 해악은 대궐 안에만 그치지 않을 것이오. 당신들의 아들딸들도 필경은 왜놈들 손에 다 죽을 것이오. 그러니 나를 본받아서 왜놈을 보는 대로 만나는 대로 다 죽입시다!"

와타나베가 직접 내게 말했다.

"네가 그처럼 충의가 있는데 어찌 벼슬을 못하였느냐?"

"나는 상놈이기 때문에 작은 놈밖에 죽이지 못했다. 그러나 벼슬하는 양반들은 너희 황제의 목을 베어 원수를 갚을 것이다."

그러자 김윤정이 와타나베를 향하여 말했다.

"당신은 죄수를 직접 신문할 권리가 없으니 가시오."

그를 물리친 후, 나는 김윤정에게 이화보의 석방을 요구했다.

"이화보는 아무 관계가 없으니 오늘 당장 풀어 주시오."

"알아서 처리할 터이니 과히 염려 마시오."

내가 감옥으로 돌아온 지 얼마 안 되어 이화보가 석방되었다.

4. 신지식을 접하고 교수형을 면하다

감옥에 있는 동안 나는 무엇보다 책 읽기에 힘썼다. 아버님이 『대학』大學 한 질을 사 넣어 주셨으므로 매일 그것을 읽고 외웠고, 또한 신서적新書籍도 많이 읽었다. 당시 인천항은 개항장이라 구미 각국에서 온 외국인들과 교회당이 여럿 있었다. 우리 나라 사람 중에도 간혹 외국으로 나가 다니면서 신문화를 배우던 때였고, 감리서 직원 중에서도 신서적을 권하는 사람이 있었다.

"낡은 구▵지식과 구사상만으로는 나라를 구할 수 없소. 세계 각국의 정치·문화·경제·도덕·교육·산업이 어떠한지 연구하고, 내것이 남만 못하면 좋은 것을 받아들여 나라의 살림살이를 유익하게 하는 것이 이 시대 영웅이 할 일이오. 한갓 배외사상만으로는 나라를 구하지 못하오. 그러니 창수와 같이 의기 있는 남자는 마땅히 신지식을 구하여 큰일을 하여야 하오."

이같이 말하며『세계역사』,『세계지지』世界地誌 등 중국에서 발간된 책과 국한문 번역본을 읽어 보라고 갖다주었다. 나는 죽을 때까지 글이나 실컷 보리라 작정하고 손에서 책 놓을 사이 없이 열심히 읽었다. 감리서 직원들이 종종 와서 내가 신서적 탐독하는 것을 보고는 매우 좋아하였다.

신서적을 보고 새로운 사실을 깨달았다. 청계동에서는 오로지 고선생만을 하나님처럼 여기고 섬겼으나, 그분의 말과 행동이 다 옳은 것이 아니라는 사실을 감옥에서 알게 되었다. 의리義理는 유학자들에게 배우고, 문화와 제도는 세계 각국에서 배워 적용하는 것이 유익하겠다는 생각이 들었다. 고선생이 이미 망해 버린 명나라의 연호인 '영력永曆 이백 몇 년'을 써서 제문祭文을 읽던 것이나, 양학洋學을 한다는 이유로 안진사와 절교한 일도 잘한 일로 보이지 않았다. 전에 고선생은 명나라 멸망 이후 오직 우리 나라에만 그 정통이 남아 있고 다른 나라는 다 오랑캐라고 말씀하셨다. 나 역시 척왜척양斥倭斥洋이 당연한 도리라 생각하고 이에 반대하는 자를 짐승처럼 여겼다. 그런데 서양의 역사를 기록한 신서적『태서신사』泰西新史 한 권만 보더라도, 저 눈이 푸르고 코가 우뚝한 서양 오랑캐들이 오히려 더 선진적인 법규로 나라를 세우고 백성을 다스린다는 생각이 들었다.

높은 갓을 쓰고 넓은 요대를 두른 우리 나라의 탐관오리들에게는 오히려 오랑캐라는 이름조차 아깝다는 사실을 깨닫게 되었다.

감옥에서 두번째로 정성을 쏟은 일은 교육이었다. 당시 죄수는 대다수가 절도·강도·위조·사기·살인 죄수들로 열에 아홉은 문맹이었다. 내가 글을 가르쳐 주겠다고 하니, 글을 배울 마음보다는 진수성찬을 얻어먹는 데 대한 감사의 표시로 배우는 체하는 자가 많았다. 당시 신문에 내 사건이 짤막하게 실렸는데, "김창수가 들어간 후로는 인천감옥이 학교가 되었다"고 쓴 기사도 났다(『독립신문』 1898. 2. 15).

세번째는 감옥에서 재판 관련 서류를 대신 작성해 주는 일이었다. 그 시절에도 원통하고 억울한 재판이 많았다. 일부는 감옥 밖에서 대서代書 비용을 써 가면서도 어려움을 당하는 경우가 많았다. 그러나 내가 사연을 자세히 들어 보고 소장訴狀을 지어 주면 간혹 소송에서 이길 때도 있었다. 따로 드는 비용 한 푼 없이 인지만 사면 되고, 서로 상의해서 성심껏 지어 주는 탓에, 김창수가 쓴 소장은 거의 다 승소한다는 소문이 퍼져 감옥에서는 물론이고 심지어 관리의 대서까지 해 준 적도 있다. 백성을 어려움에 빠뜨리고 돈을 강제로 빼앗는 관리가 있어 상급 관리에게 권고하여 파면시킨 일도 있다. 그러므로 간수들이 나를 꺼려 죄수들을 함부로 학대하지 못하였다.

어느 날 아침 신문을 보니, 강도 누구누구, 살인 누구누구 등과 함께 김창수를 교수형에 처하도록 건의하였다는 기사가 나와 있었다(88쪽, 자료 4번). 그러나 어찌된 일인지 내 마음은 조금도 산란하지 않았고, 식사와 책 읽기와 사람 만나는 일을 평소처럼 하였다. 고선생의 가르침 중에 조선시대의 명신 박태보朴泰輔(1654~1689)가 단근질 고문을 당하면서도 끝까지 굽히지 않고, 오히려 "쇠가 식었으니 다시

○구월 십륙일 인천 감리 리지졍씨가 법
부에 보고 ᄒᆞ엿ᄂᆞᆫᄃᆡ 희쥬
김창슈가 인쳔
군 치하포에셔 일본 쟝ᄉᆞ
토뎐양량을
쥭여 강물속에 더지고
환도와 은젼 만
히 씨셧기로 잡아셔 공초를
밧아 올이니
죠률 쳐판 ᄒᆞ여
달나고 ᄒᆞ엿더라

仁府第一五〇号
以書翰致啓上候陳者我商土田讓亮殺害者金
昌洙ノ審問今般結了ニ付法部ノ指令ヲ待チ處
斷可相成候ニ付以テ口供書御送付ノ上本官ノ意
見ニ有無御問合相成候處知致候審問ノ結果該犯
人ハ貴國法律大明律人命謀殺人條ニ照ラシ謀殺
造意者斬ノ文ニ照シテ御處斷相成可然ト存候間
右ノ趣本官ノ意見トシテ法部ニ御報告相成度
此段照會得貴意候敬具
明治二十九年九月十二日
　領事代理荻原守一
仁川港監理李在正貴下

仁監電報
法部 金昌洙獄案乞遽辨李化甫卽放還爲安
元年十月二日上午十点 仁監李
答電
奏當訓李化甫據供無罪放送
十月二日 法部

고○그젼 인쳔 쟈판쇼에셔 잡은 강도 김
창슈는 조칭 좌룡영이라 ᄒᆞ고 일샹 토뎐
량양을 쎠려 쥭여 강에 더지고 지물을 탈
취ᄒᆞ 죄로 교에 쳐 ᄒᆞ기로 ᄒᆞ고○재산군

치하포 사건 관련 문서들

청년 김창수를 유명하게 만든 치하포 사건에 대해서는 여러 가지 문건들이 남아 있다. ① 일본 영사관은 신문이 끝난 이틀 후 김창수의 참수형을 요구하였고(1896년 9월 12일), ② 9월 16일 인천감리서는 법부에 김창수 신문서를 올리면서 처결을 건의하였다(『독립신문』 1896년 9월 22일 기사). ③ 10월 2일 인천감리서는 전보로 법부에 김창수 사건의 조속한 판결을 건의하였고, 당일로 법부는 고종의 재가가 필요한 사건이라고 답전하였다(1896년 10월 2일). ④ 10월 말 법부는 결국 김창수의 교수형을 결정하였다(『독립신문』, 1896년 11월 7일 기사). 이것에 대한 고종의 최종 재가가 떨어지지 않아 형이 확정되지 않았고, 김창수는 오랫동안 수감 생활을 하다 1898년 3월 탈옥하였다.

달구어 오라"고 했다는 일화나, 병자호란 때 청나라에 잡혀가 처형당한 홍익한洪翼漢·윤집尹集·오달제吳達濟 등 삼학사三學士에 관한 이야기가 도움이 되었다.

나의 교수형을 건의했다는 내용이 신문에 난 이후 감리서가 술렁거리고, 마지막으로 나를 보려고 찾아온 면회자들이 줄을 이었다.

"우리는 김석사金碩士(김창수)가 살아 나와서 만날 줄 알았소. 그런데 이것이 웬일이오?"

사람들이 이같이 말하고 눈물을 흘리면, 나는 도리어 그 사람들을 위로하여 보내고 『대학』을 외우곤 하였다. 그런데 어머님은 손수음식을 넣어 주시면서도 평상시와 다름이 없으셨다. 사람들이 어머님께 알리지 않은 탓이었다. 나 역시 아침 저녁을 잘 먹고, 어떻게 죽을 것인지 마음의 준비도 하지 않은 채 그냥 있었다. 그러나 동료 죄수들이 마음 아파하는 모습은 차마 보기 힘들었다. 그동안 내게 음식을 얻어먹고 글을 배우던 죄수들이 얼마나 슬퍼하며 우는지, 과연제 부모가 죽을 때에도 그렇게 할지 의아할 정도였다.

나는 『대학』만 읽고 앉아 있었는데, 시간이 지나도 아무 소식이없어 그럭저럭 저녁밥을 먹었다. 저녁 무렵이 되자 여러 사람의 발자국 소리가 나더니 옥문 열리는 소리가 들렸다. 동료 죄수들은 내얼굴을 보며 마치 자기가 죽으러 가는 듯 벌벌 떨었다. '옳지, 지금이 그때로군!' 하고 앉아 있는데, 안쪽 문을 열기도 전에 감옥 뜰에서 내 이름 부르는 소리가 들렸다.

"김창수 어느 방에 있소?"

그리고는 내 대답은 듣는 둥 마는 둥, "아이구, 이제 김창수는 살았소! 아이구, 우리 감리 영감과 감리서 전 직원이 어찌 창수를 우리

손으로 죽인단 말이냐 하고 서로 얼굴만 바라보며 한탄하고 있었소. 그런데 지금 법부에서 김창수에 대한 판결은 임금이 결정할 사항이라는 전보를 내리셨소" 하는 것이었다.

뒤에 들으니, 법부대신이 사형수 개개인의 신문서를 가지고 들어가서 상감의 재가를 받는데, 승지承旨 한 사람이 죄수들의 신문서를 뒤적이던 중 '국모의 원수를 갚는다'는 구절이 눈에 띄어 이상히 여기고 임금께 보여 드렸다고 한다. 그 내용을 보신 임금께서 어전회의御前會議를 여시고 국제 관계와 관련된 일이지만 일단 생명이나 살리고 보자 하여, 전보로 감리서에 지시하게 하셨다 한다.

해방 후 고종릉을 참배하는 백범(1946년 7월 24일)　　백범의 사상적 궤적은 동학, 의병, 애국계몽운동 등을 거치면서 고종과 왕실에 대한 인식에 일정한 변화를 겪는다. 치하포 사건은 왕실의 복수를 하는 것이었고, 고종도 교수형을 최종 재가하지 않아서 김창수는 탈옥할 수 있었다. 그러나 감옥에서 개화사상을 접한 김창수는 탈옥 이후 스승 고능선을 만나 임금과 탐관오리를 맹렬하게 비판한다. 그러나 애국계몽운동을 전개하는 동안 국권에 대한 인식이 깊어지면서, 백범은 환등기로 고종 대황제의 어진을 보이며 사람들에게 국궁을 시키는 등 우호적인 입장으로 다시 바뀐다.

감리서의 주사가 이런 말을 했다.

"오늘 관리들뿐 아니라 전 항구의 객주 32명이 긴급회의를 열고 통지문을 돌렸는데, 집집마다 몇 사람씩이든 엽전 한 냥씩을 준비해 김창수의 교수형을 보러 오라고 하였소. 거기서 모은 돈으로 김창수의 몸값을 쳐주되, 부족한 액수는 32객주가 보태서 김창수를 살리고자 하였소. 그러나 지금은 천행으로 살았고, 아마 며칠 안에 궐내에서 다시 은혜로운 명령이 계실 터이니 아무 염려 마시고 계시오."

눈서리가 내리다가 갑자기 봄바람이 부는 듯하였다. 밤에 옥문 열리는 소리를 듣고 벌벌 떨던 죄수들은 이 소식을 듣고 좋아서 죽을 지경인 모양이었다. 방망이로 차꼬 등을 두들기며 온갖 노래를 다 부르고 푸른 바지저고리 죄수복 차림으로 춤도 추면서 하룻밤을 지내는 것이 마치 배우들의 연극장 같았다.

동료 죄수와 관리들은 나를 보고 참말로 영웅이라며 놀라워하였다. 사형일인데도 평소와 똑같이 행동하였으니, 이는 필시 선견지명이 있기 때문이라고들 하였다. 어머님도 그날 밤 감리서의 전갈을 받고서야 비로소 이 일을 알게 되셨다. 이 일로 인해 누구보다도 어머님이 당신 아들을 보통사람이 아니라고 생각하게 되셨다. 전에 강물에 같이 빠져 죽자고 하셨을 때 내가 결코 죽지 않을 거라고 한 일을 기억하시고, "내 아들은 자기가 죽지 않을 것을 미리 알았다"고 확신하게 되신 것이다. 어머님뿐 아니라 아버님도 같은 신념을 갖게 되셨다.

전날 나에게 영결을 고하러 산조문(살아 있는 사람에게 미리 조문하는 것)을 왔던 사람들이 이번에는 치하하기 위해 면회 와서 줄을 이었다. 나는 아예 옥문 안에 자리를 잡고 앉아서 며칠 동안 손님을 맞았다.

전에는 순전히 나의 젊은 의기를 애석하게 여기고 동정하던 사람들이 찾아왔지만, 이번에는 내가 곧 대군주의 부름을 받아 출세할 것이라 여기고 아부하러 오는 사람도 많았다.

5. 탈옥, 조롱을 박차고 나가다

간수 중 우두머리 격인 최덕만崔德萬은 강화 김주경金周卿의 집에 계집종으로 있던 여자의 서방이었다. 그는 아내가 죽은 다음 인천으로 와서 경무청 사령으로 다년간 봉직하면서 사령들의 우두머리가 되었다. 그가 강화 김주경에게 내 이야기를 하였던 듯하다. 어느 날 감리서 주사主事가 옷 한 벌을 갖다주며, "강화에서 온 김주경이란 사람이 김창수에게 입히라고 청원을 하였으니, 김주경이 면회 오거든 이 옷을 입고 나가 보시오"라고 말하였다.

얼마 후 과연 김주경이 찾아왔다. 마흔 가까이 되어 보이고 생김새가 단단해 보였는데, 별말 없이 "고생이나 잘하시오. 나는 김주경이오" 하고는 물러갔다. 어머님이 저녁밥을 가지고 오셔서 말씀하셨다.

"강화의 김주경이라는 양반이 찾아오셔서 우리 부부 옷 해 입으라고 옷감을 끊어 주고, 또 돈 200냥을 주면서 필요한 데 쓰라고 하셨다. 그리고는 열흘 후에 다시 찾아오겠다고 하셨다. 네가 보니 어떻더냐? 밖에서 듣기에는 아주 훌륭한 사람이라고 하더라."

최덕만에게 김주경에 대해 물어보았다. 김주경은 사람됨이 호방하여 어릴 때부터 책은 멀리하고 도박을 일삼았다고 한다. 부모가 그를 벌주려고 곳간에 가두었는데, 곳간에 갇힌 동안에도 투전投錢 한 목을 가지고 들어가 투전의 묘법을 연구할 정도였다. 그 뒤 김주경은 자기만 알 수 있는 표식을 해 둔 투전을 몇만 목이나 만들어 강화의 친구들에게 나누어 주고 고깃배마다 들어가 팔게 하였다. 그리고 자기는 그 고깃배들을 돌아다니며 투전하여 수십만 냥이나 벌었다. 그는 그 돈으로 각 관청의 하급 관속들을 매수하여 자기 명령에 따르도록 했다. 또 힘깨나 쓰고 머리가 있는 자를 거의 다 제 식구로 만들어 놓고, 어떤 양반이든지 나쁜 짓만 저지르면 직간접으로 혼내 주었다고 한다. 포교가 도둑을 잡아도 김주경에게 먼저 알린 후, 그가 "잡아가라" 하면 잡아가고 "두고 가라" 하면 두고 갔다고 한다. 최덕만은 김주경이 자기 집에 와서 이렇게 이야기하고 갔다고 했다.

"지금 정부대관들은 모두 돈독이 올라서 돈을 안 쓰면 김창수를 풀어 주지 않을 것이다. 내가 가산을 전부 팔아 김창수의 부모님을 모시고 경성에 올라가 석방을 주선하겠다."

과연 열흘 남짓 후에 김주경이 다시 왔다. 어머님만 그와 함께 서울로 가시고, 아버님은 인천에 머무르셨다. 김주경은 서울로 가서 법부대신 한규설韓圭卨을 찾아가 이렇게 말했다.

"대감이 책임지고 김창수의 충의를 표창하고, 빨리 방면되도록 하여야 하지 않소? 폐하께 비밀히 주청하여 앞으로 많은 충의지사가 생기도록 하는 것이 대감의 직책 아니오?"

한규설도 속으로는 같은 생각이었다. 그러나 당시 일본공사는 누구든 폐하께 이 사건을 아뢰는 자가 있으면 별별 수단을 다 써서 위험한 지경에 빠뜨릴 흉계를 꾸미고 있으니 한규설도 어쩔 수 없다고 하였다. 김주경은 어떻게든 공식적으로 제소하자고 하여 어머님이 법부에 청원서를 올리시도록 하였다. 그러자 "사정은 비록 안 되었지만, 왕이 결정할 사항이므로 법부에서 마음대로 처리할 수 없다"는 답이 내려왔다. 각 관청에다 두세 번씩 청원서를 냈으나 해결되지 않았다.

그러는 동안 김주경의 돈도 바닥이 났다. 마침내 그는 소송을 중단하고 돌아와서 내게 편지 한 통을 보냈다.

조롱을 박차고 나가야 진실로 좋은 새요
그물을 떨치고 나가야 예사 물고기가 아니리.
나라에 대한 충도 부모에 대한 효에서 비롯되니
그대여, 자식 기다리는 어머님을 생각하소서.

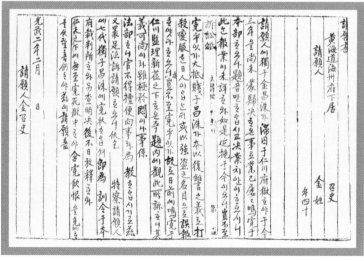

김창수의 어머니[金召史]가 법부에 올린 청원서(1898년 2월) 백범의 부모님은 아들의 석방을 위해 여러 차례 청원서를 올렸다. 그 핵심은 "김창수가 강도 죄인이 아니라 복수를 위한 시국범"이기 때문에 선처를 호소하는 내용이었다. 이에 대해 인천감리서는 상급기관인 법부에, 법부는 임금에게 결정을 미루었다.

이것은 탈옥을 권하는 시였다. 그러나 나는 김주경에게 그동안 마음을 써 준 것은 고마우나 구차스럽게 살기 위해 명분을 버릴 수 없으니 걱정 말라고 회답하였다. 나는 옥중 생활을 그대로 계속하며 신학문을 열심히 공부하였다.

그때 나와 함께 감옥에서 고생한 사람으로는, 조덕근曺德根이 10년, 양봉구梁鳳求가 3년, 강백석姜白石이 10년 장기수로 복역 중이었고, 종신수도 있었다. 이 사람들이 감히 말은 못하였으나, 만일 내가 자기들을 살리려는 마음만 있으면 족히 구해 낼 재주가 있는 것으로 믿고 있는 듯하였다. 어느 날 조덕근이 나를 보고 눈물을 흘리며 말했다.

"김서방님이야 언제든지 상감께서 특전特典만 내리시면 나가서 귀하게 되시겠지요. 그렇지만 김서방님이 나가시고 나면 간수의 포악함이 더 심해질 것입니다. 그리되면 우리가 어찌 10년 기한을 다 채우고 나갈 수 있겠습니까? 우리가 불쌍치도 않습니까? 저도 김서방님을 모시고 근 2년이나 고생을 하였습지요. 그동안 가르치심을 받아 국문 한 자 모르던 것이 이제는 국한문 편지를 쓰게 되었습니다. 만일 살아서 세상에 나간다면 공부한 것을 보배롭게 잘 쓰겠지만, 여기서 죽는다면 어디에 쓰겠습니까?"

"나는 죄수가 아니냐? 피차 어느 날이고 함께 출옥이 안 되면 그 섭섭한 마음이야 어찌 말로 표현할 수 있겠나?"

"김서방님은 내일이라도 영광스럽게 감옥을 나갈 분이 아니십니까? 그러니 부디 저를 살려 주시면 무슨 방법으로든 은혜를 갚겠습니다."

그때부터 알게 모르게 내 마음이 흔들렸다.

'이렇듯 나를 놓아주지 않는데도 무한정 기다리다가 옥에서 죽

는 것이 과연 옳은가? 당초 내가 왜놈을 죽인 것은 우리 국법에 범죄
행위로 인정된 것이 아니었다. 그때 왜놈을 죽이고 내가 죽어도 한
이 없다고 생각한 것은 오로지 내 힘이 모자랐기 때문이다. 그러나
지금은 대군주(고종)께서도 나를 인정하고 계신다. 법부의 전보로 사
형 추진을 정지시킨 것만 보아도 알 수 있다. 감리서와 경성 각 관아
에 탄원하여 받아 낸 답변들을 보아도 나를 죄인으로 지목한 것은 없
다. 인천사람 중 내가 옥중에서 죽기를 원하는 사람이 한 사람도 없
음은 삼척동자도 아는 사실이다. 게다가 김주경은 자기 전 재산을
탕진해 가며 나를 살리려 하였다. 결국 나를 죽이려 애쓰는 놈은 왜
구들뿐인데, 내가 그놈들을 즐겁게 하기 위해 옥에서 죽는다면 과연
무슨 의미가 있겠는가?'

나는 탈옥을 결심하였다. 다음날 조덕근에게 비밀히 물었다.

"조서방이 내 시키는 대로만 하면 살려 줄 도리를 연구해 보겠네."

조덕근은 무슨 일이든 시키는 대로 하겠다고 했다. 나는 그에게
자기 집 하인 편에 편지를 보내 돈 200냥만 가져다가 은밀히 감추어
두라고 하였다. 그는 그날 당장 백동전 200냥을 감옥으로 구해 왔다.

그때 감옥에 있던 죄수들 중 가장 세력이 큰 자는 강화 출신 절
도범 황순용黃順用이었다. 징역 3년을 다 살고 출옥일이 15일 남은 자
로서, 죄수 감시 등 여러 가지 일을 맡아 하고 있었다. 그런데 황가
는 남색男色(남성 동성연애자)으로 강백석이라는 애인이 있었는데, 그는
17~18세의 절도 재범으로 10년형을 받은 지 채 몇 달이 안 되는 자
였다. 나는 은밀히 조덕근을 시켜 강백석으로 하여금 황가에게 살려
달라고 조르게 하였다. 황가가 정말로 백석을 사랑한다면 반드시 살
릴 방도를 물을 터인즉, 창수 김서방이 도우면 살아날 길이 있다고

조르게 한 것이다.

하루는 황가가 비밀히 나를 찾아와 백석이를 살려 달라고 간청했다. 예상한 일이었지만, 나는 황가를 엄하게 꾸짖었다.

"네가 출옥할 기한이 멀지 않았으니 사회에 나가면 좋은 사람이 될 줄 알았는데, 출옥도 하기 전에 벌써 죄지을 생각부터 하느냐? 백석이 어린 나이에 중한 벌을 받았으니 불쌍하지만, 피차 죄수 된 처지로 무슨 도리가 있겠느냐?"

황가는 송연해져서 물러갔다. 나는 다시 조덕근을 시켜 백석에게 재차 삼차 황가를 조르도록 부추겼다. 다음 날 황가는 눈물을 흘리며 내게 찾아와 말했다.

"제가 백석의 징역을 대신이라도 살겠습니다. 김서방님은 능히 못할 일이 없지 않으십니까? 백석을 살려만 주신다면 죽음이라도 사양치 않겠습니다."

나는 다시 믿지 못하겠다는 듯이 말했다.

"네가 백석이를 얼마나 사랑하는지는 모르나 그것은 단지 더러운 정 때문일 것이다. 그러니 그 마음이 과연 내 마음과 같을지 의문이다. 나는 그 어린것이 필경 옥중 귀신이 되고 말 것을 불쌍히 여기고 있거니와, 설사 내가 백석이를 살려 주마 허락한다 하여도 네가 순검청에 고발하여 나를 망신시키지나 않을지 걱정이다. 네가 나와 함께 2년 가까이 익히 보았듯이, 관리들 중 누구 한 사람 내게 함부로 대한 적이 있다냐? 전에 이순보李順甫가 탈옥하여 죄수들이 전부 불려가 매를 맞을 때도 나만은 예외였다. 그런데 이번에 만일 내가 백석을 살리려다가 실패하면 지금까지 관리들의 존경을 받아 온 것이 다 헛일이 되지 않겠는가? 또 그리되면 백석이를 살리기는커녕 도리어 죽이는 결과만 낳고 말 터이니, 살고자 하는 백석이보다 살리려는 네 마음을 믿을 수 없다."

황가는 별별 맹세를 다 하였다. 나는 그에게 절대 복종하겠다는 서약을 받고서야 비로소 승낙하였다.

무술년戊戌年(1898, 23세) 3월 어느 날 오후, 아버님을 오시라 해서 한 자(30cm) 길이 창을 만들어 새 옷 속에 싸서 들여 달라고 부탁드렸다. 아버님도 무슨 일을 꾸미는 줄 짐작하시고 즉시 쇠창 하나를 옷 속에 넣어 들여보내 주셨다. 어머님께서 저녁밥을 가지고 오셨을 때, 나는 "오늘 밤 감옥에서 나갈 터이니, 두 분은 오늘 저녁 배를 타고 고향으로 가서 제가 찾을 때까지 기다리십시오"라고 말씀드렸다.

그날 오후 간수를 불러 돈 150냥을 주고, 내가 죄수들에게 한턱 쓸 터이니 쌀과 고기와 술 한 통을 사 달라고 부탁하였다. 전에도 종종 그리하였으므로 별로 이상해 보일 것이 없었다. 그에게는 50전어치 아편을 사 가지고 밤 당번 설 때 실컷 먹으라고 하였다. 매일 밤 간수 한 사람씩 감옥 방에서 밤을 보내는 것이 규칙이었다. 그자는 아편쟁이에다 품행이 나빠 죄수들에게 특히 미움을 받는 자였다.

저녁에 징역수 50여 명과 잡범 30여 명이 고깃국과 술을 실컷 먹었다. 흥이 오를 즈음 나는 간수에게 부탁하여 도적죄수간에 가서 소리나 시켜 듣자고 하였다. 간수가 명령하자 죄수들이 노래하느라 야단이었다. 그 후 간수는 자기 방으로 가서 아편을 피우고 까무러쳐 버렸다. 나는 도적방에서 잡범방으로, 잡범방에서 도적방으로, 죄수들 사이로 왔다 갔다 하다가 틈을 타서 마루 밑에 들어가 벽돌 깔아 놓은 것을 창끝으로 들추고 땅을 파서 구멍을 내어 감옥 건물 밖으로 나섰다. 감옥 담을 넘을 줄사다리를 매어 놓고 나니 문득 딴생각이 들었다.

'조덕근 등을 데려가다 무슨 일이 날지 모르니 이 길로 곧 가 버리는 것이 낫지 않을까? 그자들은 결코 나의 동지가 아니다. 구해 내서 뭐 하겠는가?'

한편으로는 이런 생각도 들었다.

'그렇지 않다. 사람이 현인군자에게 죄를 지어도 부끄러운 마음 견디기가 어려운데, 하물며 저들처럼 더러운 죄인에게 죄를 짓고서야 어찌 죽을 때까지 그 부끄러움을 견디랴?'

나는 나온 구멍으로 다시 돌아가 천연덕스럽게 자리에 앉아서 눈짓으로 네 명을 다 내보냈다. 마지막으로 내가 나가니 먼저 나간 네 명이 감옥 담 밑에 앉아 벌벌 떨고만 있었다. 한 명씩 담을 넘겨 내보내고 마지막으로 내가 담을 넘으려는데 먼저 나간 자들이 요란하게 소리를 내고 말았다. 밤중에 시끄러운 소리가 나니 경무청과 순검청에서 즉시 호각을 불어 비상소집을 하였다. 벌써 그들의 발자국 소리가 들려왔다. 나는 아직 담 밑에 서 있었다. 남을 넘겨 주기는 쉬웠으나 혼자서 한 길 반이 넘는 담을 넘기는 어려웠다. 상황이 급하지 않으면 줄사다리로라도 넘어 보겠는데, 벌써 옥문 여는 소리가 나고 감방 죄수들도 떠들기 시작했으므로 그럴 겨를이 없었다. 나는 약 한 길쯤 되는 몽둥이를 가져와 몸을 솟구쳐 담 꼭대기를 손으로 잡고 내리뛰었다. 누구든지 방해하는 자가 있으면 결판을 내 버릴 마음으로 쇠창을 손에 잡고 정문으로 바로 나갔다. 정문을 지키던 파수 순검도 비상소집에 갔는지 자리에 없었다.

5년간의
방랑과 모색

1. 동지를 찾아서

감옥 밖 탄탄대로로 나왔다. 봄날 밤안개가 자욱한데다 인천의 길이
낯설었다. 동쪽 하늘이 훤할 때에야 살펴보니 밤새도록 북성포 해변
모래밭을 헤매다 감리서 뒤쪽 용동 마루터기에 당도해 있었다. 수십
걸음 밖에서 순검 한 사람이 군도를 절그럭절그럭거리며 달려왔다.
죽었구나 하고 은신할 곳을 찾았다. 서울이나 인천의 길거리 상점에
는 방문 밖에 아궁이를 내고 긴 판자로 아궁이를 가리고 거기에다 신
을 벗고 점방 출입을 하게 되어 있다. 선뜻 그 판자 밑에 들어가 누웠
다. 순검의 흔들리는 큰 칼집이 내 코끝을 스치는 것같이 지나갔다.

　　순검이 지나가자 나는 얼른 몸을 일으켰다. 하늘이 밝아오고 천
주교회의 뾰죽집이 보였다. 그곳이 동쪽이리라 짐작하고 걸어갔다.
다시 화개동을 향하여 몇 걸음 옮기노라니 어떤 일꾼 하나가 상투 바

람에 두루마기만 입고, 아직 잠에서 덜 깬 성대로 노래를 부르며 지나갔다. 나는 그 사람을 붙잡고, 성과 이름과 석방된 사유를 말해 준 다음 길을 가르쳐 달라고 부탁했다. 그 사람은 반갑게 승낙하고 후미진 길로 화개동 마루터기까지 동행해 주었다. 거기 올라서서 동쪽을 가리키며, 저리로 가면 수원 가는 길이고 저리로 가면 시흥으로 경성 가는 길인즉 마음대로 갈 길을 정하라고 하였다.

나는 시흥 가는 길을 택하여 경성으로 갈 작정이었다. 내 행색은 누가 보든 도적놈으로 보였을 것이다. 감옥에서 장티푸스를 앓은 후 머리털이 전부 다 빠져 소위 솔잎상투로 꼭대기만 노끈으로 졸라매고 수건으로 동인 채였고, 옷은 두루마기도 없이 바지저고리 바람이었다. 의복만 본다면 가난한 사람은 아니지만, 새로 입은 옷에 보기 흉하게 흙이 묻어 있어, 스스로 살펴보아도 평범해 보이지는 않았다.

인천항 5리 밖에 이르니 아침 해가 떠올랐다. 바람결에 들리는 것은 온통 호각 소리뿐, 이런 행색으로 계속 길을 간다면 좋지 못할 것 같았다. 산속에 숨는다 하여도 반드시 찾아낼 터이니 그도 불가능했다. 나는 허술한 것이 오히려 실속 있겠다 싶어, 시흥 가는 큰길가의 어린 소나무 밑에 두 다리를 들이밀고 반듯이 드러누운 후 솔가지를 꺾어 얼굴을 가렸다. 과연 순검과 간수가 떼를 지어 시흥대로를 달려가며 주거니 받거니 의논들이 분분했다.

"조덕근은 서울로, 양봉구는 배로 갔을 테지. 김창수는 어디로 갔을까? 김창수는 잡기 어려울걸. 과연 장사야. 탈출하기를 잘했지. 갇혀 있기만 하면 무엇 하나."

마치 나더러 들으라고 하는 말 같았다. 해가 서산에 걸릴 즈음, 부근 산기슭은 다 수색한 모양인지 아침에 지나갔던 순검과 간수가 도로 내 발부리 앞으로 지나갔다. 나는 그때서야 비로소 솔포기 속에서 나왔다. 전날 이른 저녁을 먹고 오늘 황혼녘이 되도록 물 한 모금 못 먹었으니, 하늘이 빙빙 돌고 정신을 차릴 수 없었다.

근처 동네의 한 집을 찾아갔다. 나는 서울 청파사람인데 황해도 연안에서 곡식을 옮겨 오다가 간밤에 북성포에서 파선당하였으니 밥을 좀 달라고 부탁하였다. 주인이 밥 대신 죽 한 그릇을 주었다. 나는 어떤 사람이 정표로 준 꽃과 버드나무가 그려져 있는 손거울을 그 집 아이에게 주었다. 그 거울의 시가가 엽전 스물닷 냥 정도나 되니 하룻밤만 자고 가게 해 달라고 청하였으나 소용이 없었다. 죽 한 그릇을 비싸게 사 먹은 셈이 되었다. 할 수 없이 다른 집에 찾아가서 재워 달라고 청하였으나 역시 거절당하였다.

그런데 동네 가운데 디딜방앗간이 있고 그 옆에 볏짚단이 있었다. 볏짚을 안아다가 방앗간에 깔고 누우니, '인천감옥 특별방에서 2년 동안 지낸 연극의 제1막이 내리고, 이제 방앗간 잠으로 제2막이 열리는구나!' 하는 생각이 들었다.

다음 날, 새벽 일찍 일어나 좁은 길을 택해 경성으로 향하여, 그날로 양화진 나루에 당도하였다. 날도 저물었고 배도 고프고 강을 건널 뱃삯도 없어, 동네 서당에 들어가 선생과 만나기를 청하였다. 선생은 내 나이가 어린 것과 의관 갖추지 못한 것을 보고는 초면에 낮춤말을 썼다. 나는 정색하고 선생을 나무랐다.

"남의 모범이 되어야 할 사람이 그처럼 교만하니 어찌 아동들을 잘 가르칠 수 있겠소? 내가 일시 운수가 나빠 길에서 도적을 만나는 바람에 이 모양이 되었으나, 결코 선생께 하대를 받을 사람은 아니오."

그 선생은 사과하고 내 내력을 물었다.

"나는 경성 사는 누구인데, 인천 갔다가 돌아오는 길에 벼리고개에서 도적을 만나 옷과 짐을 다 빼앗겼소. 날도 저물고 주리기도 하여 예절을 아실 만한 선생을 찾아왔소."

선생과 함께 토론을 하며 하룻밤을 지냈다. 아침을 먹은 후에 선생이 어린 학생 한 명에게 편지를 주어 나루터 주인에게 전해 주었다. 덕분에 무료로 양화진 나루를 건너 경성에 도착할 수 있었다.

경성으로 가는 이유는 별것 없었다. 인천옥에 있는 동안 각 지방 사람을 많이 만났는데, 그 가운데 경성 남영희궁南永義宮의 청지기 진陳씨도 있었다. 동료 대여섯 명과 함께 인천 바다에 배를 띄우고 백동전을 위조하다가 체포되어 인천감옥에서 1년 남짓 고생한 사람이다. 그때 그 사람들이 내게 은혜를 많이 입었으므로 출옥할 때 연락하라고 간절히 부탁했었다. 나는 경성에 가서 그 사람들도 찾고 조덕근도 만나 볼 작정이었다.

남대문을 거쳐 남영희궁에 찾아가니, 진씨가 "아이고, 이게 누구요" 하고는 버선발로 마당으로 뛰어나왔다. 곡절을 묻기에 바른대로 말해 주었다. 진씨는 식구들을 불러 인사시키고, 같이 감옥에 갇혔던 동료들을 다 불러 모았다. 내 모습을 보고는 걱정이 되었던지 제각기 갓·두루마기·망건을 사다 주었다.

며칠 동안 그 사람들과 잘 놀다가 청파의 조덕근 집에 찾아갔다. 문밖에서 "이리 오너라" 하고 불렀더니 조덕근의 큰마누라가 나왔는데, 나를 꺼리는 빛이 역력하였다.

"우리 집 선달님이 옥에서 나왔다고 인천 집에서 기별은 해 주었으나, 혹시 이모 댁에 계신지 오늘 가 보고 내일 오시면 말씀드리겠습니다."

다음 날 또 그 집에 찾아갔다. 역시 모른다고 말하는 눈치가 조덕근과 상의한 후 잡아떼는 수작이었다. 새삼 내가 퍽도 어리석다는 생각이 들었다.

'나는 그가 애걸하던 모습을 떠올리고 그 험한 곳으로 다시 들어가 탈옥하게 도와주었는데, 지금 내가 빈손으로 자기를 찾았을 줄 알고 금전상 손해를 볼까 봐 거절하는구나. 그 사람의 행실인즉 깊이 꾸짖을 것도 없다.'

이렇게 생각하고는 다시 그 집에 가지 않았다. 며칠 동안 이 사람 저 사람에게 좋은 음식을 대접받고 잘 쉬었다. 팔도강산 구경이나 하겠다며 작별하니, 그 사람들이 돈을 거둬 노자를 한 짐 지워 주었다.

그날로 삼남 지방으로 향했다. 마음이 너무 울적하여 밤낮으로 계속 술을 마셔대니, 겨우 수원 오산장烏山場에 도착했을 때 한 짐이나 되던 노잣돈이 다 떨어지고 말았다. 나는 오산장 서쪽 동네에 있는 김삼척金三陟의 집을 찾았다. 그 집 맏아들이 인천항에서 장사하다 실패하여 인천옥에서 한 달 가량 고생한 적이 있는데, 그가 감옥에 있는 동안 나를 몹시 좋아하여 방면될 때 다시 만날 것을 약속한 바 있었다. 그 집에 찾아가서 그들 여섯 형제와 같이 술 마시고 노래 부르며 며칠을 보냈다.

약간의 노자를 얻어 가지고 은진 강경포의 공종열孔鍾烈 집을 찾아갔다. 그는 강경포에서 물상객주를 경영하다가 금전 관계로 살인 소송에 걸려들어 여러 달 인천감옥에 갇혀 지낸 적이 있었다. 공종열의 집은 매우 크고 넓었다. 그는 나의 손을 끌고 일곱째 대문으로 들어가서 자기 부인 방에 나를 쉬게 하였다.

휴양하며 며칠 지내던 어느 날 밤, 달빛이 뜰에 가득한데 공군 이머님 방의 문 여닫는 소리가 들렸다. 가만히 일어나 뜨락을 내다보니 갑자기 칼빛이 번쩍하였다. 자세히 살펴보니 공종열은 칼을 들고 어머님은 창을 끌며 군사를 부리고 있었다. 행여 뜻밖의 변이 있을까 하여 옷을 정돈하고 보니, 잠시 후 공군이 어떤 청년의 상투를 끌고 들어왔다. 그리곤 하인을 불러 모아 두레집을 짓고 청년을 거꾸로 매달더니, 열 살 안팎의 사내아이 둘을 불러 방망이 한 개씩을 주면서 "너희들의 원수니 너희들 손으로 때려죽여라" 하였다.

그러다 공군이 내 방에 들어와 이런 말을 했다.

"형이 매우 놀랐을 터이니 미안하오. 형과 나 사이에 무슨 숨기고 꺼릴 일이 있겠소. 내 누님 한 분이 과부로 수절하다가 하인놈과 간통하여 얼마 전 아이를 낳고 죽고 말았소. 나는 그놈을 불러 제 자식을 데리고 먼 곳으로 가서 내 앞에 보이지 말라고 하였소. 그런데 그놈이 천주학을 하여 신부의 힘을 믿고 내 집 곁에 유모를 두어 수치를 끼치는 것 아니겠소. 형이 나가서 호령하여 그놈이 멀리 달아나도록 하여 주오."

어디로 보든지 그만한 청을 안 들어주지 못할 처지였다. 나가서 달아맨 것을 풀어 앉히고 하나하나 죄를 세어 가며 꾸짖었다.

"네가 이 댁에서 길러 준 은혜를 생각한들 주인을 그다지 무시할 수 있느냐?"

"나리 분부대로 하겠습니다. 살려 주십시오."

그러자 공종열이 그자를 다그쳤다.

"네가 오늘 밤으로 네 자식을 내다 버리고 이 지방을 떠날 터이냐?"

그자는 "예, 예" 대답하고서 물러갔다.

나는 공군에게 물었다.

"그자가 자식을 데리고 갈 곳이나 있는가?"

"개울 건너 임피臨陂에 제 형이 사니까, 그리로 가면 자식을 기를 수 있을 거요."

"아까 내가 보았던 그 두 사내아이는 누군가?"

"내 누님의 아이들이오."

나는 날이 밝으면 떠나겠다고 하였다. 그 집 형편이 그러니, 내가 몰래 숨어 있는 것도 탄로가 날 것이다. 공군 역시 그렇게 생각하고 무주읍에 살고 있는 매부 진씨에게 편지 한 장을 써 주었다. 다음 날 아침에 공군과 작별하고 무주로 길을 떠났다.

강경포를 채 벗어나기 전, 사람들이 길에서 웅성거리는 것을 보았다. 지난 새벽 갯가에서 어린아이 우는 소리가 들렸는데, 그 소리가 끊어진 지 오래됐으니 아마도 아이가 죽은 것이라고 야단들이었다. 그 말을 들으니 천지가 아득하였다.

'오늘 살인을 하고 가는구나. 그자가 밤에 내 얼굴을 대하면서 심히 무서워하더니 제 자식을 안아다가 강변에 버리고 도망한 것 아닌가?'

가뜩이나 울적한데다 아무 죄 없는 아이를 죽게 만들었으니 얼마나 큰 죄악인가. 소개받은 무주 진씨 집으로 갔으나 구구하게 오래 머물러 있으려니 우울한 마음만 더 쌓여 갔다.

드디어 무전여행을 떠났다. 이왕 삼남 지방을 돌아다닐 바에야 같이 청국에 갔었던 김형진을 만나 보리라 하는 생각이 들었다. 김형진의 본향인 남원 이사동에 가니, 동네사람들은 김형진이 이 동네에서 살았으나 동학에 가담했다가 망하여 식솔을 이끌고 도망간 후로는 다시 소식을 모른다 하였다.

나는 전주읍으로 김형진의 매형 최군선을 찾아가 김형진의 친구임을 밝히고 어디에 사는지 물었다. 최군선은 냉담한 어조로 대답했다.

"김형진 말씀이오? 김형진은 내 처남이지만, 내게 지기 어려운 짐만 지우고 자기는 벌써 황천객이 되었소."

슬픈 마음을 감추기 어려웠다. 천신만고 끝에 찾아갔지만 최군선이 너무 불친절하였으므로 더 물어볼 생각도 없었다.

그날이 전주 장날이었으므로 장터 구경을 했다. 이리저리 다니다가 포목점에서 김형진과 꼭 같은 사람을 보았다. 시골 농사꾼으로 보이는 청년인데 말과 행동거지가 꼭 김형진 같았다.

"혹시 김형진 씨 동생 아니오?"

그 사람은 머뭇머뭇 대답을 못하였다. 나는 계속해서 물었다.

"당신 모습을 보고 김형진 씨 동생임을 짐작하였소. 나는 황해도 해주에 사는 김창수요. 형님 생전에 혹시 내 이야기를 들은 적이 없소?"

그 청년은 말을 잇지 못하고 흐느끼며 슬피 울었다.

"형이 살아 계실 때 당신 말씀을 들었습니다. 돌아가실 때에도 창수를 다시 못 보고 죽는 것이 한이 된다고 하셨지요. 제 집으로 가십시다."

금구 원평의 조그마한 집으로 들어갔다. 청년이 자기 어머님과 형수에게 내 이야기를 하자 집이 온통 울음바다로 변했다. 김형진이 죽은 지 열아흐레 되었다고 했다. 나는 영전에 들어가 절하였다. 육십 노모는 아들 생각에, 삼십 청상과부는 남편 생각에 눈물을 흘렸다. 아들 맹문은 아직 8~9세밖에 되지 않아 아무 철이 없었다. 장터에서 만난 사람은 형진의 둘째 아우로 농사를 지어서 생활하고 있었다.

그곳에서 며칠 쉬고 무안·목포·해남·강진·고금도·완도·장흥·보성·화순·담양·순창 등 전라도 일대와, 하동의 쌍계사와 칠불

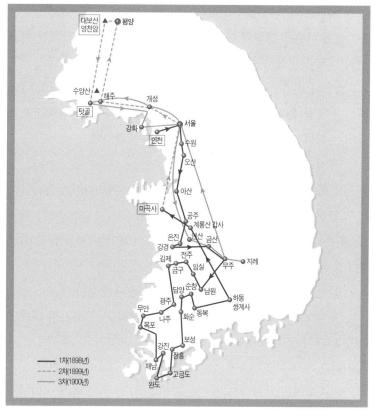

청년 김창수의 방랑 여정

사 아자방亞字房 등 경상도 일대를 구경하고, 다시 충청도로 들어와 계룡산 갑사甲寺에 도착하였다. 때는 음력 8~9월, 부근 감나무 숲에 붉은 감이 익어서 저절로 떨어지곤 했다.

절에서 점심을 사 먹고 앉아 있다가 공주 사는 이서방이라는 사람을 만나게 되었다. 그는 마흔이 넘은 선비로 세상에 대해 퍽 비관적인 생각을 품고 있는 듯했다. 처음 만났지만 이야기가 잘 통했다. 나에 대해 묻기에, 나는 개성에서 나고 자랐으며 장사에 실패하고 홧김에 강산 구경을 떠나서 근 1년간 남도에서 지내고 지금 고향으로 돌아간다고 하였다. 이서방이 내게 다정하게 말했다.

"노형이 이왕 구경을 떠난 바에는 여기서 40여 리 더 가면 마곡사麻谷寺가 있으니 그 절이나 같이 구경하고 가시는 것이 어떠하오?"

이리하여 이서방과 같이 마곡사를 향해 출발했다. 한가로운 유람 생활은 이로써 끝이 났다.

2. 고기 먹고 시를 짓는 장발의 걸시승乞詩僧

이서방은 홀아비로 몇 년 동안 글방의 훈장을 지냈고, 지금은 마곡사로 가서 중이 되어 편안하게 지내려는 생각을 가지고 있었다. 내게도 그리하기를 권했는데, 생각이 없지는 않았으나 섣불리 결정할 수 없었다. 하루 종일 걸어서 마곡사 남쪽 산꼭대기에 오르니, 해는 황혼인데 온 산에 단풍이 울긋불긋하였다. 저녁 안개가 산 아래 마곡사를 자물쇠로 채운 듯 둘러싼 풍경을 보니, 온갖 풍진에 오락가락하던 나 같은 자의 발을 더럽다고 거절하는 듯하였다. 그러나 한

23세의 김창수가 출가한 공주 마곡사 백범은 저녁 안개가 마곡사를 자물쇠로 채운 듯 둘러싼 풍경을 묘사하였는데, 실제 마곡사는 태극 모양의 산과 계곡으로 둘러싸여 산태극 물태극(山太極 水太極)의 십승 지지(十勝之地) 중 하나로 꼽히고 있다. 백범이 건넌 계곡은 태극천, 마곡사를 둘러싼 산은 태화산이다.

편으로는 저녁 종소리가 안개를 헤치며 내 귀에다 대고 세상 번뇌에서 해탈하여 입문하라고 속삭이는 듯하였다.

이서방은 다시 내 뜻을 물었다.

"노형, 어찌 하시려오? 세상사를 다 잊고 중이 되십시다."

"이 자리에서 결정하는 것이 무슨 소용이 있겠소? 일단 절에 들어가 봐서 중이 될 자와 중을 만들 자 사이에 뜻이 맞아야 할 것 아니오?"

"그건 그렇겠소."

세차게 흐르는 시냇물 위로 놓인 긴 나무다리를 지나 심검당尋劍

堂으로 들어갔다. 이서방은 나를 심검당에 앉혀 놓고 자기는 다른 방으로 갔다. 얼마 후 밥상이 나왔다. 저녁을 먹고 앉아 있으니 어디선가 백발 노승이 나와서 공손히 인사를 하였다. 나는 개성 출생으로 일찍이 부모를 여의고 친척 하나 없이 외로운 몸으로 강산 구경이나 다니는 중이라고 하였다. 그 노승은 삭발한 지 40~50년 되었다고 하며 은근히 자기의 상좌가 되기를 청하였다. 나는 겸손하게 사양하였다.

"나는 본래 배운 것이 모자라고 재주가 둔한 자입니다. 노대사께 오히려 누가 될까 봐 주저됩니다."

"당신이 내 상좌만 되면 고명한 대사에게 각종 불교 학문을 배울 수 있을 거요. 앞으로 큰 강사講師가 될지도 모르니 부디 결심하고 삭발하시오."

다음 날 이서방이 이미 삭발하고 계란처럼 반질반질해진 머리로 문안을 하였다.

"노형도 주저 말고 삭발하시오. 어제 찾아왔던 하은당荷隱堂은 재산이 갑부인 보경대사寶鏡大師의 상좌요. 그러니 뒷날 학자금 염려는 없을 것이오. 내 노형의 이야기를 하였더니 매우 마음에 든다고 하며 나더러 속히 결정하게 하라고 권합디다."

하룻밤 사이, 청정법계淸淨法界에서 속세의 만 가지 생각이 다 없어진 듯하여 중이 되기로 승낙하였다. 얼마 뒤 사제師弟 호덕삼扈德三이 칼을 가지고 왔다. 냇가로 나가 삭발진언削髮眞言을 쏭알거리더니 상투가 모래 위로 툭 떨어졌다. 이미 결심은 하였지만 눈물이 뚝뚝 떨어졌다.

법당에서 종이 울리고 향적실香積室에서는 공양주가 불공밥을 짓고 각 암자에서 가사 입은 스님 수백 명이 모여들었다. 나는 검은 장삼과 붉은 가사를 입고 대웅보전으로 인도되었다. 곁에서 덕삼이가 부처님께 절하는 법을 가르쳐 주고, 은사 하은당이 내 승명僧名을 원종圓宗이라 명명하여 불전에 아뢰었다.

중이 되려면 제일 먼저 자기 마음을 낮추어야 한다고 한다. 사람에게는 물론이고 짐승이나 곤충에게까지 마음을 낮추지 않으면 지옥의 고통을 받는다고 하였다. 전날 밤 자기 상좌가 되어 달라고 부탁할 때는 그렇게 공손하던 하은당부터 "애, 원종아" 하고 기탄없이 부르고, "생긴 것이 미련스러워서 이름 높은 중은 못 되겠다. 어쩌면 얼굴이 저다지도 밉게 생겼을까? 어서 나가서 물도 긷고 나무도 쪼개거라" 한다.

나는 깜짝 놀랐다. 망명객이 되어 사방을 떠돌아다니던 때에도 내게는 영웅심과 공명심이 있었다. 상놈의 껍질을 벗고 남보다 뛰어난 양반이 되어 그동안 당한 오랜 원한을 갚고자 하는 생각도 가득하였다. 그런데 중이 되고 보니 그런 생각이야말로 허영과 야욕에 불과한 것이었다. 만일 그런 생각이 계속해서 싹트고 자라면 부처님께 의뢰하여 물리쳐 내야 하는 것이다.

'하도 많이 돌아다녔더니 나중에는 별세계 생활을 다 하겠다.'

이런 생각에 혼자서 웃다가 탄식도 하였지만 다른 도리가 없었다. 장작도 패고 물도 길었다. 하루는 앞내에 가서 물을 지고 오다가 물통 한 개를 깨뜨렸다. 하은당이 어찌나 야단을 치던지, 보다 못한 보경대사가 한탄하였다.

"전에도 괜찮은 상좌를 데려다 주면 못 견디게 굴어서 다 내쫓더니, 이번 원종이도 바로 이끌어만 주면 제 앞가림은 하겠는걸…,

또 저 모양으로 하니 며칠이나 붙어 있을까?"

그 말이 좀 위로가 되었다. 낮에는 일을 하고 밤에는 불경을 외웠다. 이렇게 어느덧 반년이 지나 기해년己亥年(1899, 24세) 정월을 맞이하였다. 절에 있는 100여 명 중들 중에는 나를 행복하다 여기는 자도 있었다.

"원종대사가 아직은 고생하지만, 노사와 은사가 다 칠팔십 노인들이니 그분들만 돌아가시고 나면 엄청난 재산이 다 원종대사 차지가 될 거요."

과연 『추수책』秋收冊을 보니 경작인들에게 소작료를 받는 것이 해마다 백미白米만 200여 석, 돈이나 기타 상품도 수십만 냥이 되었다.

불가에 입문하였지만 나는 아직 세상과 인연을 끊지 못하고 있었다. 절에는 잠깐 숨어 있으려고 들어온 것이지, 불교에 일생을 바칠 마음은 생기지 아니하였다. 자꾸 속세의 이런저런 일들이 생각났다. 작년 인천옥을 탈출한 후로 부모님의 생사 여부도 모르고 있었다. 나를 위해 재산을 다 탕진하고 자기 몸까지 망친 김주경의 소식도 알고 싶었고, 해주 비동 고능선 선생이나 청계동 안진사도 만나고 싶었다. 나는 안진사가 천주학 하려는 것에 불만을 품은 채 청계동을 떠났었는데, 다시 만나면 지난날의 오해를 사과해야겠다는 생각이 때마다 가슴을 채웠다. 그러니 보경대사의 재산이나 보고 절에 계속 붙어 있겠다는 생각은 꿈에도 없었다.

하루는 보경대사께 이런 말을 했다.

"소승이 이왕 중이 된 이상, 응당 해야 할 공부를 해야 되지 않겠습니까? 금강산으로 가서 경전을 연구하고 충실한 불자가 되겠습니다."

"내가 벌써 추측은 하고 있었다. 네 원이 그런데 어쩔 수 있느냐."

즉시 하은당을 불러서 둘이 한참 다투더니, 나에게 가사와 바리때, 백미 열 말을 내주었다. 나는 그날부터 자유였다. 백미를 팔아서 여비를 마련하고 경성으로 출발하였다.

며칠 후 경성에 도착하였지만, 당시 중은 사대문 안으로 들어갈 수 없었다. 성곽 바깥 이절 저절 다니다가 서문 밖에 있는 새 절에서 하루 묵게 되었다. 거기서 경상도 풍기에서 온 혜정慧定이란 스님을 만났는데, 평양 구경을 간다고 했다. 그와 동행하기로 하고 임진강을 건너 개성과 해주부터 구경하기로 했다. 해주 외곽의 수양산 신광사神光寺 부근 북암北菴에 머물면서 혜정에게 내 사정을 이야기하고 부탁하였다.

"텃골 본가에 가서 내 부모님을 비밀히 방문하여 주오. 안부만 물어보고 내 몸이 건재함을 말씀드리되 내가 지금 어디에 있는지는 말하지 마시오."

혜정을 떠나보내고 소식 돌아오기만 기다리던 중, 4월 29일 저녁 무렵에 부모님이 함께 북암으로 오셨다. 부모님은 혜정에게서 자식의 안부를 듣자, "네가 내 아들 있는 곳을 알고 왔을 터이니 너를 따라가면 내 자식을 볼 수 있을 것"이라며 바로 혜정을 따라오신 것이었다. 따라와 보니 아들은 돌중이 되어 있었다. 세 식구가 다시 만나니 기쁘기도 하고 슬프기도 하여 서로 붙들고 눈물을 흘렸다.

북암에서 5일간 쉬고, 중의 행색 그대로 부모님을 모시고 혜정과 같이 평양 구경을 떠났다. 가는 길에 부모님께서는 그동안 겪으신 일을 말씀해 주셨다. 무술년戊戌年(1898) 3월, 내가 탈옥하자마자 부모님은 해주 집으로 돌아오셨지만 곧 뒤따라온 인천 순검에게 바로 체포되어 두 분 다 인천감옥에 갇히셨다고 한다. 어머님은 곧 풀려나셨지만, 아버님은 근 1년 뒤에야 석방되셨다고 했다. 오랫동안 내가 살았는지 죽었는지도 모르고 매일매일 기다리셨는데, 꿈자리만 나빠도 종일 아무것도 못 드셨다 한다.

5월 4일 평양성에 도착하여 여관에서 밤을 지냈다. 다음 날이 단옷날이라 모란봉에서 그네뛰기를 구경하였다. 돌아오는 길에 어떤 집에 단정한 차림의 학자가 앉아 있는 것을 보았다. "소승 문안드리오" 하였더니, 그는 물끄러미 바라보다가 들어와서 앉기를 청하였다. 그 학자는 최재학崔在學이라는 사람이었다.

인사 후 다소간 문답이 있었는데, 그 자리에 길고 아름다운 수염에 위풍당당한 전효순全孝淳이라는 노인이 있었다. 최재학은 전효순 노인에게 "이 대사는 도리를 아는 스님이니, 대보산 영천암靈泉庵의 방주房主 자리를 내어주시면 아들들과 외손자들 공부에 도움이 되겠습니다. 영감 의견은 어떻습니까?" 하고 물었다. 전씨는 무척 기뻐하였다.

"지금 곁에서 듣는 것만으로도 대사의 고상함을 우러러볼 만하오. 내가 자식과 외손자 놈들을 영천암에서 공부를 시키고 있는데, 주지승이 불량하여 술에 취해 돌아다니니 어려움이 많다오. 대사가 도와주시면 그 은혜 클 것이오."

나는 겸손히 사양하였다.

"소승의 방랑이 지금의 주지승보다 더 심할지 어떻게 아십니까?"

그러나 최재학은 전효순더러 평양 서윤庶尹에게 가서 영천암 방

평양 대보산 영천암의 백범(1948년 4월)
남북연석회의에 참석하기 위해 평양에 간 백범은 젊은 시절 결혼을 약속한 바 있었던 기독교인 안신호 여사와 함께 근 50년 만에 자신이 방장으로 지냈던 영천암을 찾았다.

주 임명장을 받아 오라고 권하였고, 전효순은 그 길로 가서 "승 원종을 영천암 방주로 정한다"는 첩지를 받아 왔다.

내 생각에도 방주가 되는 것이 만족스러웠다. 부모님을 모시고 다니며 구걸하기도 너무 죄송스런 일이었다. 최재학과 같은 학자와 함께 지내면 내 공부에도 도움이 되겠고, 먹고사는 걱정도 없어질 터이며, 숨어 지내는 본뜻에도 방해가 안 될 거라는 생각에 바로 승낙하였다. 나는 혜정과 함께 영천암으로 가서 일을 대충 정돈하고 방 하나를 정하여 부모님과 함께 지냈다.

학생은 전효순의 아들과 외손자, 그 밖에 몇 명이 더 있었다. 전효순은 하루 걸러 진수성찬을 보내왔고, 나는 산 아래 푸줏간에서 고기를 한 짐씩 져 올랐다. 승복을 입은 채 드러내 놓고 고기를 먹었고,

염불하는 대신 시를 외웠다. 종종 평양성에 가서 최재학 등 시객들과 어울려 시를 짓고, 밤에는 대동문 옆에 가서 면을 먹었다. 처음에는 소면만을 먹다가 나중에는 고기가 들어 있는 육면을 그대로 먹었다. "손에는 돼지머리를 들고, 입으로는 거룩하게 경전을 외는 꼴"이었다. 나중에 들으니, 내가 지은 시가 평양 기생들의 노래 곡조로 불렸다고 한다. 이런 이유로 평양에서는 나를 '걸시승乞詩僧 원종圓宗'이라는 별명으로 불렀다.

혜정 스님은 불심이 갈수록 약해지는 내 모습을 보고 매우 애처로워하였다. 혼자서 영천암을 떠나려고 산 입구까지 갔다가는 차마 떠나지 못하고 울며 다시 돌아오기를 한 달 남짓 되풀이하였다. 결국 내가 약간의 노잣돈을 준비하여 경상도로 돌아가게 하였다. 평양에 온 후, 아버님이 다시 삭발하는 것을 허락지 않으셔서 나는 장발승長髮僧이 되었다. 결국 9~10월경 승복을 벗고 다시 상투를 틀고 부모님과 함께 해주 텃골로 돌아왔다.

3. 뜻이 있으면 어디선들 만나지 못하리

경자년庚子年(1900, 25세) 2월이 되었다. 준영 작은아버님은 매일 새벽이면 와서 단잠을 깨워 밥을 먹이고 가래질을 시켰다. 며칠 동안 잘 따르다가 문득 김주경을 찾아가야겠다는 생각이 들어, 김두래金斗來라는 가명으로 강화로 떠났다. 강화에서 김주경의 집을 찾았더니 그의 셋째 동생인 진경鎭卿이 나를 맞아 주었다.

"어디 사시는데, 우리 형을 그렇게 잘 아십니까?"

"나는 연안에서 살았고 당신 형님과는 막역한 동지인데, 수년간 소식을 몰라 궁금하기로 찾아왔소."

"형님이 집을 나간 지 3~4년이 되도록 소식 한 장 없고, 집안은 망해 남은 것이 하나도 없습니다. 제가 형님 댁에 들어와 살면서 형수를 모시고 조카들을 키우고 있습니다."

비록 초가일망정 제법 화려하고 멋지게 지은 집인 듯했다. 해가 지나도록 수리를 하지 않아 퇴락했지만, 김주경이 사용하던 방석과 나무방망이는 그대로 벽에 걸려 있었다. 동생 진경이 그 방망이를 가리키며 배반한 동지를 벌할 때 쓰던 것이라 했다. 사랑방에 7세 된 사내아이가 놀고 있었는데, 바로 김주경의 아들 윤태였다.

천신만고 끝에 찾아갔지만 김주경의 소식조차 모르니 부득이 그냥 돌아설 수밖에 없었다. 그러나 옛날 일을 사실대로 이야기할 수도 없고, 차마 그 집을 떠나기는 섭섭하여 진경에게 말했다.

"내가 그냥 가기 섭섭하여 그러니, 사랑에서 윤태에게 글이나 가르치고 지내면서 형님 소식을 기다리면 어떻겠는가?"

"그같이 해 주시면 오죽 감사하겠습니까? 윤태뿐 아니라 둘째 형님의 두 아이도 있는데, 다 글 배울 나이가 되었지만 놀리고 있습니다. 그러시면 둘째 형께 알려 조카들을 데려다가 같이 공부를 시키겠습니다."

그날로 글공부를 시작하였다. 김주경의 친구와 진경의 친구들도 내가 열심히 가르치는 것을 보고는 제각기 아이들을 데려왔다. 한 달이 못 되어 세 칸 큰사랑에 아이들이 30여 명이나 모여들었다.

석 달이 지난 어느 날, 진경이 서울서 온 편지 한 장을 보며 혼잣 말로 중얼거리고 있었다.

"나는 알지도 못하는데 자꾸 편지를 하니 어쩌란 말인가? 이런 사실이 없다고 답장을 했는데도 또 사람을 보내?"

"거, 무엇을 보고 그러는가?"

"몇 년 전 유완무柳完茂라는 양반이 이 섬에서 30리쯤 되는 촌에 한 3년 살다 갔습니다. 그때 그 사람이 형님을 문수산성으로 청하여 며칠간 함께 지낸 적이 있지요. 형님이 유씨 댁을 방문한 일도 있습니다. 그런데 재작년 해주에서 김창수란 청년이 왜놈을 죽이고 인천 감옥에 수감된 일이 있습니다. 전에 우리 집 여종의 서방이던 최덕만이란 간수가 형님께 찾아와서 그 이야기를 해 주었습니다. 형님은 재산을 있는 대로 다 털어 가지고 경성으로 가서 근 1년 동안이나 그를 살리려고 애를 썼지요. 그렇지만 아무리 애를 써도 될 수 있는가요? 돈만 날렸지요. 형님은 돌아오신 후 다른 일로 몸을 피하셨는데, 뒤에 들으니 김창수는 탈옥해서 도망갔다고 합디다. 유완무가 벌써 여러 번 편지 하기를, 김창수가 오거든 자기에게 알려 달라고 하기에, 나는 그런 일이 없다고 답장을 보냈습니다. 그런데 형님과 친하게 지내던 이춘백李春伯이란 양반이 유씨와도 친한 모양이에요. 이번에는 이춘백을 보내니 의심 말고 자세히 알려 달라는 부탁입니다."

이야기를 들으니 모골이 송연하기도 하고 의아하기도 하였다. 나는 진경에게 물었다.

"김창수란 사람이 다녀는 갔는가?"

"생각해 보시오. 여기서 인천이 지척인데 어떻게 오겠습니까? 설령 왔다 치더라도 형님이 안 계신 줄 알면 내 집에 들어올 리 있겠습니까?"

"동생 말이 옳네. 그 사람은 아마 왜놈이나 관리의 부탁을 받고 정탐하려는 것이겠지?"

"그것은 결코 아닐 겁니다. 형님 말씀에 유완무 그 양반은 보통 벼슬아치들과 다르답니다. 학자다운 기풍이 있는 데다 제 형님을 의기남아義氣男兒라 하여 반상(양반과 상사람)의 구별 없이 극진히 대했다니까요."

나는 곰곰 생각하였다. 유완무의 본뜻을 알고 싶었지만 수상스럽게 보일까 봐 더 물을 수 없었다. 그러나 내심 산란해지는 것을 어찌할 수 없었다. 다음 날 식후에, 몸집이 크고 얼굴에 마마자국이 있는 서른 남짓 된 사람이 사랑으로 들어왔다. 그는 내 앞에서 공부하는 윤태를 보더니 대뜸 말했다.

"이놈 윤태야. 그새 퍽 컸구나. 작은아버지 좀 나오시라 해라. 내가 왔다고."

윤태는 곧 안방에 들어가 진경을 앞세우고 나왔다. 간단히 인사를 마치더니 그 사람은 바로 김주경의 소식부터 물었다. 두 사람은 내가 있는 앞쪽 방을 미닫이로 닫고 이야기하기 시작했다. 나는 학동들을 가르칠 생각도 않고, 두 사람의 이야기에만 정신을 쏟은 채 듣고 있었다.

"유완무 그 양반, 참으로 지각없는 사람 아닙니까? 형님도 안 계신데 김창수가 어찌 내 집에 올 거라고 여러 번 편지를 합니까?"

"자네 말도 옳지만, 우리는 1년 남짓 김창수 때문에 별별 애를 다 썼다네. 유완무가 남도로 이사한 후 경성에 다니러 왔다가 자네 형님이 김창수 때문에 가산을 다 탕진하고 피신까지 한 것을 알게 되었네. 유완무는 우리 몇 사람을 모아서 김창수를 구해 내려고 했다네. 법률적인 방법이나 뇌물을 바치는 일 등은 자네 형이 다 해 보았으니, 이제는 강제로 빼낼 방법밖에 없다고 생각했지. 용감한 청년 13명을 뽑아 모험대를 조직하고, 밤중에 인천항 주요 지점 7~8곳에 석유를 한 통씩 지고 들어가 불을 지르고 감옥을 깨뜨려 김창수를 구출하자는 계획을 세웠네. 그중에 나도 들어 있었는데, 유씨가 나더러 먼저 인천항에 들어가 공격 지점이나 감옥 형편, 김창수의 동정을 조사하라 해서 가 보았네. 그런데 이미 사흘 전에 김창수가 파옥을 하고 도주를 해 버렸더군. 나는 돌아가서 유씨와 함께 김창수의 종적을 찾아보았네. 먼저 생각난 것이 해주 고향 쪽이었지만, 아무래도 고향으로 갈 것 같지는 않았네. 설혹 김창수가 어디 있는지 알려 주었다 해도 그 부모는 결코 말하지 않을 것이 아닌가? 잘못 알아보다가는 도리어 부모만 놀라게 할까 염려도 되었다네. 그쪽을 제외하고 보니, 다음으로 유력한 곳이 자네 집이었네. 자기가 몸소 이리오기는 어려웠을 터, 어느 곳에서든 편지 온 일도 없었는가?"

"편지도 없었습니다. 편지를 하고 회답을 기다릴 것 같으면, 차라리 자기가 직접 와서 살펴봤을 테지요."

두 사람의 이야기는 거기서 끊어졌다.

다음 날 아침에 작별할 것을 기약하고 이춘백이 돌아갔다. 유완무란 사람이 그처럼 나를 위해 애를 썼다면 만나야 할 것 같았다. 그날 밤은 그냥 자고, 다음 날 아침 진경과 밥을 먹으며 물었다.

"어제 왔던 사람이 이춘백인가?"

"예, 그렇습니다."

"언제 또 오는가?"

"아침 먹고 난 뒤 작별하고 서울로 간다니까 곧 오겠지요."

"오거든 내게 소개나 하여 주게. 자네 형님과 친한 동지라니 나도 반가운 마음이 드네."

"그러시지요."

나는 그날 진경에게 작별해야겠다고 말했다. 이 말을 듣고 진경은 대경실색했다.

"형님, 무슨 말씀입니까? 제가 잘못한 일이 있습니까? 갑자기 작별이 웬 말씀입니까? 잘못한 것이 있다면 제 형님을 생각하셔서 용서해 주세요."

"내가 김창수일세. 유완무의 추측이 바로 맞았네. 어제 자네가 이춘백과 이야기하는 것을 다 들었네. 자네 생각에 나를 정탐하기 위한 유인책이 아니라면, 가서 유완무를 만나도록 나를 놓아 주게."

진경은 이 말을 듣고 깜짝 놀랐다.

"그러시다면 제가 어찌 만류를 하겠습니까? 게다가 이곳은 감리서 주사나 순검이 종종 왕래하니 형님을 계시라고 붙잡기가 더욱 어렵겠습니다."

이춘백이 작별인사차 찾아왔다. 나는 이씨와 인사한 후 서울로 같이 가기를 청하였다. 진경이 이씨의 소매를 끌고 뒷방에 들어가 두어 마디 수군거리고는 곧 출발하였다.

그날로 서울 공덕리 박태병朴台秉 진사의 집에 도착하였다. 이춘백이 먼저 안사랑에 들어갔다. 잠시 후 햇볕에 얼굴이 가무잡잡하게 그을리고 망건에 갓을 쓰고 검소하게 입은 중키 이하의 생원 한 사람이 나와 나를 맞이하였다.

"나는 유완무요. 오시느라 무척 고생하셨소. 대장부는 어디서든 만난다는 말이 오늘 창수 형을 두고 한 말인가 보오."

나는 유완무에게 말했다.

"강화 김씨 댁에 있으면서 선생이 나를 위해 고생을 많이 하셨다는 사실을 알았고, 오늘 비로소 뵙게 되었습니다. 세상에는 작은 일도 크게 부풀려 전해지는 경우가 많으니, 소문은 용의 머리이나 실물은 뱀의 꼬리인 경우가 많습니다. 제가 졸렬하기 짝이 없으니 실망 많이 하실 것입니다."

유씨는 빙그레 웃으면서 말했다.

"뱀의 꼬리를 붙잡고 올라가면 용의 머리를 볼 터이지요."

주인과 손님이 함께 웃었다. 주인 박태병은 유씨의 동서라 했다. 저녁을 먹은 후 유씨가 머무는 곳에 가서 잤다. 며칠 동안 쉬면서 요릿집에 가서 음식을 사 먹기도 하고 구경을 다니기도 했다.

유씨는 내게 편지 한 통과 노자를 주면서 충청도 연산 이천경李天敬에게 가라고 하였다. 그날로 길을 떠나 이천경의 집에 가서 편지를 전하니, 반가이 영접하고 잘 대접해 주었다. 한가롭게 한 달을 지냈다.

하루는 이천경이 편지 한 장을 써 주며 무주 읍내의 이시발李時發에게로 가라 하였다. 찾아가 편지를 전하니 하룻밤을 묵게 하고는, 이시발이 또 편지 한 장을 주며 지례군 천곡의 성태영成泰英을 찾아가라 하였다. 찾아가니 성태영은 나를 최고의 손님으로 대우해 주었다. 한 달 남짓 여유로운 생활을 하며 보냈다.

하루는 유완무가 성씨 집에 찾아왔다. 성태영과 유완무는 창수昌洙라는 나의 이름이 불편하다 하여 김구金龜로 고치고, 호는 연하蓮下, 자는 연상蓮上이라 정해 주었다. 다음 날 아침 유완무는 무주 자기 집으로 나를 데려가 "당신이 경성으로부터 이곳에 도착하기까지 매우 의아하셨지요?" 하며 그간의 일에 대해 설명해 주었다.

"연산 이천경이나 지례 성태영은 모두 내 동지입니다. 우리는 새 동지가 생기면 반드시 몇 군데를 돌아다니며 1개월씩 함께 지냅니다. 그리하여 각자 관찰하고 시험한 것을 모아서, 벼슬살이가 적당한 자는 벼슬자리를 주선하고, 상업이나 농사에 적당한 인재는 상업이나 농사일을 하게 하고 있소. 동지들이 시험한 결과, 연하는 아직 학식이 부족하니 공부를 더 해야 하오. 경성 방면의 동지들이 전적으로 맡아 어느 정도 수준에 이르도록 할 것이오. 또 연하는 상민 계급 출신이니 불가불 신분부터 양반에게 눌리지 않도록 지금 연산의 이천경이 갖고 있는 집과 논밭, 그리고 가구 전부를 그대로 연하의 부모가 사용할 수 있도록 주려 하오. 그 고을의 큰 성씨 몇몇만 잘 단속하면 족히 양반 생활을 할 수 있을 것이오. 연하는 경성에서 유학하면서 잠깐씩 부모님 얼굴이나 뵙게 할 터이니, 곧 고향으로 가서 2월까지 부모님 몸만 모시고 경성으로 오시오. 경성에서 연산까지 가는 길은 내가 알아서 하겠소이다."

그리곤 바로 그와 경성으로 동행하였다. 경성에서는 나 혼자 유완무의 제자인 강화의 주윤호朱潤鎬 진사를 찾아갔다. 주진사는 백동전 4,000냥을 유씨에게 보냈는데, 나는 그것을 온몸에 돌려 감고 다시 경성으로 돌아왔다.

4. 스승, 아버님, 미혼처와 영원히 이별하다

주진사에게 받은 돈을 노자로 고향으로 돌아가기로 결정했다. 출발하기 전날, 꿈에 아버님이 나타나 나에게 '황천'黃泉 두 글자를 쓰라

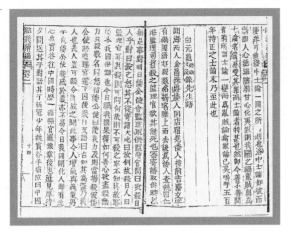

고 하시는 나쁜 꿈을 꾸었다. 그날로 길을 떠나 급하게 걸음을 재촉
해 4일 만에 해주 비동에 도착하였다.

고선생이 보고 싶어 산 중턱에 있는 작은 집에서 선생을 배알하
였다. 5~6년 동안 그다지 심하게 늙지는 않으셨으나 돋보기를 쓰지
않고는 글을 못 보시는 모양이었다. 한참 동안 말없이 옛일을 떠올
리다가 고선생이 말씀을 시작하셨다.

"나는 그간 자네의 의거 소식을 듣고 놀라고 탄복하였다네. 의
암 유인석 선생께 그 말씀을 드렸더니, 『소의속편』昭義續編에 김창수
를 대단히 칭찬하셨네. 자네가 인천으로 간 후, 의암이 의병에 실패
하고 평산에 와서 앞일을 계획하였는데, 그때 자네가 서간도에 가서
본 것들을 보여 드리고, 당분간은 평안·황해 지방에 발붙일 곳이 없
으니 차라리 압록강을 건너서 뒷일을 꾀하는 것이 상책이라 말씀드
렸네. 지금 의암이 몸소 그곳에 들어가서 공자님의 영정을 모시고
조선 무사들을 모아서 훈련 중이네. 자네도 함께 가서 큰일을 꾀함

이 어떻겠는가?"

그러나 나는 그사이에 깨달은 세계 사정에 대해 말씀드렸다. 또 선생께서 평소 가르치시던 중화주의나, 서양인이라면 덮어놓고 오랑캐라고 배척하는 것도 옳지 않다고 말씀드렸다.

"어느 나라를 막론하고, 먼저 그 나라 사람들과 제도에 오랑캐의 행실이 있으면 오랑캐로, 사람의 행실이 있으면 사람으로 대우함이 옳을 것입니다. 우리 나라 탐관오리들이 사람의 얼굴을 가졌으나 짐승의 행실이 많으니, 이것은 참으로 오랑캐의 소행입니다. 또 지금은 임금이 스스로 벼슬 값을 매겨 팔고 있으니, 그것은 오랑캐 임금의 소행입니다. 내 나라 오랑캐도 배척을 못하면서 어찌 남의 나라 오랑캐를 배척할 수 있겠습니까? 저 대양 건너 각 나라에는 제법 국가 제도가 잘 갖추어져 있고 문명도 발달되어 있습니다. 그들은 공자·맹자의 그림자도 보지 못했지만, 그 이상으로 발달된 제도를 갖고 있습니다. 그럼에도 불구하고 저들을 계속 오랑캐라고 배척만 한다면 무슨 소용이 있겠습니까? 제 소견에는 오히려 오랑캐에게서 배울 것이 많고, 공맹에게서는 버릴 것이 많다고 생각됩니다."

"자네 개화꾼과 많이 만났지? 나도 몇몇 개화꾼을 만나 보았는데, 자네와 같은 말을 하더군."

"그렇다면 선생님이 보시는 장래 국가의 나아갈 길을 가르쳐 주십시오."

"옛 성인의 법도가 아닌 것은 말할 필요가 없네. 잘못하면 상투없이 머리를 풀고 다니는 미개한 오랑캐가 될 터이니…."

"선생님이 머리 풀고 다니는 오랑캐를 말씀하시니 드리는 말씀입니다. 머리털은 곧 피가 만든 것이요, 피는 음식이 소화되어 만들어진 진수이니, 음식을 먹지 않으면 머리털도 자랄 수 없습니다. 설사 머리를 천 길이나 길러서 크고 훌륭한 상투를 얹는다 치더라도 왜놈이나 양놈이 그 상투를 무서워하지 않는다면 어찌하겠습니까? 지금 이 나라의 상류층은 백성을 학대하는 약탈자에 불과합니다. 백성들은 일자무식이라 탐관오리와 토호의 학대를 당연하게 알고 있습니다. 만약 탐관오리와 토호들이 자기 백성을 학대함같이 왜와 서양을 학대한다면, 왜와 서양은 멸종될 것입니다. 그러나 그들은 백성의 피를 빨아 왜놈과 양놈에게 바치고 아첨하고 있으니, 우리 나라는 반드시 망하고 말 것입니다. 이제부터라도 우리는 문명국의 교육제도를 본받아 학교를 세우고 자녀들을 교육하여 건전한 2세로 길러야 합니다. 또 애국지사들을 규합하여 국민으로 하여금 나라 잃는 고통이 어떤 것인지, 나라가 발전하는 복이 어떤 것인지 알도록 해야 합니다."

"박영효朴泳孝 · 서광범徐光範과 같은 개화꾼 역적들이 주장하던 것을 자네가 말하고 있네. 역사상 영원히 살아남는 나라는 없네. 우리 나라도 망할 운명인 바에야 어찌하겠나? 그러나 왜놈과 양인에게 배우다가는 나라도 구하지 못하고 절의節義까지 배반하고 말 것이니, 죽어서 무슨 면목으로 옛 성현을 대하겠나?"

이야기하는 동안 자연히 충돌이 생겼다. 하룻밤을 같이 잔 후 다음 날 하직인사를 하고 물러 나왔다. 어찌 알았으리요? 그때 올렸던 절이 마지막 인사가 될 줄이야. 후에 전하여 들으니, 고선생은 제천 동문의 집에서 객사하였다 한다.

아, 슬프다! 오늘까지 30여 년 동안, 만에 하나라도 내게 아름다운 점이 있다면, 그것은 순전히 청계동에서 고선생이 구전심수하신

훈육의 덕이다. 다시 이 세상에서 그같이 사랑하시던 얼굴을 뵙지 못하고 다시 그 참되고 거룩한 사랑을 받지 못하겠으니, 아, 슬프고 애통하다!

그날 황혼녘에 텃골 본가에 도착하였다. 안마당에 들어서니 부엌에서 어머님이 나오시면서 말씀하신다.

"아까 네 아버지가 '이 애는 왔으면 들어오지 않고 왜 뜰에 서 있느냐' 하기에 헛소리로 알았더니 정말 네가 왔구나."

급히 들어가 뵈니 아버님 병세가 정말 위중하셨다. 탕약은 아무 소용이 없고, 열나흘 동안 내 무릎만 베고 계시다가 경자년庚子年(1900, 25세) 12월 9일, 애써 나를 잡으셨던 손의 힘이 풀리더니 먼 나라로 영영 떠나셨다. 돌아가시기 전날까지도 나는 '진작 유완무나 성태영 등이 주선한 연산으로 이사를 갔더라면, 백발성성하신 아버님께서 이웃마을 강씨나 이씨에게 상놈 취급 받으시던 아픔만은 면하셨을 텐데' 하고 아쉬워하였다. 참으로 천추에 남을 한이 되고 말았다.

산골 가난한 집에서 이름 있는 의사를 부른다거나 기사회생의 명약을 드시게 하는 것은 어려운 일이다. 할머님이 임종하실 때 아버님께서 손가락을 자르신 것도 이런 절박함 때문이었다. 그러나 내가 또 그리한다면 어머님의 마음이 상하실 것 같았다. 그래서 나는 어머님이 계시지 않는 틈을 타서 왼쪽 넓적다리 살을 한 조각 베어 내었다. 고기는 불에 구워 잡수시게 하고, 흐르는 피는 드시게 하였다. 양이 적은 듯하여 다시 살을 베어 내려 했으나, 살은 떨어지지 않고 고통만 심했다. 처음보다 천백 배 용기를 내어 다리 살을 베었지만, 두번째는 결국 베어 놓기만 하고 손톱만큼도 떼어 내지 못했다. 나는 스스로 탄식했다.

'손가락이나 허벅지를 베어 내는 것은 진정한 효자나 하는 것이지, 나와 같은 불효자가 어찌 효자가 되랴.'

아버님이 돌아가시자 여러 곳에서 조문객이 찾아왔다. 차가운 눈바람이 뼈에 사무치는 때였다. 뜰에다 빈소를 설치하고 조문을 받는데, 상주가 나뿐이라 잠시도 자리를 비울 수 없었다. 칼로 베어 낸 상처가 무척 아팠지만 어머님께 알릴 수도 없었다. 너무 괴로워서 허벅지 살 베어 낸 것을 후회하기까지 했다.

아버님 장지는 내가 직접 골라 텃골 오른쪽 산기슭에 안장하였다. 상중에는 조용히 틀어박혀서 준영 작은아버님의 농사를 도왔다. 작은아버님께서 그것을 기특하게 여기시고 200냥을 주시며 인근에 사는 어떤 상놈의 딸과 결혼하라고 하셨다. 나는 사양했다. 상놈의 딸은 고사하고 정승의 딸이라도 재물을 따지는 결혼은 하지 않겠다고 다짐하였다.

임인년王寅年(1902, 27세) 정월, 여기저기 세배를 다니다가 장연 무산의 먼 친척 댁에 갔다. 친척 할머니께서 내 나이 거의 삼십인데도 결혼 못한 것을 염려하시기에 이렇게 말씀드렸다.

"제 혼인은 중매할 사람도 쉽지 않고, 딸을 주고 싶은 사람이 있을지도 의문이고, 설사 있다 하여도 제가 장가들 마음이 생길 처녀가 있을지 의문입니다."

"자네 뜻에 맞는 처녀란 어떤 처녀인가?"

"첫째 재산을 따지지 않는다, 둘째 학식이 있어야 한다, 셋째 직접 만나 보고 마음이 맞으면 결혼한다, 이렇습니다."

할머니는 셋째 조건에 매우 난색을 보이셨다.

"내 사촌의 딸이 올해 열일곱인데 홀어미를 모시고 지낸다네.

학식도 약간 있고, 아무리 가난하여도 재산 따지는 것을 옳지 않게 여긴다네. 마땅한 남자가 있으면 결혼하겠다는 말을 들었으나, 어떤 기준으로 남자를 택하는지는 알 수 없으니 먼저 만나 물어보겠네. 하지만 직접 만나서 마음을 털어놓는 것은 어려울 거라고 생각하네."

"그렇다면 저와 혼인할 자격이 없겠지요."

"일찍이 자네의 됨됨이를 말한 적이 있는데, 형님이 자네를 데리고 자기 집에 한번 와 달라고 부탁하였네. 같이 갈 수 있겠나?"

"처녀를 만나게 해 주신다면 오늘 가 보겠습니다."

할머니와 나는 장연 속내 텃골의 조그만 오막살이집에 도착하였다. 그 집 과부댁은 딸만 넷 두었는데, 위로 세 자매는 이미 출가하였고 막내딸 여옥如玉만 데리고 있었다. 한글을 겨우 가르쳤고 바느질과 길쌈을 주로 가르쳤다고 했다.

안방에서 저녁식사를 마치고 과부댁에게 절을 하였다. 세 사람은 미리 부엌에서 회의를 한 모양이었다. 할머니께서 나의 조건을 이야기해 주셨던 듯 바로 혼인 말을 꺼냈다.

"규중 처녀가 어찌 모르는 남자와 얼굴을 마주하겠나? 병신이 아닌 것은 담보할 터이니 그것만은 좀 면하여 주게."

"나는 꼭 만나서 얘기를 해야겠습니다. 그리고 조건이 한 가지 더 있습니다."

"조건이 또 있어? 들어 보세."

"나는 지금 약혼을 한다 해도 탈상 후에나 결혼할 것이니, 그동안 낭자가 나를 선생님이라 부르며 학문을 한다는 조건입니다."

두 사람이 빙긋이 웃으면서 무슨 말을 하더니, 할머니께서 처녀를 부르셨다. 한두 번 불러도 아무 대답이 없자 과부댁이 직접 처녀를 불렀다. 처녀는 가만가만 걸어 들어와 자기 모친 뒤에 앉았다. 내가 먼저 인사를 하였으나 처녀는 아무 대답도 못하였다. 내가 다시 물었다.

"나와 혼인할 마음이 있소? 또 결혼 전에 내게 학문을 배울 생각은 있소?"

나는 몇 가지 이유를 설명하였다. 요즘 세상에서는 여자라도 무식해서는 안 된다는 것, 공부는 스무 살 전에 해야 하니 1년이라도 그냥 보내서는 안 된다는 것 등이었다. 내 귀에는 들리지 않았지만, 두 어른은 처녀가 그리하겠다고 대답했다고 했다.

다음 날 아침, 집으로 돌아와 어머님과 작은아버님께 약혼 사실을 말씀드렸다. 두 분 모두 처음에는 믿지 않으셨으나 어머님이 직접 가서서 약혼 여부를 알아 오시자 작은아버님은 "세상에 참 어수룩한 사람도 다 있다"고 하셨다.

나는 곧 『여자독본』女子讀本과 같은 책을 대강 만들고 지필묵까지 준비하여 미혼의 처를 가르쳤다. 당시 나는 처가에 오래 있으면서 가르칠 형편이 못 되었다. 집안일도 돌봐야 했고, 아버님 탈상 후 신교육에 헌신할 결심을 하고 있었기 때문에 우종서禹鍾瑞 등 여러 사람을 만나러 돌아다녀야 했다. 그러나 틈만 나면 처가에 가서 가르쳤다.

계묘년癸卯年(1903, 28세) 2월 아버님 3년상을 마치는 제사를 지내고 난 이후 어머님은 열심히 결혼 준비를 하셨다. 그런데 음력 정월이라 먼 일가 할아버님 댁에 세배를 갔을 때, 그곳에서 미혼처의 병세가 위중하다는 급보를 받게 되었다. 깜짝 놀라서 처가로 갔다. 방문을 열고 들어가니 낭자는 병세가 위중한 중에도 나를 보고 무척 반가워했다. 병은 만성감기였는데 약을 구하기 어려운 산중이라 2~3

일 후 처녀는 결국 죽고 말았다. 나는 내 손으로 직접 시신을 염습하여 남산에 안장하였다.

당시 평안도와 황해도에서 신교육은 예수교로부터 계발되었다. 문을 걸어 잠그고 자신만 지키던 자들이 예수교에 투신함으로써, 서양 선교사들의 혀끝으로 바깥 사정을 알게 되어 신문화 발전을 도모하게 된 것이다. 예수교를 신봉하는 사람은 대부분 중류 이하로 실제 학문을 배우지 못하였지만, 선교사의 숙달치 못한 반벙어리 말을 들은 자들은 신앙심 이외에 애국사상도 갖게 되었다. 당시 애국사상을 지닌 대다수 사람들이 예수교 신봉자임은 숨길 수 없는 사실이다. 우종서는 그때 전도사였다. 동학 시절 이후 나와 여러 해 친교가 있었기 때문에, 그는 나에게 예수교 신봉을 힘껏 권하였다. 나도 탈상 후에는 예수도 믿고 신교육을 장려하기로 결심하고 있었다(1903년 가을, 백범은 기독교에 입교하였다). 그래서 장모도 금동 김윤오金允五 집으로 인도하여 예수교를 믿게 하였다.

5

새로운 사상,
새로운 교육

1. 근대적 교육사업에 투신하다

1904년 2월, 장련 사직동으로 이사하였다. 진사 오인형吳寅炯은 자신의 집 큰사랑에다 광진학교光進學校를 열었다. 또한 자신의 장련 사직동 집과 땅, 산림과 과수, 20여 마지기의 전답을 모두 내게 맡겨 집안일 염려 없이 교육에만 매진할 수 있게 해 주었다. 오진사처럼 신교육에 뜻을 같이하는 사람의 자녀 몇 명을 모아서 방 가운데를 칸막이로 막고 남녀를 따로 나눠 앉혔다. 오진사의 셋째 동생 오순형吳舜炯은 성품이 너그럽고 후덕하며 부지런하였다. 그는 나와 같이 학생을 가르치며 예수교를 알리는 데 힘을 다하였다. 1년이 채 안 되어 학교가 많이 확장하고 발전하였다.

그해 여름 평양에서 예수교 주최로 전국 각지의 교회와 학교 직원 및 교원들을 모아 이른바 '선생 공부', 즉 사범강습을 열었다. 거

기 참석하기 위해 평양 방기창邦基昌 목사 집에 묵던 중, 최광옥崔光玉
(1879~1910) 군을 만나 친밀히 교제하며 장래 일을 의논하게 되었다.
당시 그는 숭실 중학생으로 학계와 종교계는 물론 일반 사회에 명성
이 쟁쟁한 동지였다.

어느 날 최군이 나의 결혼 여부를 물었다. 과거 여러 차례의 실
패를 대략 말해 주자 안신호安信浩 양과 약혼할 것을 권하였다. 신호
는 그때 20여 세였는데, 도산島山 안창호安昌浩(1878~1938)의 누이동생으
로 사람됨이 활발하고 처녀들 중에 명성이 자자하였다. 직접 만나보
고 서로 뜻이 맞으면 혼인하기로 하였다. 최광옥·이석관과 함께 신
호를 만나 몇 마디 이야기를 나눈 후 숙소로 돌아왔다. 최군이 뒤따
라와서 의향을 묻기에 내 뜻에 맞다는 의사를 표시했다. 최군은 신
호 또한 생각이 같다고 전하며, 이튿날 아주 약혼까지 하고 고향으
로 돌아가라고 하였다.

그런데, 어찌 뜻하였으랴. 다음 날 아침 일찍 이석관과 최군이
달려와서 신호에게 밤새 큰 고민이 생겼다는 것이다. 안도산이 상해
를 거쳐 미국에 건너갈 때 상해 모 중학에 다니던 양주삼梁柱三 군을
만나 자기 여동생과 혼인하라고 부탁한 일이 있었다. 그때는 양군이
아직 재학 중이라 공부를 마친 후 결정하겠다고 했는데, 어제 신호
가 나를 만나고 돌아가니 마침 양군에게서 결혼 여부를 알려 달라는
편지가 왔다는 것이다. 양손에 쥔 떡이라, 신호가 어찌할 줄 모르고
있으니 최종 의사를 듣고 떠나라고 했다.

아침을 먹은 후 최광옥이 다시 와서 신호의 결심을 말해 주었다.
자신의 처지로는 도의상 누구를 고르고 누구를 버릴 수 없으니 양쪽
다 버릴 수밖에 없다는 것이다. 그래서 이미 청혼을 받고도 몸이 약

한 것을 꺼려 승낙하지 않았던 김성택金聖澤을 택하고, 우리 두 사람은 거절하기로 하였다 한다. 어쩔 수 없지만 매우 섭섭하였다.

시간이 지나 신호가 나를 찾아왔다.

"나는 지금부터 당신을 오라버님으로 섬기겠습니다. 매우 미안합니다. 내 사정이 그리된 것이니 너무 섭섭하게 생각 마십시오."

신호의 쾌활하게 결단하는 도량을 보고 그녀를 더욱 흠모하게 되었으나 이미 지나간 일이었다.

평양 사범강습을 마치고 다시 장련으로 돌아왔다. 사직동에 거주할 때 유완무가 주윤호 진사와 함께 방문한 적이 있다. 세 사람은 어머님이 삶아 주신 밤과 닭고기를 먹으면서 연일 밤을 새워 품은 생각을 털어 놓고 여러 가지 일을 토의하였다. 강화 김주경의 소식을 물으니 유완무가 탄식하며 말하기를, 김주경은 한번 강화를 떠난 뒤 10여 년 동안 붓을 파는 행상을 하며 수만 원의 금전을 모아 자기 몸에 간직하고 다니다가 작년에 연안에서 불행히 객사하였다는 것이었다. 김주경이 그같이 부모와 친척에게도 알리지 않고 비밀 행상으로 거액의 금전을 모은 것을 보면 심중에 어떠한 경륜이 있었던 듯하나, 이제 그 큰 포부와 책략을 알 길이 없다. 그의 동생 김진경도 전라도에서 객사하여, 집안 형편이 말이 아니라고 한다.

2. 을사늑약 반대 투쟁과 사연 많은 결혼

을사년乙巳年(1905, 30세) 11월 17일 일제에 의해 을사늑약이 체결되자 경기·충청·경상·황해·강원도 등 사방에서 의병전쟁이 일어났다.

그러나 전문적인 군사 지식이 없고 충천하는 의분만 있었으므로 여러 곳에서 실패하였다.

나는 기독교 계통인 진남포 기독청년회 총무의 직임으로 대표에 뽑혀 경성 상동교회尙洞敎會로 파견되었다. 겉보기에는 교회 사업처럼 보였지만 실은 애국운동이었다. 의병을 일으킨 산림학자山林學者들의 생각이 구사상이라면, 애국운동을 하는 예수교인들의 생각은 신사상이었다.

그때(11월 27일) 상동교회에서 전덕기全德基 등 교회 지도자들이 모여 상소를 올리기로 결정하였다. 이준李儁이 상소문을 짓고, 평양의 최재학을 선두로 다섯 대표가 서명하였다. 상소하면 사형될 것이요, 사형되면 다시 다섯 사람씩 몇 차례든 계속 상소할 계획이었다. 정순만이 교회당에서 맹세의 기도를 인도하고, 모두 대한문 앞으로 나아갔다. 서명한 다섯 사람이 궐문 밖에서 형식상 회의를 열어 상소를 의결하였지만, 상소장은 벌써 별감別監들의 협조로 상감께 올려졌다.

그런데 갑자기 왜놈 순사대가 달려왔다. 다섯 사람이 일시에 순사들을 향해 달려들며 내정간섭을 규탄하였다. 왜놈들의 칼이 번쩍거리는 가운데 다섯 지사는 맨주먹으로 싸웠다. 우리는 근처에서 그들을 호위하며, "왜놈이 국권을 강탈하고 조약을 강제로 체결하는데, 우리 인민은 원수의 노예가 되어 살 것인가, 의롭게 죽을 것인가?" 하고 벽력같이 소리를 질러댔다. 다섯 지사는 경무청에 감금되었지만 신문하는 것을 보니 훈방할 모양이었다.

11월 30일 우리는 상소를 멈추고 종로에서 공개연설을 하기로 하고, 금지당하면 대대적으로 육박전을 벌이기로 했다. 연설이 시작되자 일본 순사가 칼을 뽑아들었다. 연설하던 청년이 순사를 발로

차서 땅에 거꾸러뜨리자 왜놈들이 총을 쏘기 시작했다. 마침 어물전
도매점에서 화재를 당한 뒤라 기와조각이 산처럼 쌓여 있었다. 기와
조각을 순사대를 향해 던지면서 싸움이 시작되었다. 일본 순사들은
중국인 상점에 숨어서 총을 쏘았다. 사람들이 기와조각을 중국 점포
로 던지자 일본 보병 1개 중대가 포위공격을 시작했다. 인산인해를
이루던 군중이 제각기 흩어지면서 한인 수십 명이 체포 감금되었다.

　　그날 민영환閔泳煥(1861~1905)이 자결하였다. 그 보도를 듣고 몇몇
동지들과 함께 조문을 마치고 큰 도로로 나올 때였다. 사십 안팎쯤
되어 보이는 사람이 흰 명주저고리에 갓 망건도 없이 맨상투 바람으
로 여러 사람에게 호위되어 인력거에 실려 가는데, 온몸에 핏자국이
얼룩덜룩한 채 크게 울부짖고 있었다. 누구냐고 물으니, 참찬參贊 이
상설李相卨(1870~1917)이 의분을 못 이겨 자살하려다가 미수에 그쳤다
한다.

　　당초 상동교회에서 열린 회의에서는 다섯 사람이 한 조가 되어

앞사람이 죽으면 뒷사람이 몇 차례든 상소를 계속 이어 가기로 하였다. 그러나 체포된 지사들이 몇십 일 구류만 살고 나오는 정황이라면 상소를 계속할 필요가 없었다. 그러면 무엇을 할 것인가? 아무리 사정이 급하여도 민중이 깨닫지 않으면 아무 소용이 없는데, 당시 민중의 애국사상은 얕기만 하였다. 경성에 모인 동지들은, 신교육을 실시하여 백성들의 애국사상을 고취하는 것 외에는 다른 방법이 없다고 생각하였다. 그리하여 나도 황해도 장련 사직동으로 돌아와 다시 가르치는 일을 시작하였다.

사직동에 있을 때(1906) 신천 사평동 예수교회의 영수 양성칙梁聖則이 그 교회 여학생 최준례崔遵禮와 결혼할 것을 권유하였다. 그 모친이 이웃동네 청년 강성모姜聖謨와 준례의 결혼을 약속하였으나, 준례가 모친의 말을 듣지 않고 약혼을 거부하여 교회에서 큰 문제가 되고 있었다. 선교사 헌트William B. Hunt와 쿤스Edwin Wade Koons도 강성모와 결혼할 것을 권했지만, 준례가 싫다고 하였다. 준례는 당시 18세로 자유결혼을 원하고 있었고, 양성칙은 그런 준례를 나에게 소개하며 의향을 물은 것이었다. 당시 나는 조혼早婚으로 인한 여러 가지 폐해를 절감하던 터여서 준례에게 큰 동정심을 느꼈다.

사평동에 가서 만나 본 후 나와 준례의 혼약이 성립되자, 강성모 측에서 이를 선교사에게 고발했다. 교회에서는 나에게 결혼하지 말도록 권고하였고 말리는 친구도 많았다. 그때 준례는 은율읍에 살고 있었는데, 나는 최준례를 사직동 내 집으로 데려와 약혼하고, 경성 경신학교로 유학을 보냈다. 처음에는 교회가 책벌을 선언하였으나 나는 끝내 불복하였다. 뿐만 아니라 구식 조혼을 인정하고 개인의 자유를 무시하는 것은 사회악풍을 조장하는 잘못이라고 항의하였다. 결국 선교사 쿤스가 혼례서를 작성해 주고 책벌도 풀어 주었다.

3. 양반도 깨어라! 상놈도 깨어라!

오인형 진사는 어선업을 개시한 지 두 해 만에 가산을 몽땅 날리고, 이 일로 인해 병을 얻어 사망하고 말았다. 1906년 9월경 내가 살던 사직동 집과 대지를 오진사의 유족에게 돌려주고, 나는 장련 읍내로 이주하여 장련공립소학교 교원이 되었다. 당시 황해도에서 공립학교는 해주와 장련 두 군데 있었는데, 해주에서는 아직 사서삼경의 구학문이나 가르쳤고, 강사가 칠판 앞에 서서 산술·역사·지리 등을 가르치는 곳은 장련공립소학교뿐이었다.

　무신년戊申年(1908, 33세) 나는 우종서 목사의 간청으로 장련읍에서 문화 초리면 종산으로 이사하였고, 그 동네 사립학교 서명의숙西明義塾의 교사가 되어 농촌 아이들을 가르쳤다.

　서명의숙에서 근무할 때, 의병장 우동선禹東鮮이 10리쯤 떨어진 내동에 진을 치고 있다가 왜병의 야간 습격으로 달천 부근에서 크게 패해, 의병 시체 17구가 동구 밖 길가에 널려 있다고 들었다. 그때 마침, 왜병 세 명이 총을 들고 종산에 들어와 집집마다 다니며 계란과 닭을 약탈하고 있다고 동장이 급히 와서 말해 주었다. 내가 동장 집에 가 보니, 과연 왜병이 닭과 계란을 마구 약탈하고 있었다. 나는 글을 써서 그 왜병에게 물었다.

　"군대에서 물품을 징발하는 것이냐, 돈을 주고 사는 것이냐?"

　"돈 주고 사는 것이다."

장련 광진학교 시절의 교사 백범   31세의 백범이 의병에서 근대적 애국계몽운동가로 전환, 투신한 첫 학교가 장련의 광진학교이다. 광진학교 선생과 학동들이 함께 찍은 이 사진은 현존하는 백범의 사진 중 가장 오래된 것이며, 이해 말 결혼하게 되므로 결혼 직전 총각으로는 마지막 모습이다. 사진은 한복과 양복, 단발·장발·모자가 뒤섞인 과도기의 모습을 잘 보여주고 있다. 맨 뒷줄은 교사들인데, 오른쪽 끝의 백범은 단발에 한복 차림이며, 한 사람 건너 백남훈과 그 옆의 손영곤은 중절모를 쓰고 양복을 말쑥하게 차려 입었다. 학생들은 모두 한복을 입고 있지만, 단발과 장발이 뒤섞여 있다.

"그렇다면 달천시장에서도 살 수 있는데 왜 이렇게 촌민을 괴롭히느냐."

"당신이 문화 군수냐?"

"나는 서명의숙 교사이다."

한 놈과 묻고 답하는 사이에 나머지 왜병이 앞집과 뒷집에서 닭을 몰아 안마당으로 뛰어 들어왔다. 부인과 아이들이 놀라 소리를 질러댔다. 나는 동장에게 소리쳤다.

"도적이 집집마다 쳐들어온다는데 동장은 실태도 관찰하지 않는가?"

나와 문답하던 왜병이 호각을 불자 밖에 나갔던 놈들이 한 손에 닭을 두세 마리씩 들고 들어왔다. 그리고는 서로 무슨 말을 나누더니 닭을 내버리고 동네 바깥으로 나갔다. "아랫동네에서는 집집마다 닭을 잡아 몇 짐이나 지고 갔다"며 동네사람들이 후환을 두려워하기에, 나에게 맡기라고 했다.

우종서 목사의 간청으로 종산 서명의숙으로 오긴 왔지만 산골 마을이라 발전성이 없는데다, 김용제 등 친구들이 권유하여 안악읍에 새로 세워진 사립 양산학교楊山學校로 옮겨 근무하게 되었다. 종산에서 첫 딸을 낳았지만, 태어난 지 며칠 만에 모녀를 가마에 태워 이사하면서 찬 기운을 너무 많이 쐬게 한 탓인지, 딸아이는 안악으로 이사한 후 바로 죽고 말았다.

양산학교 학생들은 어려서 아직 국가에 대한 관념이 부족했지만 손두환孫斗煥(1895~?)은 남달랐다. 내가 장련읍에서 봉양학교鳳陽學校에 근무할 때 그는 단발하지 않은 초립둥이였다. 그 부친 손창렴孫昌濂이 늦게 낳은 아들이라 애지중지한 탓에 그 부모와 어른은 물론이요, 군수까지도 두환에게 '해라' 하는 말을 들었다. 어떤 사람이고 두환에게 높임말을 들어 본 사람이 없었다.

황해·평안도의 지방 풍습에는 성년이 되기까지 부모에게 '해라' 하는 습속이 있어, 그 천한 풍습을 개량하려고 애쓰던 때였다. 두환을 살살 꾀어 학교에 입학하게 한 후, 어느 날 수신修身 시간에 학생 중에 아직 부모나 연로하신 어른에게 '해라' 하는 이가 있으면 손을 들라 하니, 몇몇 거수하는 학생 중에 두환이도 있었다. 수업을 끝내고 두환을 별실로 불러, "젖 먹는 어린애는 부모나 어른께 경어를 사용하지 못한다 해도 탓할 수 없으나, 너는 어른 된 표시로 상투 짜고 초립을 쓰고서도 부모와 어른에게 공대할 줄을 모르니 부끄러운 줄 모르느냐?' 하고 꾸짖었다. 그러자 두환이 물었다.

"그러면 언제부터 공대를 하오리까?"

"잘못인 줄 아는 시간부터니라."

다음날 이른 아침, 문전에서 "김구 선생님" 하고 부르는 이가 있었다. 나가 보니 그 아버지 손창렴이었다. 하인에게 쌀 한 짐을 지우고 와서 문 안에 들여 놓고, 너무 기뻐하여 말의 순서도 차리지 못했다.

"우리 두환이 놈이 어제 저녁에 학교에서 돌아와 내게 공대하고, 제 모친에게는 전과 같이 '해라'를 하다가 깜짝 놀라 '에고 잘못했습니다' 하고 말을 고치며 '선생님 교훈'이라고 합디다. 선생님, 진지 많이 잡수시고 그놈 잘 교육하여 주십시오. 밥맛 좋은 쌀이 들어왔기로 좀 가져왔습니다."

나도 마음이 기뻐서 웃었다.

(단발령이 발표된 지 10년이 넘었지만 단발은 여전히 큰 문제였다.) 양산학교를 신설할 당시 아동이 있는 집을 방문하고 다니면서 학부형에게 '학생들의 머리는 깎지 않겠다'는 조건부로 애걸하며 아동들을 모았다. 그런데 어떤 아이들은 부모가 머리를 자주 빗기지 않아서 이와 서캐(이의 알)가 가득하였다. 나는 할 수 없이 얼레빗·참빗을 사다 두고 매일 몇 시간씩 학생들 머리를 빗겼다. 점차 아동 수효가 늘어남에 따라 학과 시간보다 머리 빗기는 시간이 많게 되다 보니, 하나둘씩 부모의 승낙을 얻어 머리를 깎아 주었다.

두환의 경우는, 부친의 승낙을 구하려다가 도리어 퇴학시키겠다는 말을 들을지도 모르겠기에 나는 두환이와 상의했다. 두환은 상투

짜는 것이 괴롭고 초립도 무거우니 머리 깎는 것이 소원이라 했다. 나는 두환의 머리를 깎아서 집으로 보낸 후 슬금슬금 따라가 보았다.

손의관은 눈물이 비 오듯 하면서 분이 머리끝까지 났으나, 더없이 사랑하는 두환을 심하게 꾸중하기는 싫기에 나에게 분풀이를 할 참이었다. 그런데 두환이가 내가 따라온 것을 보고 기뻐하자 분한 마음이 갑자기 다 어디로 갔는지, 눈에서는 눈물이 뚝뚝 떨어지는데도 얼굴에는 기쁨이 가득해지는 것이었다.

"선생님, 이것이 웬일이에요? 내가 죽거든 머리를 깎아주시지 않고."

"영감님께서는 두환이를 지극히 사랑하시지요? 나도 영감님 다음으로는 사랑합니다. 나는 두환이가 목이 가는데 큰 상투를 짜고 망건으로 조르고 무거운 초립을 씌우는 것이 위생에 큰 방해가 되기 때문에 아끼고 사랑하는 생각으로 깎았습니다. 두환이 신체가 튼튼해지면 영감님에게 고맙다는 인사를 듣고야 말걸요?"(이 손두환 단발은 1907년 11월 26일자 『대한매일신보』에 보도되었다.)

이로부터 두환은 나를 따라 안악으로 유학하게 되었고, 손의관도 같이 따라와 객지에 머물면서 두환이 공부하는 것을 지켜보았다. 두환은 사람됨이 총명하고 망국의 한을 같이 느낄 줄 알았다(이후 손두환은 임시정부의 의정원 의원을 역임하는 등 백범을 따라 독립운동을 하였다).

당시 안악군에는 십수명의 유지有志들이 신교육 사업에 적극 관계하였다. 김홍량金鴻亮과 몇몇 청년은 경성과 일본에 유학하고, 여러 선배들이 교육 발달에 성심껏 노력하고 있었다. 안악에서는 황해도와 평안도의 교육계에서 가장 신망이 두터운 평양의 최광옥을 초빙하여 양산학교에서 하기 사범강습을 열었다. 황해도에서는 시골의 서당 훈장까지 다 불러 모았고, 평안남북도의 유지와 교육자, 경기·충청도에서까지 강습생들이 몰려와 참석자가 400명이 넘었다.

안악에서 가르치는 일에 열중하다가 휴가 때 성묘하러 고향에 갔다. 여러 해 만에 고향에 찾아가니 어릴 적 공부하고 놀던 추억과 감회가 말로 다 할 수 없었다. 노인들은 벌써 태반이나 보이지 않고 어린아이들은 거의 다 장성해 있었다. 청년 중에 혹 쓸 만한 인재가 있는지 살펴보았으나, 겉모습뿐 아니라 정신까지 상놈이 되어, 민족이 무엇인지 국가가 무엇인지 터럭만큼도 알지 못하는 밥벌레들에 불과하였다. 교육에 대해서도 말해 주었으나, 신학문을 예수교나 천주교로만 알았다.

이웃동네 양반 강진사 집을 찾아갔다. 전에는 그처럼 교만하던 양반들이 이제는 높임말도 낮춤말도 아닌 어중간한 말투로 나를 대하며 어쩔 줄 몰라했다. 여하튼 양반의 힘이 약해진 것은 사실이었다. 나라가 망하게 되니 양반부터 저 꼴이 되는 것 아닌가. 내가 양반의 학대를 좀 더 받더라도, 양반이 살아나서 나라가 독립할 수 있다면 좋겠다는 감상이 일었다.

평소 재사才士로 자처하며 호기를 부리던 강성춘에게 나라를 구할 방도가 있는지를 물었다. 그러나 그는 나라 망한 책임이 당국자에게만 있고, 자기 같은 시골 늙은이는 관계없는 것처럼 대답했다. 참으로 양반 중의 상놈이라, 나나 저나 상놈이기는 마찬가지라 여겨졌다. 자녀들을 교육하라고 권하자 머리 깎는 것을 문제 삼았다. 교육의 목적은 인재를 키워 나라를 잘 살게 만들고 어둠 가운데서 빛을 찾는 것이라 말했지만, 그는 천주학이나 하라는 소린 줄 알고 피하였다.

저주하리로다, 해주 서촌의 양반들이여! 스스로 충신의 자손입네 공신의 자손입네 하며, 평민을 소나 말이나 노예처럼 천시하던 기염은 오늘 어디에 있느냐!

저주하리로다, 해주 서촌의 상놈들이여! 오백 년 기나긴 세월 동안 썩은 양반 앞에서 큰기침 한번 마음 놓고 못하다가, 이제는 신선한 신식 양반이 될 수 있지 않은가!

구식 양반은 임금에 대한 충성만으로 자자손손 혜택을 입었지만, 신식 양반은 삼천리 강토 이천만 민중에 대한 충성으로 자기 자손과 이천만 민중의 자손에게 만세토록 복음을 남길지라, 그 얼마나 훌륭한 양반이냐?

환등기幻燈機(슬라이드. 당시 세계 선진물물을 보여 주는 신문명의 상징이자 최신의 교육 방식으로 선풍적인 인기가 있었다)를 가지고 고향에 갔을 때, 나는 인근 양반 상놈을 다 모아 놓고 환등회 석상에서 절규하였다.

"양반도 깨어라! 상놈도 깨어라!"

4. 황해도 순회 교육운동과 두번째 투옥

1908년 안악에서 사범강습을 마치고 양산학교를 확장하여 중학부와 소학부로 나누었다. 김홍량이 교주校主 겸 교장이 되어 교무를 맡았고, 나는 최광옥 등과 힘을 합해 해서교육총회海西敎育總會를 조직하고 도내 전 교육기관을 세우고 운영하는 학무총감 책임을 맡아 각 군을 순행하였다.

배천[白川] 군수 전봉훈全鳳薰의 요청으로 배천읍에 갔을 때의 일이다. 읍에 당도하니 군수가 각 면의 유지들을 오리정五里亭에 모아놓고 기다리다가 "김구 선생 만세!"를 불렀다. 나는 그때까지 황제에게만 '만세'萬歲를, 황태자에게만 '천세'千歲를 부를 수 있다고 여겼기 때문에 군수의 입을 막으며 망발 말라고 하였다. 그러자 전군수가 내 손을 잡으며 말했다.

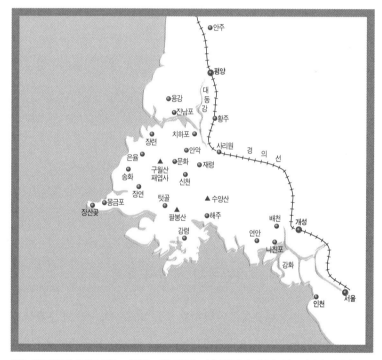

젊은 시절 백범의 황해도 궤적　백범은 해주 팔봉산 아래 텃골에서 태어나, 인근 강령과, 외가와 재종조 할아버지가 있는 장연을 오가며 자랐다. 동학에 투신하여 팔봉 접주로 군사를 일으켰으나 해주 전투에서 패해 구월산 패엽사로 후퇴하였고, 다시 패하여 장연의 몽금포·장산곶 등에 잠적하였다가, 결국 신천 청계동에 몸을 숨겼다. 여기서 의병이 되어, 치하포에서 쓰치다를 죽이고 체포되어 연안 나진포에서 배를 타고 인천으로 압송되었다. 그는 다시 근대적 교육가로 성장하여 장련 광진학교를 필두로, 안악의 면학회와 양산학교, 문화의 서명의숙, 재령의 보강학교 등에서 활동하였고, 해서교육총회 학무총감으로 배천·송화·재령·장연 등 여러 군들을 순회하였다.

"김선생, 안심하시오. 내가 선생을 환영하며 만세를 부르는 것은 통례이지 망발이 아닙니다. 이제 친구를 맞이하고 보낼 때도 만세를 부르니 안심하시고 여러분과 인사나 하시오."

재령 양원학교養元學校에서 유림들을 소집하여 교육 방침을 토의한 후 장연으로 갔다. 읍내에서 한 차례 환등회를 열었는데, 수천 명의 남녀노소가 모여들어 성황리에 행사를 치렀다. 군수가 각 면을 순행하여 달라고 간청하여 순택·신화 등을 순회하고, 안악 양산학교의 사무가 급박하여 되돌아왔다.

다시 장연 북쪽 송화군의 수교 시장에 도착하여, 몇몇 유지의 요청에 의하여 부근 대여섯 곳 소학교 학생들을 불러 모아 환등회를 열었다. 떠나고자 할 즈음에 송화 군수 성낙영成樂英이 대표를 보내어, "초면인 장연 군수와는 인사만 하고도 각 면을 순회하며 강연까지 해 주면서, 친한 나는 찾아 주지도 않고 지나가려느냐?"며 간청했다. 또한 송화군 세무소장인 구자록具滋祿 군도 교육에 열심인 탓으로 친숙한 터여서 부득이 송화군 읍내로 향했다. 이 소문을 접한 성낙영은 즉시 각 면 10여 곳 학교의 학생과 군내 유지 인사와 부인, 아동까지 소집하였다.

나는 몇 년 만에 송화읍을 다시 보게 되었다. 해서 의병을 토벌하던 요새인 읍내 관사는 거의 대부분 왜가 점령했다. 수비대·헌병대·경찰서·우편국 등 여러 기관이 꽉 들어차 있고, 개인 집을 군청으로 삼은 광경을 보고 분한 마음이 머리끝까지 치밀었다.

송화 읍내에서 환등회를 열었다. 환등기로 고종 대황제의 사진이 나오자, 나는 한인 관민은 물론이고 왜놈 장교와 경관 무리까지 모두 일어나 고개 숙여 경의를 표하게 하였다. 그리고 '한인이 일본을 배척하는 이유는 무엇인가'라는 제목으로 다음과 같이 강연하였다.

"과거 청일·러일 전쟁 때만 해도 일본에 대한 한인의 감정이 우호적이었으나 을사년에 강압조약이 체결됨에 따라 나쁜 감정이 격증하였다", "내가 이전에 문화 종산에서 일본군이 시골 마을에서 약탈을 감행하는 것을 직접 목도했는데, 이와 같이 나쁜 행위가 배일 감정의 원인이다" 하며 큰소리로 꾸짖었다. 나란히 앉은 성낙영·구자록을 보니 얼굴이 흙빛으로 바뀌었고 왜놈들은 노기가 등등했다.

갑자기 경찰이 환등회를 해산하고 나를 경찰서로 데려갔다. 군중은 감히 말은 못하였지만 분이 나 대단히 격앙한 분위기였다. 경찰은 나를 한인 순사의 숙직실에서 같이 묵게 하였다. 그러자 각 학교에서 학생들이 위문대를 조직하여 차례차례 방문하였다. 경찰서에서 하룻밤을 자고 난 다음 날, 하얼빈 전보로 '이토 히로부미伊藤博文가 한인 은치안에게 피살되었다'는 신문 보도를 보았다. 은치안이 누구인지 몰라 매우 궁금하였는데, 다음 날 아침 안응칠 곧 안중근으로 신문에 기재되었다.

그때에야 나는 어렴풋하게나마 내가 경찰서에 구류당한 원인을 깨달았다. 그날 저녁 환등회에서 일본놈을 꾸짖고 욕하였지만 이미 여러 곳에서 그랬는데 하필 송화 경찰만이 나에게 손을 댄 것을 이상하게 여겼었다. 또한 구류를 당한다 해도 며칠 후면 훈방될 것으로 알았는데, 하얼빈 사건에 관련되는 혐의라면 좀 길게 고생하리라 생각되었다.

며칠 후 평범한 말 몇 마디로 신문하고 유치장에서 한 달을 지내게 하더니 해주 지방재판소로 압송하였다. 수교의 감승무 집에서 점심을 먹으려 할 때, 시내 학교 직원과 시 유지들이 일제히 모여서 호

안중근 의사

1895년 백범은 청계동에서 세 살 아래인 안중근을 처음 만났다. 백범이 애국계몽운동을 하고 있던 1907년, 안중근은 연해주로 망명하여 주로 무력투쟁에 참가하였다. 1909년 안중근은 동지 11명과 손가락을 끊어, 죽음으로써 구국투쟁을 벌일 것을 맹세하는 비밀결사(斷指同盟)를 결성하였고, 그해 10월 26일 하얼빈 역에서 이토 히로부미를 사살하였다. 현장에서 체포된 그는 여순(旅順) 감옥에 수감되었고 이듬해 3월 26일 사형되었다. 현재 효창원에는 안중근 의사의 허묘가 있다. 사진 상단에 적힌 일본인 추종자의 글에 "안중근의 한 방이 천지를 진동시켰다"는 구절이 있다.

송하는 일본 순사에게 "김구 선생은 우리 교육계 사표이니 위로연을 베풀고 한 차례 대접하겠다"고 요청하였다. 그러나 일본 순사는 "후일 해주에 다녀온 후 실컷 위로하라"며 거절했다.

해주에 도착한 즉시 나는 투옥되었다. 하룻밤을 지내고, 검사가 안중근과의 관계를 질문하였다. 검사는 내가 수년간 각 지방을 돌아다니며 일본 관헌과 반목한 것에 대한 경찰의 보고를 모은 『김구』金龜라는 100여 쪽의 책자를 내놓고 신문하였다. 그러나 내가 이전에 안중근 집안과 각별한 관계에 있었지만, 이번 하얼빈 사건과는 아무런 관련이 없다는 것을 알고, 결국 불기소로 풀어 주었다.

5. 이재명 의사에 대한 회한

당시 안악의 양산학교는 소학부와 중학부가 있었다. 나는 소학부에서 유년 교육을 맡는 한편, 재령 북율면 무상동의 보강학교保强學校 교장을 겸하고 있었다. 보강학교는 노동자들이 처음 주동이 되어 세운 학교였는데, 부근 동네 유지들이 학교를 진흥시키기 위해 나를 교장으로 뽑은 것이었다.

그런데 보강학교는 교사校舍를 새로 짓던 중이어서 아직 기와도 얹지 못하고 이엉을 대강 엮어 지붕을 인 채 학생들을 가르치고 있었는데, 종종 도깨비불이 난다는 말이 들려왔다. 소문에는 학교 부근에 그 동네에서 제사를 지내는 부군당府君堂이라는 곳이 있는데, 학교를 새로 지은 후 그곳 주변의 아름드리 고목을 베어 연료로 사용했기 때문에 도깨비불이 난다는 것이었다. 부군당에 제사를 지내지 않으면 화재를 피하지 못한다는 미신까지 떠돌아다녔다.

나는 교직원 한 사람에게, 화재가 매번 깊은 밤에 일어난다고 하니 3일 동안 은밀히 숨어서 살펴보라고 비밀히 지시하였다. 이튿째 밤중에 과연 급보가 도착하여 학교에 가 보니, 그 직원이 불 지른 범인을 묶어 놓고 있었다. 그는 동네 서당 훈장이었다. 자기가 가르치던 아이들 4~5명이 전부 학교에 입학하자 자신은 힘들게 농사나 짓고 살게 된 것이 원망스러워서 불을 질렀다고 자백했다. 손가락 길이만큼 되는 화약심지 머리에 당성냥 한 줌을 뭉쳐 바르고 줄 끝에 돌멩이를 매달아 지붕에 던져 불을 냈다는 것이다. 나는 경찰에는 고발하지 않고 그에게 조용히 마을을 떠나라고 명하였다.

당시 노백린盧伯麟은 그간의 군직軍職에서 물러나 풍천 자택에서 교육사업에 종사하고 있었다. 하루는 경성 가는 길에 그를 만나 여물평 진초동 김정홍金正洪 군의 집에서 같이 잠을 자게 되었다. 진초학교 직원들과 함께 술을 마시고 있는데, 동네에서 갑자기 큰 소동이 일어났다. 교장 김정홍이 어찌할 바를 모르면서 자초지종을 말해 주었다.

자기 학교에 오인성吳仁星이라는 여교사가 있는데, 지금 그 남편 이재명李在明(1890~1910)이 소동을 피우고 있다는 것이다. 그가 자기 부인에게 무슨 요구를 얼마나 세게 하였던지 단총으로 위협하고 소란을 피우니, 오여사는 겁이 나서 수업도 못하겠다 하고 이웃집에 숨어 버렸다고 한다. 그리고 이군은 미친 사람 모양으로 동네 어귀에서 총을 쏘아대며 매국노를 일일이 총살하겠노라고 소리를 치고 있다고 했다.

나는 노백린과 상의하여 그를 불러들였다. 그러자 나이 23~24세 정도 된 청년이 눈썹 가에 분기를 띠고 들어섰다. 우리가 인사를 하자, 자기는 이재명이고 몇 달 전 미주美洲에서 귀국하였다고 했다. 평양의 오인성이란 여자와 결혼해서 살고 있는데, 아내는 가세가 넉넉하여 교육은 받았지만 나랏일에 대한 자신의 의기와 충성을 이해해 주지 못한다고 했다. 그리고 그 때문에 부부간에 다툼이 생겨 학교에 손해를 끼칠까 우려된다고 거리낌없이 말하였다.

우리는 그에 대해 세세히 물었다. 그는 어려서 하와이에 건너가 공부했고, 조국이 왜놈에게 강점되었다는 소식을 듣고 귀국하여 이완용李完用을 비롯한 매국노 몇 놈을 죽이기 위해 준비 중이라고 했다. 그리고 단도 한 자루, 단총 한 정과 이완용 등의 사진 몇 장을 품속에서 내놓았다. 뉘 알았으랴, 그가 며칠 후 경성 명동에서 군밤장

수로 가장하고 이완용을 공격하여 조선 천지를 뒤흔들어 놓을 이재명 의사인 줄을. 우리는 그를 단지 시세의 격변 때문에 헛된 열정에 들뜬 청년이라 여겼다. 노백린이 그의 손을 잡고 칼과 총을 자신에게 맡기도록 간곡히 설득하였다. 이의사는 노백린을 한참 쳐다보다가 마지못해 총과 칼을 맡겼지만, 즐겁지 못한 기색이 역력하였다.

다음 날, 사리원역에서 기차를 타고 막 떠나려 하는데, 홀연히 이의사가 나타나 자기 물건을 돌려 달라고 하였다. 노백린이 웃으면서 "경성 와서 찾으시오" 말하는 사이에 기차가 떠났다.

그런지 한 달이 못 되어 이의사가 동지 몇 명과 함께 경성에 도착하였다. 그는 군밤장수로 가장하고 길거리에서 밤을 팔다가 명동성당 앞에서 이완용을 칼로 찔렀다(1909년 12월 22일). 이완용은 생명이 위험하고, 이의사와 그의 동지 여러 명이 체포되었다는 기사가 신문에 실렸다. 나는 깜짝 놀랐다. 만약 이의사가 단총을 사용하였다면 이완용의 목숨을 확실히 끊었을 것이다. 우리가 눈이 멀어 그의 행동을 간섭하고 무기를 빼앗는 바람에 성공하지 못한 것이다. 한탄과 후회가 그치지 않았다.

일제의 모진 감옥에서 백범白凡이 되다

1. 세번째 투옥, 고문에서 얻은 교훈

1910년 합병 당시 인심이 매우 흉흉하였다. 원로대신과 내외 관리 중 자살하는 자도 많았고 교육계의 배일사상도 극도에 달해 있었다. 그러나 일반 농민들 중에는 합병이 무엇인지 망국이 무엇인지 모르는 자도 많았다. 나는 망국의 치욕 속에서도 국민이 한마음으로 분발하기만 하면 곧 국권이 회복될 것 같은 생각이 들었다. 그렇게 하려면 후세들의 애국심을 앙양하는 길밖에 없으므로 양산학교를 확장하고 소·중학부의 학생을 늘려 모집하는 등, 교장으로서 임무를 다했다.

　　당시 국내외를 망라한 비밀정치결사, 즉 신민회新民會가 조직되어 있었다. 1910년 12월, 나는 경성에서 양기탁梁起鐸(1871~1938)이 주최한 신민회의 비밀회의에 참석했다. 비밀회의에서는 지금 왜가 경성에 총감부를 설치하고 전국을 다스리고 있으니 우리도 비밀리에 도독부都督府를 설치하고 전국을 다스릴 것, 만주 이민 계획을 실시할 것, 무관학교를 세우고 장교를 양성하여 광복전쟁을 일으킬 것, 이를 위해 이동녕에게 토지 구입과 가옥 건축 등의 임무를 맡겨 만주로 보낼 것, 나머지 참석 인원들은 지방 대표로 15일 안에 돈을 마련할 것 등을 의결하고, 즉각 각지로 출발하였다.

12월 21일 이른 아침, 나는 안악으로 돌아왔다. 안악에서 김홍량과 협의하여 토지와 재산을 팔기 시작했고, 신천 등 이웃 군 동지에게도 은밀히 알려 회의에서 결정된 계획을 진행하였다. 그러던 어느 날 밤, 안명근安明根이 갑자기 양산학교로 찾아왔다. 그는 해서 지역 부호들이 독립자금을 주겠다고 해 놓고는 빨리 돈을 내지 않는다며, 안악읍의 부호 몇몇을 총으로 위협하여 다른 지방에까지 영향을 미치게 할 작정이니 도와 달라고 했다. 황해도 일대 부호들에게서 돈을 거두어 동지를 모아 전신 전화를 끊고 왜구를 죽이라고 명령하면, 왜병 대대가 도착하기 전 5일간은 자유천지가 될 터이니, 설령 그 이상 더 나아갈 능력이 없다 해도 당장의 분을 풀 수는 있지 않겠느냐는 것이다. 나는 명근을 붙잡고 말렸다.

"안중근 의사가 여순감옥에서 사형당하였으니, 같은 혈족으로서 피가 끓어 그 같은 계획을 생각해 낸 것은 이해하오. 그러나 과연 동지는 몇 사람이나 얻었소?"

"나와 절실한 동지만도 몇십 명은 되지만, 형이 동의하신다면 사람은 쉽게 얻을 줄 압니다."

나는 간곡하게 말렸다. 앞으로 큰 전쟁을 하려면 인재 양성 없이 성공을 기약할 수 없는데, 그와 같이 일시적인 격발로는 5일은커녕

3일도 기약하기 어려우니, 분기를 참고 청년들을 북쪽으로 데려가 군사 교육을 실시하는 것이 더 급한 일이라고 달랬다. 명근 역시 나의 뜻에 수긍하였으나, 자기 요량과 다름을 발견하고는 만족하지 못한 채 작별하였다. 그런 지 불과 며칠 후, 사리원에서 안명근이 체포되어 경성으로 압송되고, 신천·재령 등에서도 연루자들이 체포되었다는 소식이 신문에 발표되었다.

신해년辛亥年(1911, 36세) 정월 초닷새(양력 2월 3일), 양산학교 사무실에서 내가 아직 일어나지도 않았을 때 일본 헌병이 와서 헌병소장과 면담할 일이 있다며 함께 가자고 했다. 가 보니 김홍량·도인권·이상진·양성진·박도병·한필호·장명선 등 교직원들을 벌써 차례로 불러 모은 뒤였다. 경무총감부의 명령으로 임시 구류에 처한다며 2~3일 후 전부 재령에 옮겨 가두었다.

왜놈이 한국을 강제로 점령한 후 첫번째로 한 일이 애국자들을 체포한 일이었다. 황해도에서는 먼저 안명근을 잡아 가두고, 도내의 전 지식계급과 부호를 계속해서 압송하였다. 경성의 감옥이나 구치소, 각 경찰서 구류소에는 다 가둘 수 없었으므로, 창고와 사무실까지 임시로 벌집 같은 감방을 만들었다. 나도 그곳에 갇혔다.

나는 나라가 망하기 전 구국사업에 성심성력을 다하지 못한 죄를 받게 된 것이라 생각했다. 그리고 이와 같은 어려운 때를 당하여 응당 지켜야 할 신조가 무엇인지 깊이 생각하였다. "드센 바람에 억센 풀을 알고, 나라가 어지러울 때 참된 신하를 안다"고 한 옛 가르침과, 죽어도 꺾이지 않았다는 사육신과 삼학사에 대해 가르쳐 주신 고능선 선생의 말씀을 다시금 생각하였다.

어느 날 신문실로 끌려갔다. 나이와 주소와 이름을 묻더니, 어째

105인 사건으로 일제에 의해 끌려가는 애국지사들 1911년 일본 경찰은 민족운동을 탄압하기 위하여 안악 사건을 구실로 신민회원 등 600여 명의 민족운동가들을 검거하여, 그중 105명을 기소하였다.

서 잡혀 왔는지 아느냐고 물었다. 잡아 오니 끌려왔을 뿐 이유는 모른다고 답하자, 다시 묻지 않고 손발을 묶어 천장에 달아맸다. 처음에는 고통을 느꼈으나, 나중에는 신문실 한 모퉁이에 가로누워 얼굴과 온몸에 찬물 끼얹은 느낌만 있을 뿐 아무 일도 기억나지 않았다.

정신을 차리자 비로소 안명근과의 관계를 물었다. 나는 안명근과는 서로 아는 친구일 뿐이고 같이 일한 사실은 없다고 했다. 그놈은 노발대발하며 다시 나를 천장에 매달았다. 세 놈이 돌아가면서 매질과 몽둥이질을 해댔다. 나는 또 정신을 잃었다.

세 놈이 나를 들어다가 유치장에 눕혔을 때는 이미 동창이 밝아 있었다. 신문실에 끌려간 것은 전날 해가 진 후였다. 처음에 신문을 시작한 놈이 불을 밝히며 밤을 새운 것과 그놈들이 온 힘을 다해 자기 일에 충성하던 것을 생각하니 자괴감이 들어 견딜 수 없었다. 나

수많은 애국지사들이 수난을 당한 일제 경무총감부 청사 105인 사건 당시 경무총감 아카시(明石元二郎)의 지시로 일본 경찰은 바로 이 경무총감부에서 악독한 고문을 자행하였다.

는 평소에 무슨 일이든 성심껏 한다는 자부심이 있었다. 그러나 나라를 구하겠다는 내가, 남의 나라를 삼키려는 저 왜구들처럼 밤새워 일한 적이 과연 몇 번이나 있었던가? 온몸이 바늘방석에 누운 듯 고통스런 와중에도, 혹시 내게 망국노亡國奴의 근성이 있지 않은가 하는 부끄러운 눈물이 눈시울에 가득 찼다.

경무총감부가 있는 진고개 산기슭 여기저기에서는, 도살장에서 소나 돼지를 때려잡는 것 같은 고문 소리가 밤낮 끊이지 않고 들렸다. 하루는 나를 최고 신문실로 끌고 갔다. 그런데 누가 알았으랴. 17년 전 인천경무청 방청석에 앉았다가 내 호령소리를 듣고 욕하면서 나가 버렸던 와타나베 놈이, 검은 수염을 늘어뜨리고 노쇠한 얼굴로 총감부 기밀과장의 제복을 입고 내 앞에 턱 마주 앉아 있을 줄이야. 와타나베 놈이 입을 열었다.

"내 가슴에는 X광선이 있어서 너의 평생 행적과 비밀을 모두 비출 수 있다. 터럭만큼이라도 숨기면 이 자리에서 때려죽일 터이다."

나는 연전에 해주검사국에서 『김구』라는 제목이 쓰인 책자를 앞에 두고 신문당한 일이 생각났다. 그 책에는 치하포 사건과 인천에서의 사형 정지, 탈옥 사실이 기재되어 있었을 것이다. 그러나 와타나베의 X선이 과연 정확한지 시험해 볼 양으로 이렇게 대답했다.

"나는 일생 구석진 곳에 숨어서 생활한 적이 없고, 나의 말 하나 행동 하나가 다 공개되어 비밀은 없소."

와타나베가 순서대로 묻기 시작했다.

"출생지는?"

"해주 텃골."

"교육은?"

"서당에서 한문을 배웠소."

"직업은?"

"농촌에서 나서 자랐으므로 나무하고 밭 갈다가, 25~26세에 장련으로 이주하면서 종교와 교육에 종사하기 시작하여, 지금은 안악 양산학교 교장으로 근무하고 있소."

와타나베 놈이 성을 버럭 내며 말했다.

"종교와 교육은 피상적인 운동이고, 이면의 불순한 음모가 하나 둘이 아니란 것을 알고 있다. 서간도에 무관학교를 설립하고 후일 독립전쟁을 준비하려 한 사실, 안명근과 공모하여 총독을 죽이려 한 사실, 부자들의 돈을 강탈하려 한 사실을 불을 보듯 환하게 알고 있는데 끝까지 숨기려느냐?"

그 순간 나는 두려움보다는 와타나베의 X선에 탈이 나지 않았나

하는 생각이 들었다. 속으로 웃음을 참으면서, 나는 안명근과 아무 관계가 없고, 서간도에 가난한 농가를 이주시켜 생활 근거를 마련해 주려 한 것뿐이라고 대답했다. 그리고 요즘 지방경찰의 시각이 너무 협소하여 걸핏하면 일본을 배척하느니 어쩌느니 하면서 교육사업을 방해하고 있으니, 지방경찰을 주의시켜 우리 같은 사람들이 교육이나 잘하도록 해 달라고 하였다. 그날 와타나베 놈은 고문도 하지 않고 그저 유치장으로 보내 주었다.

내가 국모의 원수를 갚기 위해 일본놈 쓰치다를 죽인 치하포 사건은 세상이 다 아는 사실이다. 각 경찰기관에서 주의인물로 붉은 줄을 긋고 내 온갖 행동을 조사했으니, 해주검사국에 비치된 『김구』라는 책자에도 반드시 그 사실이 기재돼 있으리라 생각했다. 게다가 총감부 경시 한 명이 안악까지 가서 출장조사를 하였으니, 그 사실이 발각되면 내 일생은 거기서 끝이라고 생각했다. 그러나 와나타베는 그 사실을 모르고 있었다.

그러고 보니 나라는 망하였지만 백성은 망하지 않은 것 같다. 나는 평소에 한인 정탐꾼을 몹시 미워해서 여지없이 공격하였는데, 내게 공격을 받은 정탐꾼들까지도 그 사건을 일러바치지 않았던 것이다. 다른 사람은 몰라도 내 제자로서 형사가 된 김홍식金弘植과 학교 직원인 원인상元仁常 등은 나의 행적을 누구보다 잘 아는데, 그들도 이것을 알리지 않았다는 것은 조금이나마 애국심이 남아 있다는 것이 아니겠는가. 그들조차 이같이 나를 동정해 주니, 나는 최후의 한 숨까지 동지를 위해 싸우고 원수의 요구에 응하지 않으리라 결심하였다.

일곱 번의 신문 과정에서 와타나베 놈만 혹형을 가하지 않았고,

그 전 여섯 번은 매번 정신을 잃은 후에야 유치장에 끌려 돌아왔다. 그러나 돌아올 때마다 나는 각 방 동지들의 사기를 북돋아 주기 위해 "내 생명은 빼앗을 수 있을지 몰라도 정신은 빼앗지 못하리라!" 하고 소리쳤다. 그러면 왜놈들이 "나쁜 말 했지, 맞아 볼래!" 하고 위협하였다. 그러나 동지들은 더욱 굳은 마음을 가졌을 것이다.

여덟번째 신문에서는 각 과장과 주임 경시 7~8명이 나란히 앉아 위협하며 말했다.

"네 동료가 대부분 자백하였는데도 너 한 놈만 자백하지 않으니 심히 어리석고 완고하다. 토지를 사들인 지주가 논밭의 뭉어리(쓸모없는 덩어리)돌을 골라내는 것은 당연한 일 아니냐? 네가 아무리 혀를 묶어 말하지 않으려 해도 여러 놈의 입에서 이미 네 죄가 드러났다. 지금 당장 말하지 않으면 이 자리에서 때려죽이리라."

"나를 논밭의 뭉어리돌로 알고 파내려는 그대들의 노고보다 파헤쳐지는 나의 고통이 더욱 심하다. 차라리 내가 자결하는 것을 보라!"

나는 기둥에 머리를 들이받고 쓰러졌다. 여러 놈이 인공호흡을 하고 얼굴에 찬물을 끼얹고서야 정신이 돌아왔다. 그러자 한 놈이 능청스럽게 말했다.

"김구는 신망받는 인물인데, 이같이 대우하는 것이 옳지 않습니다. 저에게 맡겨 신문하게 하옵소서."

그는 즉시 승낙을 얻어 경무총감 아카시明石元二郎의 방으로 나를 데리고 가서 특별대우를 했다. 담배도 주고 말도 높여 주며, 자기가 황해도에 출장 가서 내 온갖 행동을 일일이 조사해 보았는데, 학교에서 월급을 받든 못 받든 한결같이 교육사업에 열성이더라는 둥, 정직한 사람이 총감부에서 고문을 많이 당하였으니 매우 유감이라는 둥, 순하게 신문해야 할 사람이 따로 있고 고문해야 할 사람이 따로 있는데 실례가 많았다는 둥 능청스럽게 말을 이어 갔다.

왜놈이 신문하는 방법에는 대략 세 가지가 있다.

첫째, 가혹한 고문이다. 채찍과 몽둥이로 온몸을 두들겨 패고 두 손을 등 뒤에 포개고 오랏줄로 결박하여 천장의 쇠고리에 연결한 뒤, 둥근 발판 위에 세웠다가 발판을 빼 버리면 몸이 공중에 매달리면서 질식하게 된다. 그런 다음 결박을 풀고 찬물을 끼얹어 숨이 돌아오게 한다. 또 화로에 쇠막대기를 벌겋게 달구었다가 온몸을 지지기도 하고, 손가락 크기의 마름모꼴 나무 막대기를 손가락 사이에 끼우고 나무 양끝을 노끈으로 동여매기도 한다. 사람을 거꾸로 매단 후 콧구멍에 냉수를 부어 넣기도 한다.

둘째, 굶기는 것이다. 일반 죄수의 반으로 음식을 줄여 목숨만 이어 가게 하고 사식私食도 허락하지 않는다. 신문 주임 놈은 거짓말로라도 왜놈에게 아부하는 죄수에게만 사식을 허락하고 반항하는 이에게는 절대로 허락하지 않았다. 자연히 유치장에서 사식을 받아 먹는 자는 강경치 못하게 된다.

마지막 한 가지가 온화하게 우대하는 방법이다. 아카시 방에서 좋은 음식을 대접하고 점잖게 공경하여 대우하면, 가혹한 고문을 참아 낸 자도 더러 그 자리에서 실토하곤 했다.

나도 신체적인 고문은 한두 번 참아 보았고, 제놈들이 발악할 때면 저절로 감정이 생겨 저항하며 인내했지만, 굶기는 고문과 우대하는 고문은 정말 참기 어려웠다. 밥이래야 껍질 절반 모래 절반에 소금이나 쓴 장아찌 꽁댕이를 반찬으로 주는데, 처음에는 구미에 안 맞아서 그냥 내보내기도 하였으나, 나중에는 그런 밥이라도 달게 먹었다. 그때까지 근 석 달 동안 아내는 매일 아침저녁마다 유치장 앞에 와서 소리 높여, "김구의 밥을 가지고 왔으니 들여 주시오" 했다. 그러면 왜놈은 매번 "김구가 나쁜 말 했소데. 사식이레 일이 없소다" 하고 돌려보냈다.

몸은 더욱 말이 아니었다. 그놈들이 나를 달아매고 때릴 때는, 조선시대 박태보가 보습단근질을 당하면서 "이 쇠가 식었으니 다시 달구어 오라"고 했다는 일화를 기억했다. 겨울철이라 겉옷만 벗기고 속옷은 입힌 채로 때리는데, 나는 "속옷을 입어 아프지 않으니 다 벗고 맞겠다"고 자청하여 알몸으로 매를 맞아 살가죽에 온전한 데라곤 없었다. 바로 그럴 때 다른 사람들이 사식을 먹으면 고깃국과 김치 냄새가 코에 들어와 미칠 듯이 먹고 싶어진다. 매일 아침저녁 음식 냄새를 맡을 때면, 나도 남에게 해가 될 말이라도 해서 밥을 받아먹을까, 또 아내가 젊으니 몸이라도 팔아서 좋은 음식을 해다 주면 좋겠다는 더러운 생각도 들었다.

그럴 때면 나는 중국 한나라 때 소무蘇武가 흉노에게 잡혀 19년 동안이나 감옥에서 굶주리면서도 옷 솜털을 씹어 먹으면서까지 끝내 절의를 지켰다는 이야기를 생각했다. 또한 허기진 알몸으로 고문받으면서 "몸은 욕보일 수 있을지언정 정신은 뺏을 수 없다"고 소리쳤던 전날의 기개를 생각하기도 했다. 그러나 이러다가 내게서 인간의 성정은 사라지고 짐승 같은 본능만 남는 것은 아닐까 걱정되기도 하였다. 바로 이때 그놈이 나를 아카시의 방에 데리고 가서 극진히 우대하며 신문한 것이다.

그놈은 구니토모國友 경시警視였다. 그놈이 말한 요령인즉, 내가 식민 백성이라고 인정만 하면 즉각 총독에게 보고하여 고통을 면하게 해 줄 것이요, 또 일본이 당신같이 덕망 있는 조선인을 정치에 참여시키려 하니 정세의 추이에 따라 순응함이 어떻겠느냐는 것이었다. 그러면서 안명근 사건과 서간도 사건을 실토하라 유혹했다.

나는 그에게 나의 덕망을 인정한다면 내가 진술한 것도 인정하라고 했다. 그놈은 점잖고 예의 바른 모습이었지만 내 말에 편치 않은 기색을 보였다. 그러나 구니토모는 결국 "이제 당신도 검사국으로 넘어갈 터이니, 거기서라도 사실을 말하면 동정을 받을 수 있을 것"이라고 말하고, 전화로 국수 장국밥에 고기를 많이 가져오라고 하여 내 앞에 놓고 먹기를 청하였다. 나는 말했다.

"당신이 나의 무죄를 인정한다면 먹지만, 유죄라 하면 먹지 않을 것이오."

"당신은 내게 협조하지 않았지만 내가 동정을 느껴 변변치 못하나마 대접하는 것이니, 식기 전에 드시오."

나는 계속해서 사양하였다. 그러자 구니토모는 웃으면서 한자로 "그대는 음식에 독을 넣었을까 의심하는가?"라고 써 보이고, 이제부터 사식도 허락하고 신문도 끝내겠다고 하였다. 그것을 먹고 돌아오자 저녁부터 사식이 들어왔다.

2. 기약 없는 15년형, 교육 건국의 꿈은 무너지고

다음 날 나는 종로구치감으로 넘어갔다. 독방이었지만 경무총감부보다 편하고 식사량도 훨씬 많았다. 안악 사건 당시 나는 경성 양기탁의 집에서 회의를 하고 있었지만, 왜놈들은 나를 억지로 안명근의 안악 사건에 얽어 붙이려 했다. 왜놈들은 안명근의 안악회의 날짜만 이십몇 일이라 기입하고, 신민회의 경성회의 날짜는 모월 중순으로 어름어름 기입하였다. 그리고 내가 안악회의에 참석하는 것을 보았다는 증인으로 양산학교 교지기의 아들인 14살짜리 이원형李元亨을 잡아 올렸다. 내가 신문당할 때 벽 너머 다른 신문실에서 이원형의 말소리가 들렸다. 왜놈이 원형에게 물었다.

"안명근이 양산학교에 왔을 때, 김구도 그 자리에 있었지?"

"안명근은 누구인지 모르고, 김구 선생님은 그날 어디 가고 없었습니다."

왜놈들은 죽일 것처럼 협박하고 조선인 순사는 원형을 달랬다.

"이 미련한 놈아. 안명근과 김구가 같이 있는 것을 보았다고 하면, 지금이라도 아버지 따라 집에 가도록 해 줄 터이니 시키는 대로 말해라."

"그러면 그렇게 할 게요. 때리지 마세요."

검사가 나를 신문하다가 초인종을 울려 원형을 문 안으로 들이세우고 양산학교에서 안명근이 나와 같이 앉은 것을 보았느냐고 물었다.

"예."

말이 끝나자마자 원형을 문밖으로 끌고 나갔다. 검사가 나에게 말했다.

"네가 이런 증거가 있는데도…."

"500여 리 멀리 떨어진 곳에서, 같은 날 같은 시각에, 두 곳 회의를 다 참석한 김구를 만들려고 매우 수고스러웠겠소."

말을 마치니, 이것으로 예심 종결이었다.

하루는 안악 군수 이 아무개가 종로구치감으로 나를 찾아왔다. 양산학교 교사校舍는 원래 관청 건물이니 돌려주고, 교구와 집기는 공립보통학교에 넘겨준다는 요구서에 도장을 찍으라고 했다. 나는 교사는 공공건물이니 돌려주더라도, 비품과 기구는 안신학교에 기부하겠다고 하였지만, 결국 전부 공립보통학교 소유로 빼앗겨 버리고 말았다. 이리하여 교육사업도 단꿈이 되고, 우리 학생들은 목자 잃은 양 떼같이 원수의 채찍 아래 신음하게 되었으니 원통할 뿐이다.

어머님이 상경하여 날마다 사식을 들여보내시고 편지로 소식도 종종 알려 주셨다. 손수 담으신 밥그릇을 열고 밥을 먹으며 생각하니, 어머님의 눈물이 점점이 섞여 있는 것 같았다. 16년 전 해주와 인천에서 옥바라지하실 때는 내외분 서로 위로하고 의논하며 지내셨으나, 지금은 과부의 몸이라 어느 누구 살뜰하게 위로해 줄 사람도 없다. 준영 삼촌과 재종형제가 있으나 시골서 농사짓는 사람들이라 말할 여지도 없고, 약한 아내와 어린아이가 무슨 위안이 되겠는가?

아내는 안악의 가산과 집물을 전부 팔아서 서울로 오다가, 두 살배기 둘째딸 화경花慶이와 함께 장모가 계신 평산 언니 집에 들렀다가, 공판 날짜를 알려 주면 그때 상경한다고 하였다. 아내가 어린아이를 데리고, 자기 모친이 얹혀 사는 처형 집에 갔다는 소식에 말할 수 없는 슬픔이 생겼다. 아내는 자기 언니가 일제 헌병의 첩이라는 말을 들은 후로는 영구히 만나지 않기로 결심하였건만, 내가 이 지경이 되니 하는 수 없이 찾아갔을 것이다.

이제껏 내가 힘써 온 것들이 물거품이 되는 느낌이었다. 학생을 가르칠 때, 학생들이 나를 숭배함보다 내가 학생들에게 천배 만배의

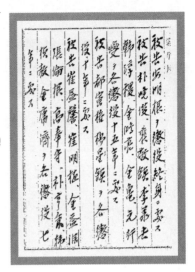

경성지법의 안악 사건 판결문

안악 사건으로 안명근은 종신형, 김구(金龜)는 15년형
을 받았다. 1911년 7월 22일자 문서.

숭배와 희망을 두고 있었다. 나는 일찍이 교육을 충분히 받지 못하
여 나라 잃은 망국민이 되었으나 학생들은 후일 건국 영웅이 될 것
을 바라던 마음도, 이제 헛된 것으로 돌아갔다.

그럭저럭 공판 날짜가 정해졌다. 어머님은 나가이永井란 왜놈 변
호사를 고용하셨다. 예비 신문 때 나가이 놈이 내게 물었다.

"총감부 유치장에 있을 때 나무판자 벽을 두드리며 양기탁과 무
슨 말을 하였는가?"

나는 나가이를 노려보며 대답했다.

"이것은 신문관을 대리한 것인가? 그 사실은 신문 기록에 상세
히 기재하였으니 더 물을 것이 없다."

그러자 나가이가 검사에게 눈을 꿈적이며 실패했다는 표시를 하
는 것 같았다.

선고일(1911년 7월 22일)이 되어, 죄수 수송용 마차에 실려 경성지방 재판소에 당도했다. 어머님이 화경이를 업고 아내와 같이 기다리는 것을 보면서 2호 법정으로 끌려갔다. 맨 앞자리에 안명근, 다음으로 김홍량, 그 다음에 내가 앉고, 이어서 동지 40명이 자리하였다. 방청석을 둘러보니 각 학교 남녀 학생들과 친척, 친구들이 모였고, 변호사들과 신문기자들도 두루 앉아 있었다. 대강 신문을 마친 후 판결이 내려졌다. 안명근은 종신 징역, 나는 김홍량 등과 함께 15년형을 받았다.

3. 마음가짐의 대변동, 계몽운동을 넘어서

판결 며칠 후에 서대문감옥으로 이감되었다. 동지들이 전부 함께 복역하게 되니 날마다 얼굴 대하는 것만으로도 충분히 위로가 되었다. 5년 이하는 세상에 나갈 소망이 있겠지만 7년 이상은 옥중에서 죽기 십상이다. 나는 비록 몸은 갇혔지만 정신으로는 왜놈을 짐승처럼 여기고, 죽는 날까지 쾌활한 마음으로 지내기로 했다. 동지들도 대부분 같은 마음이었다.

그런데 나의 심리 상태가 체포된 이전과 이후에 큰 변동이 생겼음을 깨달았다. 체포되기 이전에는 수년 동안 성경을 들고 교회당에서 설교하거나 교편을 들고 교실에서 학생을 교훈하면서 일마다 양심을 본위로 삼아서, 삿된 마음이 생길 때마다 먼저 자기를 자책하는 것이 거의 습관이 되었다. 그런 까닭으로 학생들과 친우들 간에 충실하다는 신망을 받았고, 매사에 자기로부터 실천하여 남에 미치는 것이 습관이 되었었다. 그런데 어찌하여 불과 반년 만에 심리에 큰 변동이 생겨났는가를 연구해 보았다.

그러고 보면, 나의 변화는 경무총감부에서 신문받을 때 와타나베 놈이, 다시 마주 앉은 오늘의 김구가 16년 전 김창수인 것도 모르고, 자기 가슴에는 X광선을 붙이고 있어 나의 일체 행동을 투시하고 있으니 터럭만큼이라도 숨기면 당장 쳐죽이겠다고 협박하던 때부터 시작되었던 것이다. 태산처럼 크게 보이던 왜놈이 그때부터 겨자씨와 같이 작아 보였다. 무릇 일곱 차례나 매달려 질식된 후 냉수를 끼얹어 살아나곤 하였지만, 마음은 점점 강고해져 왜놈에게 국권을 빼앗긴 것은 일시적 국운 쇠퇴요, 일본은 조선을 영구 통치할 자격이 없다는 것이 불 보듯 확연한 사실로 생각되었다.

소위 고등관이라고 모자에 금줄을 둘셋씩 붙인 놈이, 일본 천황의 신성불가침인 권위를 과장하여 "천황이 재가한 법령에 대하여 행정관리가 털끝만큼이라도 범위에 벗어나는 행사를 못한다", "조선 인민도 천황의 어린 백성이니 일본인과 같이 대접받는다"고 말했다. 즉, 일본의 관리들은 공이 있는 사람에게 상을 주고 죄가 있는 사람에게 벌을 주며 법령대로 공평히 시행한다는 것이다. 그러니 상벌 주는 일이 공평치 않던 구한국(대한제국)과는 하늘과 땅의 차이가 있다고 혀가 닳도록 과장하여 말했다. 그런 그놈의 입에다 대고 며칠 후에 내가 되물었다.

"그대의 말이 김구는 지방의 유공자 가운데 하나라고 하지 않았느냐? 나는 안악에서 급료가 많든 적든 오직 성심으로 학교를 위해 애쓰는 선생으로 신망을 받았다. 뿐만 아니라 오늘까지 아무런 범죄 사실도 없다. 상을 받을지언정 죄를 받을 만한 일이 없으니 풀어 주면 곧 학교로 돌아가 개학하겠다."

"논과 밭을 사들인 땅주인이 뭉어리돌을 골라내는 것은 당연한 일 아니냐? 너는 비록 범죄 사실을 자백하지 않았지만, 네 동류가 다 너를 우두머리라고 했으니 죄를 면하기 어렵다."

나는 되물었다.

"관리로서 법률을 무시하는 것 아니냐?"

그러자 내가 관리를 놀린다고 하며 미친개 모양으로 화가 나서 죽도록 매질을 하였다. 그러나 나는 왜놈이 나를 뭉어리돌로 인정하는 것이 오히려 기뻤다. 죽는 날까지 왜놈의 법률을 하나라도 파괴할 수 있다면 그리하고, 왜놈 희롱하는 것을 유일한 낙으로 삼고, 보통사람으로서는 맛보기 어려운 삶의 진수를 맛보리라 결심하였다.

서대문으로 이감되자 교도소장이 이렇게 훈시하였다.

"오늘 입고 있던 옷을 벗어 사물함에 봉한 것처럼 네 자유까지 맡겨 두라. 이제 죄수복으로 갈아입고 감옥에 들어왔으니 무슨 일이든 간수에게 복종하여야 한다."

간수가 다음 날부터 복역시킨다며 수갑을 풀지 않고 너무 꽉 채우는 바람에 하룻밤 새 손목이 퉁퉁 부어서 끔찍하게 되었다. 다음 날 아침 간수들이 보고 놀라 이유를 물었다.

"간수가 알지 죄수가 어찌 아느냐?"

"손목이 이 지경이 되었으면 수갑을 늦추어 달라고 해야 할 것 아니냐?"

"어제 간수가 모든 것을 알아서 할 터이니 나더러는 복역만 하라고 훈계하지 않았느냐?"

즉시 의사가 와서 치료하였으나 수갑이 손목뼈까지 파고 들어가

일제의 탄압과 민족의 수난을 대표하는 서대문형무소 당시 명칭은 경성감옥이었으며, 현재는 옥사와 사형장, 망루 등을 복원하여 서대문형무소역사관이 되어 있다.

큰 구멍이 생겨, 근 20년이 지난 오늘까지도 손목에 헌 자국이 남아 있다. 그 일 이후 간수장은 불편한 일이 있으면 교도소장까지 면회하고 사정을 말할 수 있으니 유의하라고 했다. 감옥에서는 죄수들끼리 말을 못 하게 되어 있지만, 실은 40명 가까운 동지들이 의견을 충분히 교환하고 지냈다.

그때 서대문감옥에는 '경성감옥'이라는 문패가 붙어 있었다. 갇힌 사람이 모두 2,000명 미만이었는데, 대부분 의병이고 나머지는 잡범들이었다. 나는 대개 의병이란 말을 듣고 나라를 위해 몸 바쳐 싸운 의기로운 남아男兒들이니 배울 점이 많을 거라고 생각했다. 차례차례 인사하며 물어보니, 대부분 '강원도 의병 참모장'이니 '경기도 의병 중대장'이니 하면서 졸병이라는 사람이 없었다. 처음에는 존경하는 마음으로 이들과 사귀기 시작했지만, 얼마 안 가서 마음 씀씀이나 행동거지가 강도밖에 안 되는 자들임을 알게 되었다. 참모장이라는 사람이 군대의 규율이나 전략을 전혀 알지 못할 뿐 아니라, 의병 일으킨 목적이 무엇인지도 모르고 여러 마을을 휘젓고 다니면서 행한 나쁜 짓을 자랑처럼 떠벌여댔다.

내가 처음 13호방에 들어가니, 저녁식사 후 공장에 사역 나갔던 사람들이 몰려 들어왔다. 그중 한 명이 내게 물었다.

"여보 신참, 어디 살던 누구며 죄명은 무엇이고 몇 년 형이나 받았소?"

나는 일일이 대답했다. 여기저기서 질문과 반박이 연이어 터져 나왔다. 똥통에다 절을 하라, 선배에게 절하라, 내가 무섭게 생겼으니 강도질하던 이야기나 들려 달라, 함부로 떠드는 판에 무슨 말로 대답해야 할지 몰라 그냥 조용히 앉아 있었다. 그러자 "어디서 굴러 먹던 도적놈이야? 묻는 말에 대답이 없으니…. 신문할 때에도 그리 했으면 형을 받지 않지" 비웃고 욕하는 소리가 끝이 없었다.

나는 그곳이 하류 잡범들의 방일 거라 여기고 잠잠히 앉아 있었다. 조금 지나자 조선 간수 한 사람이 와서 몹시 동정하는 빛을 보이며 내게 물었다.

"56호는 구치감에서 나왔소?"

"그렇습니다."

"공판할 때 나도 지켜봤지만 정말 안됐소. 운수가 다한 탓이니 어쩌겠소. 마음이나 편하게 가질 수밖에 없지요."

그가 돌아가고 나자, 다음에는 일본 간수들이 몰려와서 내 명패와 얼굴을 보고서 수군거렸다. 방 안에서 한참 야단하던 죄수들이 다시금 수군댔다.

"이야! 박간수 나리가 저 신참을 존경하다니, 관리가 죄수에게 공대하는 모양은 처음 보겠다."

"박간수 나리의 친척 어른인 게지."

그때 한 사람이 조용히 물었다.

"신참은 박간수 나리와 어떻게 되시오?"

"박간수인지 이간수인지, 나는 모르오."

"그러면 전에 무슨 높은 벼슬을 지냈소?"

"나는 벼슬하지 않았소."

그러자 그중 한 사람이 또 물었다.

"당신, 양기탁을 아시오?"

"짐작하지요."

"옳지, 저 신참도 국사범國事犯인가 보다. 3일 전『대한매일신보』
사장 양기탁이 들어왔고, 공범으로 유명한 신사 여러 명이 형을 받
았다고 아무개 간수 나리가 말씀하시더군. 저 신참도 스스로 신사랍
시고 우리 묻는 말에 대답도 안 하는 모양이다. 아니꼬운 놈, 나도 의
병장 허위許蔿(1855~1908)의 당당한 참모장이다. 여기서 교만을 부려
봐야 소용없다."

나는 그자들이 허위의 부하라는 말을 듣고, '저런 자가 참모장이
었으니 허위 선생이 실패하는 것은 불을 보듯 뻔한 일이 아니겠는
가' 하는 생각에 심히 통탄하였다.

그런데 감옥 안에 전해 오는 이야기에 따르면, 의병장 이강년李
康秊(1858~1908) 선생과 허위 선생은 신문과 재판을 받지 않고 사형당
하실 때까지 왜적을 꾸짖다가 순국하셨다고 한다. 허위 선생이 사형
당하신 뒤로는 서대문감옥에서 사용하던 자래정自來井 우물물이 핏빛
으로 벌겋게 흐려져 못 쓰게 되었다고 한다. 그분들의 서릿발 같은

절의를 생각하니, 내 모습이 부끄럽기 짝이 없었다. 왜놈에게 소나 말이나 야만인처럼 취급받는 내가 과연 의병의 자격을 논할 수 있을까? 의병의 영수인 허선생과 이선생의 혼령은 오히려 나를 다음과 같이 꾸짖는 듯싶었다.

'의병은 낫 놓고 기역자도 모르는 무식한 것들이니 국가에 대한 의무도 너처럼 이해하지 못한다. 그러나 일찍이 고능선 선생에게 의리가 무엇인지 배웠고, 또 삼척동자라도 개나 양에게 절하라고 시키면 응하지 않는다고 2세들에게 가르치던 네가, 왜놈 간수에게 머리 숙여 절하느냐? 지금 왜놈이 주는 콩밥과 붉은 옷 때문에 네가 왜놈에게 순종하는 것이더냐? 명색이야 의병이든 도적이든, 왜놈에게 종신형이나 10년형을 받고 갇혀 있다면 그것만으로도 족히 의병으로서 가치를 인정할 수 있지 않느냐? 남자는 의義로 죽을지언정 구차하게 살지 않는다고 어린 학생을 가르치던 네가 지금은 살아 있는 것이냐, 죽은 것이냐? 네가 감옥 안에서 왜놈에게 순종하는 개 같은 생활을 견디고서, 15년 후 감옥을 나가면 공을 세워 순종한 죄를 갚을 자신이 있느냐?'

4. 도적에게 결사의 비법을 배우다

감옥에는 보통사회에서 듣도 보도 못할 괴상한 일이 많다. 보통사회에서는 아무리 가까운 친구 사이라도 자기가 뉘 집에 가서 강도나 살인이나 절도를 하였노라고 이야기하는 사람은 없다. 그러나 감옥에서는 난생 처음 만난 사람끼리도 서슴지 않고 "내가 아무개를 죽였다", "아무개 집에 가서 불한당질 한 것도 나다"고 기탄없이 이야기한다.

가마니 짜는 공장에서 일할 때, 나와 최명식 군은 200여 명의 죄수들을 모두 살펴보기로 했다. 한 번은 올라가면서 살펴보고 한 번은 내려오면서 살펴본 뒤, 그중 몇 번째 자리에 앉은 자가 특이한지 번호를 맞춰 보고, 번호가 일치하면 그자에 대해 조사하기로 했다. 한 차례씩 둘러보고 돌아와서 각기 적은 번호를 맞추어 보니 서로 의견이 일치하였다. 그자는 나이가 마흔이 넘어 보이는 자였는데(당시 백범의 나이는 36세), 눈에 정기가 들어차 있었다. 내가 먼저 그자를 찾아가 인사를 청하며 물었다.

"어디가 본향이며, 징역은 얼마나 되시오?"

"나는 괴산에서 살았고 강도 5년이오. 재작년에 들어왔으니 이제 3년 있으면 출감인데, 당신은?"

"나는 안악에서 살았고 강도 15년으로 작년에 들어왔소."

"하! 짐이 좀 무겁겠소. 초범이시지요?"

"예, 그렇소."

그때 왜놈 간수가 "그만!" 하는 바람에 그냥 돌아왔다. 죄수 한 사람이 내가 그 사람과 이야기하는 것을 보고 물었다.

"56호는 이전에 그 사람을 아셨소?"

"몰랐소. 당신은 누구인지 아시오?"

"알고말고요. 남도南道의 도적치고 그 사람을 모르는 이는 없을 듯하오."

"대체 어떤 사람이오?"

"그 사람은 삼남의 불한당不汗黨 괴수인 김진사입니다. 이 감옥에 같은 무리 여러 명이 있다가 더러는 병이 나서 죽고, 사형도 받고, 풀려난 자도 많지요."

그날 저녁, 바로 그 김진사가 벌거벗고 우리 뒤를 따라 감방에 들어왔다.

"오늘부터 이 방에서 괴로움을 끼치게 됩니다."

"이 방으로 옮기게 되셨소?"

"예, 노형 계신 방이구려."

옷을 입고 점검을 마친 후, 그 사람과 이야기를 시작하였다.

"공장에서 잠시 인사만 하고 헤어져 퍽 유감이었는데, 노형이 방을 옮겨 함께 있게 되니 매우 기쁩니다."

"예, 나 역시 동감이올시다."

진사는 마치 예수교 목사가 교인에게 세례문답을 하듯 내게 묻기 시작했다.

"강도 15년이라고 하셨지요?"

"예, 그렇습니다."

"그러면 계통이 추설이오, 목단설이오, 북대요? 행락行樂은 얼마 동안이오?"

나는 한마디도 대답하지 못했다. 진사가 빙긋이 웃으면서 말했다.

"노형은 북대인가 싶소."

처음 들어 보는 말이라 반문도 못하고 앉아 있었다. 곁에 앉아 이야기를 듣던 한 사람이 김진사에게 말했다.

"이분은 국사범 강도랍니다. 그런 말씀에는 대답을 못할 것이오."

그 말을 듣고 김진사는 고개를 끄덕였다.

"공장에서 노형이 강도 15년이라 할 때 아래위로 살펴보았지만 강도 냄새를 맡지 못하였소. 그래서 북대인가 보다 했구려."

그 말을 들으니, 전에 양산학교 사무실에서 도적 떼에 대해 연구한 일이 생각났다. 그때는 활빈당活貧黨이니 불한당이니 하는 비밀결사秘密結社가 동에 번쩍 서에 번쩍 활동하고 있었다. 포교와 군대가 뿌리 뽑지 못하는 것을 보면 분명 그들 나름의 단결력과 훈련법이 있을 것이며, 수십 수백 명이 일사불란하게 움직이려면 반드시 지휘 기관과 주동 인물이 있어야 한다. 그만한 인물이라면 정부 관리보다 나은 인격과 지모를 갖추어야 할 것이다. 우리도 독립운동을 하자면 도적에 대해 알 필요가 있다고 생각하고 몇 달간 연구해 보았지만 끝내 아무런 단서도 얻지 못했다.

나는 김진사에게 바짝 들러붙어 묻기 시작했다.

"평소 귀 단체의 조직과 훈련 등을 연구해 보았으나 아무런 단서를 얻지 못하였습니다. 도적을 박멸하기 위해서가 아니고 후일 나랏일에 참고하기 위함이니 설명해 줄 수 있겠습니까?"

"우리 비밀결사의 시원과 유래가 여러 백년이 되어 이제는 공공연한 비밀이 되었소. 그러나 우리의 기강이 엄밀하여, 나라가 망하고 사회 기강이 여지없이 추락한 오늘날에도 '벌蜂의 법'과 '도적놈의 법'은 그대로 남아 있다고 자부합니다. 노형을 북대로 생각하고 여러 말로 물은 것은 미안합니다. 이제 노형이 물어본 기관에 대해 먼저 설명하고, 이어 조직·훈련·실행의 몇 가지 예를 말씀하오리다.

누가 도적질을 좋은 직업으로 알고 하겠소. 대개는 불평자의 반동적 심리에서 기인한 것이외다. 조선시대 이전은 상고할 수 없으나,

조선시대 이후 도적의 계파와 시원은 이렇습니다. 고려 말 이성계가 나라를 세웠을 때, 두문동杜門洞 72인과 같이 고려왕조에 충성하고 신왕조에 협조하지 않은 지사들이 비밀리에 연락하여 동지를 모았습니다. 약한 자를 구제하고 기운 것을 바로 세우며, 새 왕조의 질서를 파괴하려는 보복적 대의를 표방하고, 조선의 국록을 먹고 백성을 착취하는 양반과 부자들의 재물을 탈취하여 가난한 백성을 구제하였소. 그런데 나라에서는 그들을 도적이라 이름 붙이고 500여 년간이나 압박하고 죽이려 해 온 것이외다.

그중 강원도에 근거를 둔 기관을 '목단설'이라 하고, 삼남에 있는 기관은 '추설'이라 하여 왔습니다. 그러나 '북대'는 무식한 자들이 임시로 작당하여 민가를 털고 약탈합니다. 그러니 목단설과 추설끼리는 초면에도 오래된 동지처럼 서로 인정하고 돕지만, 북대에 대해서는 하나같이 적대시하여 만나기만 하면 무조건 사형死刑시킵니다.

목단설과 추설의 최고 수령은 '노사장'老師丈이고, 그 아래 총무를 보는 자와 각 지방 주관자를 '유사'有事라 합니다. 양설이 같이하는 공동대회를 '큰 장 부른다'고 하고, 각기 단독으로 부하를 모으는 것을 '장 부른다'고 합니다. 전에는 매년 한 차례씩 큰 장을 불렀으나, 지금은 재알이(왜놈)가 하도 심하게 구는 탓에 없애고 말았습니다. 큰 장을 부른 뒤에는 어느 고을을 털든지 큰 시장을 칩니다. 큰 장을 부르는 본래 뜻이 도적질에만 있는 것이 아니고 설의 공사公事를 처리하는 데 있기 때문에, 그때 시위 삼아 한 차례 하는 것이외다.

큰 장을 부를 때는 각 도 각 지방의 책임자에게 '부하 누구누구 몇 명을 파송하라'고 통지합니다. 흔히 큰 시장이나 사찰로 부르는데, 통지를 받으면 어김없이 돌림장수나 중·상주·양반행차·등짐장

수 등 형형색색 별별 모양으로 가장하여 출정합니다.

한 예를 들면, 그전에 하동 화개 장날에 큰 장을 부른 적이 있습니다. 사방에서 장 보러 오는 사람이 몰려들 때 도적들도 섞여 들어왔지요. 시장이 한창일 때 비단으로 맵시 있게 꾸민 상여가 들어왔습니다. 상주 삼형제에 상복 입은 사람과 호상護喪하는 사람들이 따르고, 상여꾼도 일제히 소복을 차려 입고 있었습니다. 그들이 시내에 들어가서 큰 주점 뜰에 상여를 세운 다음, 상주들은 죽장을 짚고 상여 앞에서 '아이구! 아이구!' 하며 곡을 하였지요. 그런데 상여꾼들에게 술을 먹일 때 호상객 한 명이 개고기국 한 그릇을 사 가지고 상주에게 권했습니다. 상주가 온순하게 '무슨 희롱을 못해서 상제에게 갯국을 권하는가? 그리 말라' 하여도, 호상인이 기어이 먹으라고 강권했습니다. 온유하던 상주들도 차차 화를 내기 시작했지요.

'아무리 무례한 놈이기로 초상하는 상제더러 갯국을 먹으라느냐?'

'친구가 권하는 갯국을 좀 먹으면 어떠냐?'

이렇게 하여 차차 싸움이 되었습니다. 다른 호상인들은 싸움을 말린다고 야단 치고, 장꾼들의 눈이 다 그리로 쏠려 웃고 있을 때, 상주 삼형제가 죽장을 들어 상여를 부수고 널의 뚜껑을 획 잡아 젖혔습니다. 본즉 시체는 없고 5연발 장총이 가득 들어 있었습니다. 상주·호상꾼·상여꾼이 총 한 자루씩을 들고 사방 길목을 막고는 시장에 놓인 돈과 집에 쌓아 둔 부자 상인들의 돈을 전부 빼앗아 가지고 쌍계사에서 공사公事를 마치고 헤어졌습니다.

노형이 황해도에 사셨다니, 연전에 도적 떼가 청단장靑丹場을 치고 곡산 군수를 죽였다는 소문을 들었을 것입니다. 그때 내가 총지휘하여 도당을 이끌었습니다. 양반 행차로 가장하여 네 사람이 끄는 사인교四人輪를 타고 하인들을 늘어세워 따르게 하고는, 호기롭게 시장 사무를 마치고, 곡산 군아를 습격하였습니다. 군수 놈이 하도 백성을 절단 내길래 죽여 버렸지요."

"노형이 지금 징역 사는 것이 그 때문이오?"

"아니오. 만약 그 때문이라면 5년만 살겠습니까? 이미 징역을 면하기 어렵게 되었기로 작은 사건을 실토하였더니 5년형을 받았소.

우리의 근본이 비밀결사인 만큼 조직 방법은 충분히 설명해 드리기 어려우나, 노형이 단서를 얻지 못했다는 점부터 말씀드리지요. 도당은 수효만 많고 정밀치 못한 것보다는 수효가 적어도 정밀한 것을 목적으로 합니다. 그래서 각 지방 책임유사에게 노사장이 매년 각 분分설에서 자격자 한 명씩을 찾아내서 보고하게 합니다. 그 자격은 첫째 눈빛이 굳세고 맑을 것, 둘째 아래(남녀관계)가 깨끗하고, 셋째 담력이 강할 것, 넷째 성품이 침착할 것 등입니다. 이상 몇 가지 자격 갖춘 자를 은밀히 보고하면, 설의 지도부에서는 올린 유사도 모르게 다시 비밀히 조사하여, 합격자를 그 설 책임유사에게 맡겨 도적놈으로 만듭니다. 물론 당사자는 전혀 모르게 합니다. 책임유사가 먼저 그 자격자가 좋아하는 것을 알아보고, 여색을 좋아하는 자에게는 예쁜 여자로, 술을 즐기는 자에게는 술로, 재물을 좋아하는 자에게는 재물로 극진하게 베풀어 환심을 사서 친형제 이상 가까워지게 한 후 훈련을 시작합니다.

방법 중 하나를 말하면, 책임자가 자격자와 같이 어디 가서 놀다가 밤 깊은 후 같이 돌아옵니다. 그리고는 어떤 집 문 앞에 가서 '그대가 잠시 문밖에서 기다리면 내가 이 집에 들어가 주인을 보고 곧 나오겠다'고 합니다. 그러면 자격자는 아무것도 모르고 문밖에서 기다리고 서 있을 것입니다. 그때 갑자기 안마당에서 '도적이야!' 하는 고함이 들리고, 집 주위로 포교가 달려들어 문전에 서 있던 자격자를 먼저 포박합니다. 그리고는 안마당에 침입하였던 책임자도 묶어 깊은 산골로 끌고 가서 신문을 시작합니다.

그곳에서 70여 가지나 되는 악형으로 고문을 합니다. 만일 자기가 도적이라고 말하면 그 자리에서 흔적도 없이 죽여 버리고, 끝끝내 도적이 아니라고 고집하면 포박을 푼 후 외진 곳에 데려가, 며칠간 술과 고기를 잘 먹이고 입당식을 거행합니다.

입당식 때는 책임유사가 정석正席에 앉고 자격자를 앞에 꿇어앉힌 후, 입을 벌리라 하여 칼을 빼서 입 안에 넣고 '위아래 이빨로 칼끝을 힘껏 물라'고 호령합니다. 그리고 칼을 잡았던 손을 놓고 나서 다시 '하늘을 쳐다보아라. 땅을 내려다보아라. 나를 보아라' 호령한 뒤, 입 안에서 칼을 빼 칼집에 넣고 '너는 하늘을 알고 땅을 알고 사람을 안즉 확실히 우리 동지로 인정한다'고 선고합니다.

입당식을 마친 후 예정 방침에 따라 신입당원까지 이끌고 정식으로 강도질을 한 차례 합니다. 그리고는 빼앗은 장물을 고르게 나눠 줍니다. 이렇게 몇 차례만 함께 하면 완전히 도적놈이 됩니다."

"동지가 사방에 흩어져 움직이니 모르는 사람도 많을 것이고 서로 만났을 때 충돌을 피하기 어려울 터, 무엇으로 서로를 표시하고 알아봅니까?"

"그렇지요. 자주자주 고치므로 영구히 정해진 것은 없으나 반드시 표식이 있습니다. 예를 들면, 얼마 전 어떤 여관에 큰 상인 몇 명이 숙박한 것을 알고 밤중에 침입하여 재물을 약탈한 일이 있습니다. 그런데 그들 중에서 갑자기 낯을 땅에 대고 꿈적 않는 한 사람이 있었지요. 그가 반벙어리 말로 '에구, 나도 장 담글 때 추렴돈을 석 냥 내었는데요' 하고 우리끼리 통하는 말을 했습니다. '저놈이 방자스럽게 행동하니 저놈부터 동여 앞세우라' 하여 끌고 가서 물어본 결과 확실히 동지였습니다. 그런 경우에는 그 동지까지 장물을 같이 나누는 것이 법입니다."

"도적질한 물건을 분배하다가 싸움이 되어 발각되거나 체포되기도 한다는 말을 들은 일이 있는데, 그것은 결점이 아니오?"

"그것은 소위 북대의 소행입니다. 우리는 절대 그런 추태가 없습니다. 첫째 우리는 도적질을 임시로 자주 하는 것이 아니고 1년에 한 차례, 많아야 두세 번밖에 하지 않습니다. 더욱이 장물은 예로부터 정한 규칙에 따라 백분의 몇은 먼저 노사장에게 보내고, 그 다음 얼마는 각 지방에서 공용으로, 나머지 얼마는 사고를 당한 유족의 구제비로 씁니다. 크게 모험을 감수한 자에게는 장려금까지 줍니다. 그런 다음 나머지를 똑같이 분배하므로 그런 일은 결코 없습니다.

또 우리 법에는 1) 동지의 처첩을 간통한 자, 2) 체포당하여 신문받을 때 자기 동료를 실토한 자, 3) 도적질할 때 장물을 몰래 숨긴 자, 4) 동료의 재물을 강탈한 자 등 네 가지는 사형에 처합니다.

포교를 피하여 멀리 도망가면 혹시 살 수 있을지 모르나, 우리한테서 사형을 받으면 빠져나가기 어렵습니다. 도적질하기 싫든지 나이가 많아 물러나기를 원하면, 동지가 급할 때 자기 집에 숨겨 주는 조건에 응한다는 서약을 받은 뒤 행락을 면제해 줍니다."

"행락이 무엇이오?"

"도적질을 일컬어 행락이라 합니다."

"만일 행락을 하다가 포교에게 체포되면 살려 낼 방법이 없습니까?"

"여보, 만약 우리가 잡히는 족족 다 죽는다면 여러 백 년 동안 우리 근거가 다 없어졌을 것이오. 우리 떼설이(떼도적)는 민간에만 있는 것이 아니라 포도청과 군대의 요직에도 있습니다. 어느 도에서 도적이 잡혔다는 보고가 서울로 올라가면, 가짜 도적인 북대는 지방에서 처결하게 맡기고, 바른 도적 곧 설에 속한 자는 서울로 압송합니다. 그때 동료를 실토한 자는 사형시키고, 자기 사실만 털어놓은 자는 기어이 살려서 옷과 밥을 주고 출옥시킵니다."

김진사의 말을 듣고 나는 부끄러움을 금할 수 없었다. 나는 나랏일을 위하여 큰 계획을 품고 비밀결사 신민회의 한 사람이 되었는데, 저 강도단에 비하면 우리의 조직과 훈련이 너무 유치한 것이었다.

당시 옥중에 갇힌 자 중에서도 강도의 권위가 제일 높았다. 순사나 헌병보조원 등 왜놈에게 붙어 관리로 일하다가 들어온 자는 감히 수인들 중에서 머리도 들지 못했고, 사기·절도·횡령범들도 이런 강도 앞에서는 옴짝 못했기 때문이다.

5. 이름을 구九로, 호를 백범白凡으로

어느 날 갑자기 하던 일을 중지시키고 수인들을 한곳에 모으더니, 메이지明治의 사망을 선언하고 이른바 대사면을 반포하였다. 보안 2년은 형이 면제되었으므로 보안법 위반으로 갇혔던 동지들은 그날로 출옥하였다. 강도법 위반자 중 명근 형은 전혀 형이 줄지 않았으나,

15년형을 받은 자 중에서는 나 혼자만 8년이 줄어 7년으로, 김홍량 외 몇 사람은 대부분 7년이 줄어 8년으로, 그 외 10년, 7년, 5년형들도 차례로 형이 줄어들었다. 그로부터 1년 몇 달 뒤, 다시 메이지의 처가 사망해서 남은 형량도 3분의 1이 줄어 나는 5년여의 가벼운 형이 되었다. 그때 명근 형도 종신형에서 20년형으로 감형되었다.

그럭저럭 서대문감옥에서 지낸 것이 3년여이고, 남은 기간이 불과 2년이었다. 이때부터 나는 다시 세상에 나가 활동할 수 있을 거라는 확실한 신념이 생겼다. 그리하여 밤낮으로 세상에 나가면 무슨 사업을 할까 생각하였다. 나는 본시 왜놈이 이름 지어 준 '뭉우리돌'이다. 그러나 감옥에서 왜놈에게 뭉우리돌 대우를 받으며 인간으로 감당치 못할 학대와 모욕을 받은 지사志士 중에는 세상에 나가서 오히려 왜놈에게 순종하며 사는 자도 있었다. 그것은 석회질을 함유한 뭉우리돌이 다시 세상이라는 바다에 던져지면서 평소 굳었던 의지가 석회같이 풀리는 것과 같다.

그러므로 내가 다시 세상에 나가는 데 대해 걱정이 적지 않았다. 만일 나 역시 석회질을 품은 뭉우리돌이면 차라리 만기 이전에 깨끗한 정신을 품은 채로 죽는 편이 낫지 않을까 하고도 생각했다. 그리하여 굳은 의지를 다지는 결심의 표시로 이름을 '구'九라 하고, 호를 '백범'白凡이라 고쳐 동지들에게 알렸다. 구龜를 구九로 고친 것은 왜의 호적부[民籍]에서 벗어나고자 함이요, 연하蓮下를 백범白凡으로 고친 것은 우리 나라가 완전한 독립국이 되려면 조선의 하등사회, 곧 백정白丁 범부凡夫들이라도 애국심이 현재의 나 정도는 되어야 하겠다는 바람 때문이었다. 복역 중 뜰을 쓸 때나 유리창을 닦을 때 하느님께 이렇게 기도하였다. '우리도 어느 때 독립정부를 건설하거든, 나로

하여금 그 집의 뜰도 쓸고 창도 닦는 일을 해 보고 죽게 해 달라'고.

그런데 1914년, 나는 남은 형기를 2년도 채 못 남기고 서대문감옥에서 인천감옥으로 이감되었다. 내가 제2과장인 왜놈과 싸운 일 때문에, 고역이 심한 항만건설을 시키는 인천감옥으로 나를 보낸 것이다. 서대문에는 우리 동지들이 많이 있어서 위로도 되고 일하는 데도 편한 점이 많았는데, 쾌활하게 생활하던 그곳을 떠나 철사로 허리를 묶고 붉은 옷을 입은 30~40명의 적의군赤衣軍에 편입되어 인천 옥 문 앞에 당도하였다.

무술년戊戌年(1898) 3월 9일 한밤중에 탈옥한 이 몸이, 16년 후 다시 철사에 묶여서 이곳에 올 줄 누가 알았으랴. 옥문 안으로 들어서며 살펴보니 감방은 새로 늘려 지었으나 옛날에 내가 글 읽던 방과 산보하던 뜰은 그대로 있었다. 호랑이같이 와타나베 놈을 꾸짖던 경무청 자리는 매춘녀의 검사소로 바뀌었고, 감리사가 집무하던 내원당은 감옥 창고로, 지난날 한국 순검과 주사가 들끓던 곳은 모두 왜놈 세상으로 변해 버렸다. 날마다 감옥 뒷담 너머 용동 마루턱에서 옥중의 불효자식을 우두커니 내려다보시던 아버님의 얼굴도 보이는 것 같았다.

세상이 바뀌고 시대가 변하였으니 지금의 김구를 옛날 김창수로 알아볼 자는 없을 거라고 생각했다. 감방에 들어가서 보니 서대문에서 먼저 이감된 낯익은 사람도 더러 있었다. 그런데 한 사람이 곁에 썩 다가앉으며 아는 체를 한다.

"낯이 매우 익은데…, 당신 김창수 아니오?"

정말 청천벽력이라 놀라서 자세히 보니 17년 전 절도 10년 역을 지고 같이 감방살이하던 문종칠文種七이었다. 늙었을망정 얼굴은 젊을 때 그대로였으나, 전에 없던 구멍이 이마에 쑥 패여 있었다. 나는 짐짓 머뭇거렸다. 그자는 내 얼굴을 자세히 보면서 말했다.

"창수 김서방, 지금 내 얼굴에 구멍이 없다고 보면 아실 것 아니오! 나는 당신이 탈옥한 후 죽도록 매 맞은 문종칠이오."

"그만하면 알겠구려."

밉기도 하고 무섭기도 하였지만 반갑게 인사를 하였다. 문종칠이 물었다.

"당시 항구를 진동시키던 충신이 지금은 무슨 사건으로 들어왔소?"

"15년 강도요."

문은 입을 삐쭉거리며 말했다.

"충신과 강도는 거리가 매우 먼데요. 그때 창수는 우리 같은 도적놈들과 같이 있게 한다고 경무관까지 꾸짖더니, 강도 15년 맛이 꽤 무던하겠구려."

나는 문의 말을 탓하기는 고사하고 도리어 빌붙었다.

"여보, 충신 노릇도 사람이 하고 강도도 사람이 하는 것 아니오? 한때는 그렇게 놀고 한때는 이렇게 노는 게지요. 대관절 문서방은 어째서 다시 이 고생을 하시오?"

"나는 이번까지 감옥 출입이 일곱 차례이니, 일생을 감옥에서 보내게 됩니다."

"징역은 얼마요?"

"강도 7년에서 5년이 되어, 한 반년 후엔 다시 나갔다 오겠소."

"여보, 끔찍한 말씀도 하시오."

"밑천 없는 장사는 거지와 도적이지요. 더욱이 도적질에 입맛을 붙이면 별 수 없습니다. 당신도 여기서는 별 꿈 다 꾸지만 사회에 나가 보시오. 도적질하다가 징역 산 놈이라고 누가 받아 주기나 하오? 자연 농·공·상에 접촉을 못하지요. 개 눈에는 똥만 보인다고 도적질해 본 놈은 거기만 눈치가 뚫려서 다른 길은 밤중이구려."

"그같이 여러 번이라면 감형이 어찌 되었소?"

"번번이 초범이지요. 지나온 대로 진술하다가는 바깥바람도 못 쐬게요?"

나는 서대문감옥에서 중형의 도적이 가벼운 횡령죄로 들어온 동료를 고발하여 종신형을 받게 하고, 자기는 그 공으로 형을 줄이고 후한 대우를 받는 것을 보았다. 만일 문가를 건드려 놓으면 감옥 눈치가 훤한 자이니 어떤 나쁜 짓을 할지 알 수 없었다. 안악 사건으로 근거 없이 15년형을 주는 왜놈들인데, 치하포 사건으로 왜놈을 죽이고 탈옥한 사실까지 발각되면 내 처지는 마지막이 될 것이다. 이제껏 감당하기 어려운 욕과 학대를 다 받고 만기가 1년 남짓밖에 안 남았는데, 지금 문가가 과거사를 이야기해 버리면 내 한 몸은 고사하고 늙은 어머님과 어린 처자는 어찌 될까?

나는 문가에게 친절 또 친절하게 굴었다. 집에서 부쳐 주는 사식도 틈을 타서 나눠 주고, 감옥 밥이라도 문가가 곁에만 오면 나는 굶으면서도 주었다. 그러다 문가가 먼저 만기 출옥하니 내가 출옥하는 것 못지않게 시원하였다.

아침저녁 쇠사슬에 허리가 묶인 채 항만 공사장으로 일하러 나갔다. 흙지게를 등에 지고 10여 장의 높은 사다리를 밟고 오르내렸다. 여기서 서대문감옥 생활을 회고하면 '누워서 팥떡 먹기'라, 불과 반나절이면 어깨와 발이 붓고 등창이 나서 몸을 못 움직이게 되었다.

인천 항만 건설 공사에 동원된 조선인과 감시하는 일본 경찰 일제는 1911년 10개년 계획으로 갑문 축조, 항로 준설, 방파제 축조 등 대대적인 인천항 건설 공사를 진행하였다. 1914~1915년 백범은 이 공사에 죄수로서 동원되었다.

무거운 짐을 지고 사다리로 올라가면서 여러 번 떨어져 죽을 마음을 먹었다. 그러나 같이 쇠사슬을 맨 자가 인천항에서 구두 켤레나 담뱃갑을 도적질한 죄로 두세 달 징역 사는 가벼운 죄수라 그자까지 죽이는 것은 도리가 아니었다. 생각다 못해 아무 잔꾀도 부리지 않고 죽을힘을 다해 일했다.

7

전격적인 망명과 상해 임시정부

1. 마흔 살에 가출옥하다

1915년(40세) 아주 더운 어느 여름날, 왜놈이 죄수 전부를 갑자기 교회당敎誨堂에 모이라 하더니, 나를 가출옥으로 방면한다고 선언했다. 꿈인 듯 생시인 듯 죄수들에게 절하고 사무실에 가니, 미리 준비해 둔 흰옷 한 벌을 내 준다. 그때부터 '붉은 옷을 입은 죄수'가 '흰옷을 입은 사람'으로 변하였다.

밖으로 나와 옥중에서 친하게 지내던 중국인을 찾아가 밤을 지내고, 이튿날 아침 전화국에서 안악지국으로 전화를 걸어 아내에게 연락을 부탁하였다. 그날 경성역에서 경의선 차를 타고 신막에서 하루 자고, 이튿날 사리원에 내렸다. 선유진을 거쳐 여물평을 건너가니 신작로에 수십 명이 쏟아져 나오는데, 맨 앞에 계신 어머님이 내 걸음걸이를 보시고 눈물을 흘리며 붙들고 말씀하셨다.

"너는 오늘 살아오지만, 너를 극히 사랑하고 늘 보고 싶다던 네 딸 화경이는 서너 달 전에 죽었구나. 네 친구들이 네게 알릴 것 없다고 권하기로 기별도 하지 않았다. 일곱 살도 안 된 어린것이 죽을 때 '나 죽었다고 감옥에 계신 아버님께는 기별하지 마십시오. 아버님이 들으시면 오죽이나 마음 상하시겠소' 하더라."

나는 바로 안악읍 동산 공동묘지에 있는 화경이 묘에 가 보았다. 뒤이어 김용제 등 친구 수십 명이 다투어 달려와 희비가 엇갈리는 얼굴로 인사를 했다.

돌아와서 나는 예배당에 딸려 있는 안신학교로 들어갔다. 아내가 안신학교 교원으로 교실 한 칸에 살고 있었으므로, 나는 예배당에 앉아서 손님을 맞았다. 아내는 매우 수척한 모습으로 잠시 내 얼굴을 보는 둥 마는 둥 하고 다른 부인들과 같이 음식 준비에 골몰했다.

며칠 후 읍내 친구들이 이인배李仁培의 집에서 위로회를 연다고 나를 불렀다. 가 보니 한편에는 노인들이, 한편에는 중년 친구들이, 또 한편에는 청년 제자들이 모여 있었다. 그런데 음식이 차려질 즈음 갑자기 기생 한 떼와 악기가 들어왔다. 내가 놀라자 몇몇 청년이 "오랜만에 선생님을 뵈오니 너무 좋아서 즐겁게 좀 놀랍니다. 선생님은 아무 말씀 마시고 진지나 잡수셔요" 하였다. 노인들도 "젊은 사람들 일을 묻지 마시고 김선생은 우리와 이야기나 합시다" 하였다.

청년들이 어느 기생에게 "김선생님께 술잔을 올려라" 하자, 한 기생이 술잔을 부어 들고 권주가를 불렀다. 청년들이 일제히 일어나 자기들이 성의로 올리는 것이니 술 한 잔 마셔 달라고 부탁하였다. 나는 웃으면서 "내가 평소 술 마시는 것 보았는가? 먹을 줄 모르는 술을 어찌 마시는가?" 하고 사양하였다. 그러자 한 청년이 기생 손에 들린 술잔을 받아 내 입에다 대며 "물 마시듯 마셔 보세요" 하고 강권하였다. 나는 청년들의 감흥을 없앨까 하여 술 한 잔을 받아 마셨다. 청년들이 술을 권하는 사이 기생의 노래와 춤이 시작되었다.

그런데 이인배의 집 앞이 바로 안신학교이므로, 음악소리와 기생 노랫소리가 어머님과 아내의 귀에 들렸던 모양이다. 어머님이 바로 사람을 보내어 나를 부르셨다. 눈치를 챈 청년들이 "선생님은 술도 안 잡수시고 노인들과 이야기하십니다"라고 말씀드렸다. 그 말을 들으시고 어머님은 친히 오셔서 나를 부르셨다. 어머님을 따라 집에 오자 어머님은 화를 내며 책망하셨다.

"내가 여러 해 동안 고생한 것이 오늘 네가 기생 데리고 술 먹는 것을 보려 함이었더냐?"

나는 무조건 죄를 빌었다. 어머님도 어머님이거니와, 아내가 어머님께 말씀드려 술자리에서 물러나게 한 것이었다.

전에는 아내와 어머님 사이에 부딪치는 점도 없지 않았으나, 내가 체포된 후 4~5년간 서울과 지방을 전전하며 별별 고생을 다 같이 겪으면서 이제는 한 몸과 같이 되었다고 한다. 경성에서 지낼 때 아내는 경제적인 궁핍 때문에 어머님께 화경이를 맡기고 왜놈 토지국土地局의 책 공장에서 매일 고된 일을 하였다. 또 어떤 서양여자가 아내에게 학비를 대 주며 공부시켜 주마 하였으나, 어머님과 어린 화경이를 돌보기 위해 그리하지 못하였다고 한다. 종종 나와 뜻이 맞지 않을 때 아내는 반드시 그 이야기를 하였다. 다른 집에서는 부부 사이에 말다툼이 생기면 어머니가 주로 아들 편을 들지만, 우리 집에서는 어머님이 열백 배의 권위로 나만 몰아세우신다. 가만히 보면 고부간에 귓속말이 있은 후에는 반드시 내게 불리한 문제가 생긴다. 그러므로 한 번도 집안일을 내 마음대로 처리한 적이 없다 해도 과언이 아니다. 내가 아내의 말에 반대하면, 어머님이 큰소리로 호령하신다.

"네가 감옥에 들어간 후, 네 동지들의 젊은 부인들은 남편이 죽을 곳에 있는데도 돌아보지 않고 이혼을 하느니 추행을 하느니 하는 판이었다. 그러나 네 처의 행동은 나쁜 아니라 네 친구들까지 감동시켰다. 결코 네 처를 박대해서는 못쓴다."

이런 말씀 때문에 나는 내외 싸움에서 한 번도 이기지 못하고 늘지기만 하였다.

어머님은 또 다음과 같이 분부하셨다.

"너를 생각하는 준영 삼촌의 정이 전보다 더욱 애절하니, 네가 출옥한 줄 알면 와 보실 것이다. 편지라도 해 드려라. 네 장모도 전보다 더욱 너를 귀히 여기시니 곧 알려 드려라."

나는 삼촌과 장모에게 내가 출옥한 사실을 편지로 알려 드렸다.

당시 장모는 큰딸과 함께 살면서 생활이 곤란하던 차에, 내 편지를 보고는 좋아라 하고 염치도 없이 폐렴이 든 처형을 데리고 우리 집에 들어오셨다. 처형이 전처럼 헌병보조원의 첩이었다면 허락지 않았을 터이나 이제 죽을병이 들어 자기 동생 집으로 오는 것이니, 미움보다 연민이 느껴져 다 같이 살았다.

안악 헌병대에 출두하니 앞으로 무슨 일을 할지 물어보았다.

"나는 아무 기술도 없고 여러 해 학교에만 근무를 하였으며 내 아내가 안신학교에서 교편을 잡고 있으니 그곳에서 조교수助敎授나 하면 어떠한가?"

왜는 공식적으로는 안 되는 일이지만 비공식적으로 눈감아 주겠노라고 했다. 그래서 안신학교에서 어린아이들을 가르치며 세월을 보냈다.

울적한 나머지 이리저리 다니며 바람이나 쐬고 싶은 마음도 있었다. 그러나 가출옥 기간이 7~8개월이나 남아 있었으므로 어디를 가려면 반드시 헌병대의 허가를 얻어야 했다. 이것이 싫어서 나는 이웃 군에도 출입하지 않았다.

2. 농장 감독으로 뜻을 숨기고

가출옥이 해제되어, 나는 김용진金庸震 군의 부탁으로 문화의 궁궁弓弓농장에서 추수하는 것을 검사해 주고 돌아왔다. 그 사이에 해주 준영 삼촌께서 왔다 가셨다. 점잖은 조카를 보러 가는 길이니 초라하게 갈 수 없다 하여 남의 말까지 얻어 타고 오셨으나, 이틀이나 지나도 내가 돌아오지 않자 섭섭하게 여기시며 돌아가셨다고 한다. 나역시 섭섭하였으나 정초를 기다려 삼촌에게 새해 문안도 하고 선친의 묘에 성묘도 하기로 했다.

새해가 되었다. 정초 3~4일간은 고향 어른들을 찾아뵙고 어머님 친구들을 접대하고 초닷새에 해주로 가리라 작정하고 있었다. 그런데 초나흗날 석양 무렵 재종아우 태운이 와서 준영 삼촌이 돌아가셨다는 소식을 알렸다. 듣자마자 놀라서 어쩔 줄을 몰랐다. 여러 해동안 감옥에서 고생하던 나를 보러 일부러 찾아오셨고, 정초에는 볼줄 알고 기다리시다 끝내 내 얼굴을 못 보시고 떠나셨으니, 그 마음이 어떠하셨을까? 하물며 숙부께서는 아들 없이 딸만 하나 있고, 4형제 소생 중에 조카라고는 오직 나 하나뿐인데, 만나 보고 싶은 마음이 얼마나 간절하셨을까?

다음 날 아침 아우 태운과 함께 가서 장례를 주관하였다. 시신은 텃골 동산에 묻어 드렸다. 집안일을 대강 처리하고 선친 묘소에 가서 전에 내가 심어 놓은 잣나무 두 그루를 살펴보고 안악으로 돌아왔다. 그 후 다시는 고향 텃골 산천을 보지 못하였다.

이해에 셋째 딸 은경恩敬을 낳았다. 나는 계속 안신학교 교사로 일하면서 추수 때마다 김용진의 여러 농장으로 다니며 타작을 검사하였다. 그러다가 읍내 생활에 재미가 없어져서 김홍량과 김용진·김용정에게 농촌 생활을 하게 해 달라고 부탁했다. 그들은 주변 경치가 맑고 아름다운 곳을 택하여 주겠으니 농사 감독이나 하라며 흔쾌히 허락하였다. 그러나 나는 가장 성가시고 말썽 많기로 유명한 동산평東山坪으로 보내 달라고 하였다.

그들은 놀라며 말했다.

"소작인들 성품이 험할 뿐 아니라 풍토가 좋지 못한 곳인데, 동산평에서 어찌 견디겠습니까?"

"나 역시 몇 년간 그곳 소작인들의 악습을 자세히 살폈으므로 잘 알고 있네. 그러나 그곳에 가서 농촌 개량에나 취미를 붙이고자 하네."

동산은 예로부터 궁방宮房의 농장토農庄土로서, 감독과 소작인이 서로 협잡하여 도적질하는 악습이 수백 년간이나 극에 달한 곳이다. 천 석을 수확하면 몇백 석이라고 궁에 보고하고, 나머지는 감독이 가로채고 소작인들이 도적질했다. 김씨 가문의 진사 김용승이 혼자서

이 농장을 샀다가 큰 손해를 입고 파산하고 말았다. 그런데 우애가 남다른 여러 형제가 그 손해를 나눠 지고 동산평을 김씨 가문의 공동 소유로 만든 것이었다.

전부터 노형극盧亨極이란 자가 동산평 감독으로 와 있으면서, 소작인들을 자기 집에 모아들여 도박을 시키고 추수 때 그들이 받을 곡식을 빼앗았다. 도박을 하지 않는 자는 소작지를 얻기 어려웠다. 게다가 아버지나 형이 도박하면 아이나 동생이 나서서 경찰이 오는지 망을 보았다. 내가 굳이 동산평 감독을 요구한 본뜻은 그러한 풍기를 고치려는 데 있었다.

정사년丁巳年(1917, 42세) 2월 동산평으로 이사하였다. 어머님께는 소작인들 중 뇌물을 가지고 오는 자가 있으면 일체 거절하시라고 주의를 드렸다. 그러나 내 앞에 연초·닭·생선·과실 등 물건을 갖다주면서 소작지를 요청하는 자도 있었다. 나는 그들에게 말했다.

"그대가 빈손으로 왔으면 생각해 볼 여지가 있으나, 뇌물을 가지고 왔으니 아무 말도 듣지 않을 것이오. 물건은 도로 가져가고 후일 다시 빈손으로 와서 말하시오."

"뇌물이 아니올시다. 새로 오셨는데 그저 오기 섭섭하여 좀 가져왔습니다."

"그대 집에 이런 물건이 많으면 굳이 남의 토지를 소작할 필요가 없겠소. 그대의 소작지는 딴 사람에게 줄 것이오."

그들은 처음 들어 보는 말이라 어쩔줄 몰라했다.

"이것은 전에 감독님께 늘 해 오던 것입니다."

"앞의 감독이 어찌하였던지 간에 나에게는 안 되오."

그리고 나는 소작인 준수규칙을 반포했다.

- 도박하는 소작인에게는 소작권을 허락하지 않음.
- 학령 아동을 입학시키는 자는 현 소작지에 좋은 논 두 마지기씩을 더해 줌.
- 학령 아동을 입학시키지 않는 자는 현 소작지 중 좋은 논 두 마지기를 회수함.
- 농업에 근실한 성적이 있는 자는 추수 때 곡물로 상을 줌.

이상 몇 조를 선포한 후, 동산평에 소학교를 설립했다. 교사 한 명을 초빙하고 학생 20여 명을 모집하여 개학하였다. 교원이 부족하였으므로 나도 교과 몇 시간을 담당하였다. 이제 학부형이 아니면 토지 소작에 대해 말 붙이기가 어렵게 되었다.

그러나 전 감독 노형극 형제들은 내 농업 방침에 반대하였다. 노가 형제는 좋은 등급의 논을 소작하고 있었다. 나는 그 논의 소작권을 전부 회수하겠다고 통지하고, 다른 학부형들에게 이를 나눠 주고자 하였다. 그러나 노가의 위세가 두려워 한 명도 감히 경작하겠다는 사람이 없었다. 그래서 내 소작지를 학부형들에게 나눠 주고, 내가 노가에게서 회수한 농지를 경작하기로 하였다.

어느 캄캄한 밤, 문밖에서 "김선생!" 하고 부르는 자가 있었다. 나가 보니 "김구야, 좀 보자" 한다. 나는 그 음성을 듣고 노형근盧亨根임을 알았다. "밤중에 무슨 일로 왔느냐?" 하니, 노가가 와락 달려들어 내 왼쪽 팔을 힘껏 물고 늘어졌다. 그리고는 나를 끌고 저수지 근처로 갔다. 동네사람들이 겹겹이 둘러섰으나 한 명도 싸움을 말리는 자가 없었다.

나는 생각하였다.

‘이같이 무례한 놈에게는 의리도 소용이 없으니, 당장 완력으로 대항하는 수밖에 없겠다. 그러나 노가는 나보다 젊고 힘도 세다. 그러니 눈에는 눈 이에는 이, 다른 방법이 없다.’

나는 그놈의 오른쪽 팔을 힘껏 물고, 치하포에서처럼 용기를 내어 끝까지 저항했다. 그러자 노가가 물었던 내 팔을 놓고 물러섰다. 노가네 여러 형제와 무리들이 주변에 숨어 있고 노형근만 앞세워 보냈다는 것을 알았기 때문에 나는 큰소리로 고함을 쳤다.

“형근이 한 명으로는 내 적수가 못 되니, 모두 숨어 있지만 말고 나와서 도적질을 하든지 사람을 죽이든지 계획대로 하여 보아라!”

노형극 무리는 숨어서 엿보며 웅성거리기만 하고 아무도 나오지 않았다.

“야, 김구야! 세도 당당한 경성의 감독도 저수지 물맛만 보고 쫓겨 간 자가 얼마나 많은지 아느냐?”

형근이 말하자, 숨어 있던 한 놈이 툭 튀어나와 다른 곳으로 가며, “어느 날이고 바람 잘 부는 날 두고 보자”고 했다. 나는 겹겹이 둘러서서 싸움 구경하던 자들을 향해 말했다.

“당신들은 저자의 말을 명심하라. 어느 날이고 내 집에 불이 나면 저놈들의 짓이니, 그때 증인으로 서라.”

형근이가 물러간 후 여러 사람이 노가 형제들과 원수를 맺지 말라고 당부하였다. 나는 그들을 준엄하게 꾸짖어 보냈다. 어머님은 밤에 이 사건을 안악으로 알렸다.

다음 날 아침, 김용진과 김홍량이 의사 송영서宋永瑞를 데리고 급히 달려와서 내 상처를 진단하고 소송을 준비하였다. 노가 형제들이 몰려와서 머리를 조아리며 죄를 빌었다. 다시는 이런 일이 없을 거라는 서약을 받고, 그 문제는 일단 끝을 맺었다.

이후 반포한 규칙대로 일을 시행하였다. 나는 날마다 일찍 일어나서 소작인의 집을 찾아다녔다. 늦잠 자는 자가 있으면 깨워서 집안일을 시키고, 집이 더러운 자는 깨끗이 청소하게 하며, 땔감을 거두어 오게 하고, 짚신 삼기와 자리 짜기를 장려하였다. 평소 소작인들이 일하는 태도를 장부에 정리해 두었다가, 추수철에 농장주의 허가 범위 안에서 부지런한 자에게는 상을 많이 주고 게으른 자에게는 경작권을 허락하지 않겠다고 알려 주었다.

전에는 추수 때마다 타작마당에 빚쟁이가 모여들어 곡물을 전부 다 가져가고 작인들의 반 이상이 타작 기구만 들고 집으로 돌아갔다. 그러나 내가 감독한 후부터는 자기 집에 곡식 포대를 가져가 쌓아 두게 되었다. 그러니 농가 부인들은 퍽 고마워하며 나를 집안어른처럼 친절하게 대우하였다. 도박도 거의 사라졌다.

동산평 시절 어린 딸아이 은경이와 처형이 사망하여, 그곳 공동묘지에 매장하였다. 무오년戊午年(1918, 43세) 11월 인仁이가 태어났다. 아이가 뱃속에 있을 때, 어머님은 물론 여러 친구들이 아들을 원했다. 내 나이 40여 세에 누이도 없는 독자인데 아직 자식이 없는 것을 우려했기 때문이다. 김용승 진사가 아이 이름을 김린金麟이라 지어 주었지만, 왜의 호적에 등록된 까닭에 인仁으로 고쳤다.

3. 임시정부의 문지기가 되고 싶소

인이 태어난 지 석 달 정도 지나 따스한 봄바람이 부는 기미년己未年

(1919, 44세) 봄이 돌아왔다. 3월 경성 탑동공원에서 청천벽력 같은 독립만세 소리가 일었다. 「독립선언서」가 지방에 배포되자 평양·진남포·신천·안악·온정·문화 각지에서 만세를 불렀고, 안악읍에서도 만세운동을 준비하고 있었다.

안악에서 청년들이 집으로 찾아와 "준비가 다 되었으니 함께 나가서 만세를 부릅시다" 하였다. 그러나 나는 "만세운동에는 참여할 마음이 없다"고 하였다. 청년들은 "선생이 참여하지 않으면 누가 만세를 선창합니까?" 하였으나, 나는 "계획한 일이 있으니 나의 참가 여부와 관계없이 자네들은 만세를 부르라" 하고 돌려보냈다. 그날 안악읍에서도 만세를 불렀다.

다음날 아침, 소작인들에게 농기구를 가지고 일제히 모이라 하여 제방 수리에 몰두하였다. 내 집을 감시하던 헌병들은 내가 농사 준비만 하고 있으니 정오에 다른 곳으로 가 버렸다. 나는 소작인들에게 일을 잘 마치도록 부탁한 후, "잠시 이웃마을에 다녀오마" 하고 안악읍으로 갔다. 안악에 도착하니 김용진 군이 말했다.

"홍량더러 상해에 가라고 했더니 10만 원을 주어야 가지, 그렇지 않으면 떠나지 못한다고 합니다. 홍량은 다음에 갈 셈 치고, 선생부터 가십시오."

나는 즉시 출발하여, 사리원에서 하룻밤 자고, 이튿날 아침 신의주행 기차에 올랐다. 기차 안에는 물 끓듯 만세 이야기뿐이었다. 그런 이야기에 배고픈 것도 잊고 신의주역에서 내렸다. 바로 전날, 신의주에서 만세를 부르고 21명이 갇혔다고 한다. 개찰구에서 왜놈이 승객을 샅샅이 살피고 있었다. 나는 수건에 여비만 싸서 요대에 잡아매고 있었다. 무엇이냐 물어서 돈이라 하였고, 무엇 하는 사람이냐 물어서 재목상材木商이라 하였다. 왜놈은 "재목材木이 사람이야?"
하더니 가라고 했다.

신의주 시내에 들어가 밥을 먹으면서 살펴보니 그곳 공기 역시
흉흉하였다. 밤에 또 만세를 부르자는 통지가 돌았다는 등 술렁술렁
하였다. 나는 바로 중국인 인력거를 불러 타고 큰 다리를 지나 안동
현安東縣의 어떤 여관에 묵었다. 이름을 바꾸고 좁쌀장수로 행세하면
서 7일을 보낸 뒤, 이륭양행怡隆洋行의 증기선[輪船]을 타고 상해로 출
발하였다. 황해안을 지날 때 일본 경비선이 나팔을 불고 따라오며
배를 세우라고 하였지만, 영국인 선장 조지 쇼우George L. Shaw는 들은
체도 않고 전속력으로 경비구역을 지나갔다.

안동현을 떠난 지 4일 후, 내가 탄 배는 무사히 상해 포동浦東 부
두에 닻을 내렸다. 〔작은 배로 갈아타고〕 불란서 조계지의 황포黃浦 부두에
상륙하니, 안동현에서는 얼음이 쌓인 것을 보았는데 여기에는 가로
수에 녹음이 우거져 있었다. 안동현에서는 추위로 고생했는데, 상해
에서는 등과 얼굴에 땀이 난다.

일행과 같이 동포의 집에서 방바닥에 담요만 깔고 잠을 자고, 다
음 날부터 황해도의 김보연金甫淵 군이 찾아와 함께 살게 되었다. 김
군의 안내로 밤낮 그리던 이동녕 선생을 찾아갔다. 1910년 양기탁의
사랑방에서 뵈었던 모습에 비하면, 근 10년 동안 고생을 많이 겪으
신 탓인지 팽팽했던 얼굴에 주름살이 잡혀 있었다. 서로 악수하고
나니 감개무량하여 할 말을 잊었다.

당시 상해에 있던 한인韓人은 500여 명 가량 되었다. 장사치와 유
학생 약간, 10명 남짓한 전차회사 검표원을 제외하면, 대부분 독립운
동을 하기 위해 조선·일본·미주·중국·러시아 등에서 모여든 지사

조지 쇼우의 무역회사 이륭양행
아일랜드계 영국인 조지 쇼우는
한국의 독립운동을 적극 후원하였
다. 만주 안동에 있는 쇼우의 무역
회사 이륭양행에는 1919년 9월 대
한민국임시정부 교통국 안동지부
가 비밀리에 설치되어, 국내와 연
락하는 거점이 되었다.

志士들이었다. 1919년 당시 본국에서는 대도시는 물론이고 외진 항구
나 시골에서도 독립만세를 부르지 않은 곳이 없었고, 해외 한인들도
어디서나 독립운동을 전개하고 있었다.

상해에 모여든 청년들을 중심으로 정부조직이 필요하다는 목소리
가 높아져서, 각 곳에서 대표를 선출하고 임시의정원을 조직하여 임시
정부를 만들었다. 이것이 바로 '대한민국임시정부'大韓民國臨時政府이다.

이승만李承晩을 총리로 임명하고, 내무·외무·군무·재무·법무·
교통 등의 부서가 조직되었다. 도산 안창호는 미주에서 상해로 날아
와 내무총장으로 취임하였고, 각 부 총장은 멀리서 미처 도착하지
못하였으므로 차장들을 대리로 세워 국무회의를 진행하였다. 이동
휘李東輝 등이 러시아령 연해주에서 왔고, 이시영李始榮 등은 북경에서
왔다.

상해에서 임시정부 업무가 실마리를 잡아 가기 시작할 무렵, 한
성漢城에서는 비밀리에 각 도 대표가 모여 이승만을 집정관執政官 총

대한민국임시정부의 첫 청사

1919년 4월 10일 상해 김신부로(金神父路)에서 임시의
정원 회의가 처음 열린 곳으로, 지금은 남아 있지 않
다. 그후 임시정부는 상해에서만 여러 차례 장소를
옮겼다.

재로 하는 정부를 조직하였다. 미리 의논하지 않았는데도 상해와 본
국에 두 개의 임시정부가 생겨나게 되었다. 그러나 본국에서는 정부
가 활동하기가 어려워 그 권한을 상해로 보내니, 이에 두 정부를 통
합하여 이승만을 대통령에 임명하고, 1919년 4월 11일 헌법을 반포
하였다. 이런 내용은 독립운동사와 임시정부 회의록에 상세히 기록
되어 있으니, 여기서는 나에 대한 이야기만 기록한다.

내무총장인 도산 안창호 선생께 임시정부의 문지기를 시켜 달라
고 부탁하자, 도산은 내가 벼슬을 시켜 주지 않는 데 대한 반감으로
그러는가 염려하는 빛이었다. 나는 일찍이 본국에서 교육사업 할 때
집에서 혼자 순사 시험을 보았지만 합격하지 못한 경험이 있다는 것,
서대문감옥에서 옥살이할 때 후일 독립정부가 조직되면 정부의 뜰
을 쓸고 문을 지키는 문지기가 되기로 결심하여 나의 호를 '백범'白
凡으로 고쳤다는 것 등을 예로 들며, 평소 진정한 나의 소원이라고 말
하였다. 이에 도산은 흔쾌히 승낙하고, "다음 날 국무회의 때 제의하

겠다"고 하였다.

그런데 다음 날, 도산은 뜻밖에도 경무국장 임명장을 주었다. 나는 "순사 자격에도 못 미치는 자가 경무국장의 직책을 감당할 수 없다"며 사양하였다. 그러나 도산은 "계속 거절하면 젊은 차장들의 부하 노릇하기 싫다고 받아들일 터이니, 사양하지 마시오"라며 강권하였다. 그때 임시정부의 차장들이 젊은 청년들이었으므로, 연장자에게 문을 여닫게 하고 다니기가 미안하다 하고, 또한 백범이 여러 해 감옥 생활로 왜놈들의 실정을 잘 알 터이니 경무국장이 적합하다고 주장하였다 한다. 결국 나는 경무국장에 취임하였다.

나는 경무국장으로서 신문관·검사·판사뿐만 아니라 형 집행까지 맡아 하였다. 남의 조계지에 붙어사는 형편이었으므로, 임시정부의 경무국 사무는 다른 나라의 경찰 행정과 달랐다. 주된 임무는 일본의 정탐을 방지하고, 독립운동자의 투항 여부를 정찰하여, 적의 마수가 어느 쪽으로 침입하는지 살피는 일이었다. 나는 정복과 사복

경호원 20여 명을 임명하여 이 일을 수행하였다.

홍구의 일본 영사관과 우리 경무국이 서로 대립하고 암투하였는데, 당시 불란서 조계당국은 우리 정부의 독립운동에 대해 특별히 동정적이었다. 일본 영사가 독립운동자의 체포를 요구하면, 불란서 당국은 이 사실을 미리 알려 준 다음 일본 경관을 데리고 와서 빈집만 수색하고 가곤 했다.

한번은(1922년 3월) 황포 부둣가에서 오성륜吳成倫 등이 왜구(육군대장) 다나카 기이치田中義一에게 폭탄을 던진 일이 있었다. 그런데 폭탄이 터지지 않아 다시 권총을 쏘는 바람에 미국 여자 한 명이 죽고 말았다. 이 사건으로 일·영·불 세 나라가 함께 불란서 조계지의 한인을 대거 수색하고 체포하였다.

어느 날 아침 일찍 왜경 7명이 불란서 경관을 대동하고 노기등등하여 침실을 침입하였다. 그런데 그 불란서 경관이 나와 친한 사이였다. 그는 일본말을 몰랐으므로 체포장에 있는 이름이 김구인지 모르고 단순히 한인 강도인 줄로만 알고 체포하러 왔던 것이다. 그런데 와서 보니 잘 아는 친구가 아닌가. 왜놈들이 달려들어 수갑을 채우려 하자, 불란서 경관이 말리며 나에게 어서 옷을 입고 불란서 경무국으로 가자고 했다.

그의 말대로 숭산로의 불란서 경찰서로 갔더니, 원세훈元世勳 등 5명이 먼저 잡혀와 유치장에 갇혀 있었다. 왜경이 와서 나를 신문하려 하였지만, 불란서 경관이 허락하지 않았다. 또한 일본 영사가 나를 데려가겠다고 해도 듣지 않았다. 도리어 "김군이 체포된 5명을 담보하고 데려가기를 원하는가?"라고 묻고, "원한다"고 하자 즉시 그들을 풀어 주었다.

여러 해 동안 나는 불란서 경찰국에서 한인 범죄자들을 체포할 때마다 배심관으로 임시정부를 대표하여 일을 처리하였다. 그런 까닭에 불란서 경무국에서는 나를 잡아가게 하지도 않았을 뿐 아니라, 내가 보증만 하면 현행범 말고는 즉시 풀어 주었다. 이런 관계를 안 뒤부터 일본은 나를 체포해 달라고 요구하지 않고, 정탐꾼을 시켜 영국 조계나 중국 지역으로 유인하여 나를 잡아가려 했다. 그때부터 나는 불란서 조계지에서 한 걸음도 벗어나지 않았다.

4. 사상 혼란기의 내무총장

임시정부가 수립된 원년(1919)에는 나라 안팎이 일치단결하여 민족운동에 매진하였다. 그러나 세계 정세가 복잡해지면서 민족운동계에서도 공산주의니 민족주의니 하는 사상 충돌이 생기기 시작했다. 심지어 임시정부의 국무원과 대통령, 각 부 총장들까지 사상에 따라 주장이 갈라졌다. 국무총리 이동휘는 공산혁명을, 대통령 이승만은 민주주의를 주장하고, 국무회의 석상에서도 사상 논쟁이 일어나 국시國是가 바로 서지 못하는 상황이 거듭되었다.

1921년 미국 워싱턴회의가 식민지 문제에 대해 별 성과를 거두지 못하자, 모스크바에서도 경쟁적으로 극동피압박민족대회라는 것을 소집하였다. 임시정부도 소련의 원조라도 받으려는 생각으로 여운형呂運亨·안공근安恭根·한형권韓亨權 3인을 대표로 뽑아 러시아에 보내기로 결정하고 여비를 갹출하던 중, 이동휘가 자기 심복인 한형권을 비밀리에 먼저 모스크바에 파견한 일이 있었다. 이동휘는 한형권이 시베리아를 통과하고 난 뒤에야 이를 알려 물의를 빚었다.

그런 이동휘가 어느 날 나에게 공원을 산보하자 하더니 조용히 자기를 도와 달라고 말하였다. 나는 좀 불쾌한 생각이 들어서, "제가 경무국장으로 총리를 보호하는 터에 직책상 무슨 잘못이 있습니까?" 하고 대답했다. 이씨는 손을 저으며 답변하였다.

"그런 것이 아니오. 혁명이란 유혈이 따르는 대사업인데, 현재 우리가 하고 있는 독립운동은 민주주의혁명에 불과하오. 독립 후 다시 공산혁명을 한다면, 두 번의 유혈은 우리 민족에게도 큰 불행이오. 그러니 적은이(아우님)도 나와 함께 공산혁명을 하는 것이 어떠하오?"

"우리가 국제공산당(코민테른)의 지휘나 명령을 받지 않고 독자적으로 공산혁명을 할 수 있습니까?"

"불가능하오."

이에 나는 강경한 어조로 말하였다.

"독립운동이 우리 민족의 독자성을 떠나 제3자의 지도나 명령을 받게 된다면 그것은 자주성을 상실한 의존적 운동일 뿐입니다. 임시정부의 헌장에 위배되는 말씀은 크게 옳지 못하니, 아우는 선생의 지도를 따를 수 없고, 도리어 자중하실 것을 권고합니다."

이씨는 불만스러운 낯으로 나와 헤어졌다.

한형권이 혼자 시베리아에 도착하자, 러시아 정부는 한인동포들을 동원하여 그가 도착하는 정거장마다 태극기를 손에 들고 열렬히 환영하게 해 주었다. 한이 모스크바에 도착하자, 러시아 최고지도자인 레닌이 친히 그를 만나 독립자금이 얼마나 필요하냐고 물었다. 한은 입에서 나오는 대로 200만 루불을 요구하였다. 레닌은 즉시 러시아 외교부에 지원을 명령하였고, 러시아 외교부는 금괴 운반 문제 때문에 먼저 40만 루불을 한형권에게 주었다. 한이 시베리아에 돌아올 때를 맞추어 이동휘가 김립金立을 밀파하여 금괴를 중간에서 빼돌려 유용하였다. 이 사건으로 1922년 1월 26일 임시정부가 이동휘에게 죄를 물어, 이씨는 총리직을 사임하였다. 한형권은 다시 모스크바로 가서 민족운동을 통일하겠다는 취지로 20만 루불을 가지고 상해에 잠입하였고, 금력을 풀어 이른바 국민대표대회國民代表大會를 소집하였다.

1921년 1월 상해에서 개최한 국민대표대회는 일본·조선·중국·러시아 등 각 곳에서 온 다양한 계파의 한인단체 대표 200여 명이 참석하였다. 그중에서 이르쿠츠크파 공산당과 상해파 공산당이 서로 경쟁적으로 민족주의 대표들을 분열시키려 했다. 이르쿠츠크파는 현 임시정부를 해산하고 새 정부를 만들자는 '창조파'이고, 상해파는 현 임시정부를 고치자는 '개조파'였다.

결국 국민대표대회는 깨어지고, 창조파는 임시정부와 별도의 '한국정부'를 조직하였다. 김규식이 이를 이끌고 블라디보스토크까지 갔지만, 러시아가 허용하지 않으므로 무산되고 말았다. 회의에서 공산당 두 파가 서로 싸움을 벌이니, 순진한 독립운동자들까지도 창조 혹은 개조를 주장하며 사태가 시끄럽게 되었다. 1923년 6월 내가 임시정부 내무총장의 직권으로 국민대표회의 해산령을 발표하니 비로소 시국이 안정을 찾았다.

또한 정부의 공금횡령범 김립은 오면직吳冕植·노종균盧宗均 등 청년들에게 총살을 당하니 인심은 잘했다고 칭찬하며 통쾌해 하였다. 임시정부에서는 한형권을 러시아 대표직에서 파면하고 안공근을 러

국민대표대회 해산 명령에 대한 보도　1923년 1월 3일 상해에서 개최된 국민대표대회는 4개월 반 동안이나 '개조파'와 '창조파'가 팽팽하게 대립하였으며, 5월 중순 개조파가 이탈한 이후 창조파만으로 회의가 진행되었다. 임시정부는 6월 6일 국무원 포고문과 더불어 내무총장 김구 명의로 국민대표대회의 해산을 명령하였다. 「조선일보」 1923년 6월 25일 기사.

시아 주재 대표로 파송하였지만 별 효과가 없었고, 그 후 러시아와의 외교 관계는 단절되었다.

　국민대표대회가 실패한 후에도 공산당은 여전히 두 파로 나뉘어 청년들을 앞다투어 포섭하며 독립운동을 공산운동화하자고 외쳐댔다. 그러던 중 레닌이 "식민지에서는 민족운동이 사회운동보다 우선한다"고 발표하였다. 이 말이 떨어지기 무섭게 어제까지 민족운동을 비난하고 비웃던 공산당원들이 돌변하여 민족운동을 주창하기 시작하였다. 이에 민족주의자들이 찬동하고 나서면서 공산주의와 민족주의를 통합하는 '유일독립당촉성회'唯一獨立黨促成會를 성립시켰다.
그러나 이 안에서도 공산당 두 파의 싸움이 계속되어 통일운동은 한
걸음도 진전되기 어려웠다. 결국 유일독립당촉성회는 해산되고, 민
족주의자들은 한국독립당韓國獨立黨을 조직하였다. 이로부터 민족주
의자와 공산주의자가 따로 조직을 가지게 되었다.

공산당들은 상해에서 만주(동북 3성)로 진출하여 더 거세게 활동하
였다. "화는 홀로 오지 않는다"고, 동북 3성의 왕이라 할 수 있는 장
작림張作霖과 일본의 협정으로 중국인들은 한인 독립운동가들을 붙잡
는 대로 왜에게 넘겼다. 어찌 중국사람들뿐이랴. 동북 3성의 우리 한
인들은 처음에는 집집마다 독립운동 기관인 정의부나 신민부에 정
성을 다해 부지런히 세금을 냈었다. 그러나 우리 무장대오에 의해
침탈을 당하게 되자, 순박한 우리 동포들도 점차 반발심이 생기게 되
었다. 이로 인해 독립군이 자기 집이나 동네에 도착하면, 동포들이
비밀리에 왜놈에게 고발하는 악풍까지 생겼다. 또한 독립운동자들
까지도 점차 왜에게 투항하는 경우가 잦다 보니, 동북 3성의 독립운
동 근거지는 자연 취약해질 수밖에 없었다. 그러다 왜놈의 보호하에
만주국이 탄생하니 만주는 '제2의 조선'이 되어 버렸다. 이 얼마나
아프고 쓰린 일인가.

임시정부가 처음 조직되었을 때, 동북 3성의 정의·신민·참의부
는 임시정부를 최고기관으로 인정하고 떠받들었다. 그러나 나중에
는 서로 세력을 다투며 전쟁까지 벌였다. "스스로 업신여기면 다른
사람도 나를 업신여긴다"는 말은 이런 경우를 가리키는 격언이다.
이러니 동북 3성의 독립군은 벌써 자취를 감추었을 터이나, 신흥학
교 시절 이후 30여 년이 지난 오늘까지 김일성金日成 등 무장부대는

의연히 산악지대를 무대로 활동하고 있다. 이들이 압록강과 두만강을 넘나들며 왜병과 전쟁을 할 수 있었던 것은 중국 의용군과 연합작전을 하고 러시아의 후원도 받았기 때문이다. 그러나 이들과 관내關內 임시정부와의 연락은 매우 어려웠다.

상해의 정세도 사상 대립으로 함께 망한 꼴이 되었다. 임시정부와 한국독립당이 있어 민족진영은 잔해만 겨우 유지하고 있었지만, 인재도 귀하고 경제 사정도 너무 어려웠다. 임시정부에서는 대통령 이승만을 교체하고 박은식朴殷植이 취임하였고, 대통령 제도도 국무령제로 고쳤다. 1925년 9월 이상룡李相龍이 제1대 국무령으로 취임하기 위해 서간도에서 상해로 왔지만, 입각 지원자가 없어 다시 간도로 돌아가 버렸다. 그 다음 홍진洪震이 국무령으로 취임하였지만, 역시 조각에 호응하는 인물이 없어 실패하였다. 이리하여 임시정부는 마침내 무정부 상태에 빠지게 되었다.

5. 무정부 상태의 국무령

임시의정원 의장 이동녕 선생이 내게 와서 국무령으로 조각하라고 강권하였으나, 나는 두 가지 이유를 들어 굳이 사양하였다.

첫째, 임시정부가 아무리 위축되었다 하더라도, 해주 서촌 미천한 김존위의 아들인 내가 한 나라의 원수가 되는 것은 국가와 민족의 위신을 크게 떨어뜨리는 일이다. 둘째, 이상룡과 홍진 두 분도 함께 일하려는 인재가 없어 실패하였는데, 내가 나서면 더욱 호응하는 인재가 없을 것이다.

그러나 이의장은 나를 설득하였다.

"첫번째 이유는 혁명기에 맞지 않는 이유이고, 백범만 나서면 지원자들이 생길 것이니 두번째 이유도 문제가 되지 않소. 그러니 쾌히 응낙하여 의정원에 수속을 밟고 조각하여 무정부 상태를 면하게 하오."

1926년(51세) 결국 나는 국무령으로 취임하여 윤기섭·오영선·김갑·김철·이규홍 등으로 내각을 구성하였다. 조각이 너무 어려운 일임을 절감하였으므로, 국무령제를 다시 국무위원제로 고쳐 의정원의 인준을 받았다. 나는 국무위원회 주석이지만 그것은 위원의 한 사람으로서 회의를 주관할 따름이었다. 또한 국무위원들이 주석을 돌아가면서 맡기로 함으로써 모두 평등한 권리를 가지게 되었다. 이로써 임시정부의 분란은 일단 가라앉았다.

그러나 경제적으로는 정부의 이름마저 유지하기가 어려웠다. 청사 가옥세가 불과 30원, 고용인 월급이 20원을 넘지 않았으나, 집세 때문에 집주인에게 종종 소송을 당하였다. 내 개인의 사정도 좋지 않았다. 나는 민국 6년(1924)에 처를 잃었고, 다음 해 어머님께서 작은아들 신信을 데리고 고국으로 돌아가셨고, 그 후 어머님의 명에 따라 큰아들 인仁이마저 본국으로 보냈다. 상해에서 나는 홀로 그림자나 짝하는 외로운 생활이었다. 잠은 사무실에서 자고 밥은 동포들 집에서 얻어먹었으니, 거지 중의 상거지였다.

상황이 어려워질수록 독립운동자 중에서도 왜놈에게 투항하거나 귀국하는 자들이 하나둘씩 생겨나기 시작했다. 임시정부 군무차장 김희선과 독립신문사 주필 이광수, 의정원 부의장 정인과 등을 비롯하여 투항자의 수가 자꾸 늘어났다. 한때는 상해에 독립운동자가 천여 명이나 되었는데, 이제 겨우 수십 명에 불과하게 되었다. 당시 임시정부의 상태를 짐작하고도 남음이 있을 것이다.

애초에 나는 임시정부의 문지기 되기를 청하였으나, 끝내는 경무국장·내무총장·노동총판·국무령·국무위원·주석으로 중임을 거의 다 역임하였다. 이것은 나 개인의 발전 때문이 아니라, 임시정부의 인재난과 경제난 때문이었다. 명성이 쟁쟁하던 집안이 몰락하면, 그 고대광실이 걸인의 소굴이 되는 것과 비슷한 형편이었다.

이승만 대통령이 집무할 때는 중국인은 물론이고 영국 불란서 미국의 친구들도 더러 임시정부를 방문하였었다. 그러나 지금은 불란서 경찰이 왜놈을 대동하여 사람을 잡으러 오거나 세금 독촉하러 오는 것 외에, 서양인 친구라곤 단 한 사람도 찾아오지 않는다. 그렇지만 매년 크리스마스 때는 적어도 몇백 원어치의 물품이라도 사서 불란서 영사와 공무국과 서양인 친구들에게 선물하였다. 아무리 곤란한 중에라도 상해 생활 14년 동안 연중행사로 이렇게 한 것은 임시정부가 존재한다는 사실이라도 그들에게 알리기 위해서였다.

이 무렵 내가 연구하고 실행했던 일이 하나 있으니, 곧 편지 업무였다. 그때는 아무리 사방을 둘러보아도 임시정부의 이름이라도 보전할 길이 막막하여 해외동포들에게 의뢰하는 수밖에 없었다. 특히 미주·하와이·멕시코·쿠바에는 만여 명의 해외동포가 살고 있었는데, 이들은 비록 대다수가 노동자였지만 서재필·이승만·안창호·박용만 등의 가르침을 받아 애국심 하나만은 뜨겁고 강렬하였다. 그곳 동포들에게 사정을 알리고 정부에 성금을 바치게 할 계획을 세웠다.

그러나 불행히도 내가 영어에 문외한이라 손수 편지 겉봉도 쓸 수 없었다. 주소도 알 수 없는 지경이었지만, 다행히 엄항섭·안공근 등의 도움으로 몇 사람의 주소와 이름을 알아냈다. 나는 임시정부의 상황을 설명하고 동정을 구하는 편지를 쓰고, 엄군과 안군에게 겉봉을 쓰게 하여 해외로 보냈다. 수신인이 없어서 반환되어 돌아오는 경우도 더러 있었지만 회답하는 동포들이 점차 늘어났다. 그러던 중 하와이의 안창호安昌鎬·임성우 등이 다음과 같은 편지를 보내왔다.

"당신이 임시정부를 지키고 있는 것에 감사한다. 그런데 당신은 앞으로 무슨 사업을 하고 싶은가? 우리 민족에 큰 도움이 되는 일이라면 돈을 보내주겠다."

나는 다음과 같이 회답하였다.

"무슨 사업을 하겠다고 말할 수는 없으나 간절히 하고 싶은 일이 있으니, 조용히 돈을 모아 두었다가 보내라는 통지가 있을 때 보내라."

그러자 "그리하겠다"는 회신이 왔다. 그때부터 민족운동의 큰일이 무엇이며, 내가 그런 일을 할 수 있을지 연구하기 시작했다.

6. 혈혈단신이 되어 육십 평생을 돌아보니

민국 2년(1920, 45세), 아내가 아들 인仁을 데리고 상해로 왔다. 어머님은 내가 중국에 온 뒤에도 장모와 같이 황해도 동산평에 계시다가, 장모가 세상을 떠나자 민국 4년(1922, 47세) 상해로 건너와 오랜만에 함께 가정을 이루었다. 그해 8월 둘째 신信이가 태어났다.

상해에서 함께 가정을 이룬 지 얼마 되지 않아, 민국 6년(1924) 1월

1일 아내가 세상을 떠났다. 아내는 둘째 신을 낳은 후, 몸도 채 튼튼
치 못한데 2층에서 세숫대야를 들고 아래층으로 내려가다 발을 헛디
더 층계에서 굴러 떨어졌다. 그 후 늑막염이 폐병이 되어 고생하다 상
해 보륭의원寶隆醫院에서 진찰을 받고, 서양 의료시설을 갖춘 홍구 폐
병원으로 옮겼다. 나는 불란서 조계지를 벗어날 수 없었기 때문에, 보
륭의원에서 아내와 마지막 작별을 하였다. 김의한 부처가 병원에 들
러 아내의 임종을 봐 주었고, 나는 그들이 전해 주는 말만 들었다. 나
는 아내를 불란서 조계 지역인 숭산로 경찰서 뒤 공동묘지에 묻었다.
　나는 독립운동 기간 중에 혼례나 장례 등 의식으로 돈을 낭비하
는 것에 찬성치 않았다. 그래서 아내의 장례도 검소하게 치르려 하

단 한 장의 사진으로 남은 단란했던 가정 생활　아내, 큰아들 인과 함께 1922년경 상해에서 찍은 가족
사진으로, 최준례 여사의 모습을 볼 수 있는 유일한 사진이다. 이후 백범은 상해에서 아내를 잃고, 해방
직전 중경에서 인을 잃게 되어, 해방 당시에는 사진 속 인물 중 가장 나이 많은 백범만 살아 있었다.

였다. 그러나 동지들은 아내가 나로 인해 고생을 겪은 것이 곧 나랏
일에 공헌한 것이라며, 각기 돈을 거두어 장의를 성대하게 지내고 묘
비까지 세워 주었다.

부인 최준례 여사의 묘비 사진과 신문 기사

한글학자 김두봉이 순 한글로 쓴 비문이 이색적이다. 태어난 날은 ㄹㄴㄴㄴ해(단기 4222년, 서기 1889년) ㄷ
달(3월) ㅊㅈ날(19일), 돌아가신 날은 대한민국 ㅂ해(대한민국임시정부 6년, 1924년) ㄱ달(1월) ㄱ날(1일)이다. 신문
기사대로 "쓸쓸한 타향에 가족을 두고 외로히 누운" 망자 최준례 여사도 애처롭지만, 비석 주위를 에워싸
고 서 있는 곽낙원 여사, 백범, 아들 인과 신의 모습은 더욱 애처롭다. 『동아일보』 1924년 2월 18일 기사.

아내가 입원했을 때 인이도 병이 중하여 공제의원共濟醫院에 입원하였으나 아내 장례 후 완전히 나아 퇴원하였다. 당시 신이는 겨우 걸음마를 익히고 젖을 먹을 때였다. 아내가 없자 어머님은 신이를 우유로 기르셨는데, 밤에는 당신의 빈 젖을 물려 재우셨다. 신이 차차 말을 배울 때는 단지 할머님만 알고 어머님이 무엇인지 몰랐다.

상해에서 우리는 극도로 어렵게 살았다. 그때 독립운동을 한 동지들은 수십 명에 불과하였다. 어머님께서는 청년들과 노인들이 굶주리는 것을 애석히 여기셨지만 구제할 방법이 없었다. 어머님께서는 우리 집 뒤쪽 쓰레기통에 채소상이 버린 배추 껍데기가 많은 것을 보시고는, 매일 밤 먹을 만한 것만 골라 소금물에 담가 두었다가 찬거리로 만들어 놓으셨다.

상해에서 살기가 더욱 어려워지자, 민국 7년(1925, 50세) 어머님은 네 살이 채 안 된 신이를 데리고 고국으로 돌아가셨다. 나는 큰아이 인이를 데리고 여반로呂班路 단층집을 세내어, 이동녕 선생 및 몇몇 동지들과 함께 살았다. 그때 어머님이 담가 주신 우거지김치를 오래 두고 먹었다.

1925년 11월 귀국하실 때 여비를 넉넉히 드리지 못하였으므로, 어머님은 인천에 상륙하시자 바로 여비가 떨어졌다. 어머님이 동아일보 인천지국에 가서 사정을 말씀하시자, 지국에서는 경성 갈 여비와 차표를 사 드렸다. 경성에서 다시 동아일보사를 찾아가니 사리원까지 보내 드렸다.

고국에서도 어머님은 밤낮 상해에 있는 자손을 잊지 못하시고 생활비를 아껴 적은 금액이라도 보내셨다. 그러나 그것은 화로 속의 한 점 눈송이처럼 별 보탬이 되지 못했다. 내 사정을 알아채신 어머

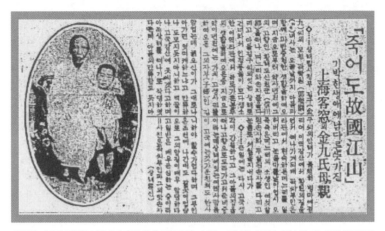

백범의 어머니 곽낙원 여사가 손자와 함께 귀국한다는 보도　곽낙원 여사가 "현숙한 며느리를 잃어버리고" "여섯 살 된 손자와 세 살 된 손자를 데리고 눈물로 세월을 지내다가" "백골이나 고국 강산에 묻히겠다"며 귀국한다고 보도한 『동아일보』 1925년 11월 6일 기사.

님께서 민국 9년(1927, 52세) 다시 인이까지 본국으로 보내라고 명하셨다. 인이까지 귀국시키니, 상해에서 나는 다시 혈혈단신으로 한 점 딸린 식구도 없게 되었다.

　　내 육십 평생을 돌이켜 보면 상식에 벗어나는 일이 한두 가지가 아니다. 대개 사람이 귀하면 궁함이 없고 궁하면 귀함이 없는 법이다. 그러나 나는 직위가 올라가 귀해져도 궁하고, 궁해도 궁한 일생을 지냈다. 나라가 독립하면 삼천리 강산이 다 내 것이 될지 모르겠으나, 하늘 아래 넓고 큰 지구에 한 치의 땅도, 반 칸의 집도 내 소유가 없다. 옛날 중국의 한유韓愈는 가난 귀신을 쫓아 버리려고 「송궁문」送窮文을 지었다지만, 나는 차라리 가난을 벗하며 사는 「우궁문」友窮文을 짓고 싶다. 그러나 문장가가 아니므로 그 역시 할 수 없다.

　　자식들에게 아비 된 의무를 못하였으므로 너희들이 자식 된 의

무를 해 주기도 원치 않는다. 다만 너희들은 이 사회의 은혜로 먹고 입고 배우고 있으니, 스스로 사회의 아들이라는 마음을 갖고, 사회를 부모처럼 섬기면 더 이상 만족이 없을 것이다.

기미년(1919, 44세) 2월 26일(양력 3월 27일)은 어머님의 환갑이었다. 술과 안주를 약간 마련하여 축하연이나 하자고 아내와 의논하였는데, 어머님이 미리 눈치를 채고 말리셔서 이루지 못하였다.

"축하연을 한다면 네 친구들을 다 불러서 하루 종일 놀아야 하지 않느냐? 1년 추수만 지나도 생활이 좀 나아질 것이다. 지금 네가 어려운 중에 무엇을 준비한다면 도리어 내 마음이 편하지 않으니, 다음으로 미뤄라."

그로부터 며칠 후 나는 안악을 출발하여 나라를 떠나게 되었다. 그 후 어머님께서도 상해에 오셨으나, 공적으로든 사적으로든 어려운 경제 여건 때문에 생신을 차려 드리는 것이 불가능하였다. 설사 그럴 역량이 되었다 하여도 독립운동 하다가 목숨 잃고 집안 망하는 동포들이 매일 수십 수백이란 비참한 소식을 들으면서, 어머님 환갑연을 준비할 용기가 없었다.

그러므로 내 생일 같은 것은 입 밖에 내지 않고 지냈는데, 1925년 8월 29일 나석주羅錫疇(1892~1926)가 식전에 고기와 채소를 많이 사 가지고 와서 어머님께 드렸다.

"오늘이 선생님 생신이 아닙니까? 돈도 없고 해서 옷을 전당잡혀 고기 근이나 좀 사 가지고 밥해 먹으러 왔습니다."

나는 나석주에게 그처럼 영광스럽게 대접받은 것을 영원히 기념하고, 그간 생신을 차려 드리지 못한 어머님께도 너무나 죄송하여, 죽는 날까지 생일을 기념하지 않기로 결심하였다.

나석주 의사

백범의 제자이며, 상해 임정 시절에도 백범 밑에서 경무국 경호원으로 근무한 적이 있는 나석주 의사. 1925년 8월 29일 그가 백범의 50세 생일상을 마련해 준 이후, 백범과 그는 다시 만나지 못하였다. 그 후 나석주는 북경으로 가서 의열단에 가입하였으며, 그해 12월 28일 경성에 있는 식산은행과 동양척식회사에 폭탄을 던지고 권총으로 일본인들을 사살한 후 시가전을 벌이다가 35세의 나이로 자결했다.

내 일생에서 제일 큰 행복은 기질이 튼튼하게 태어난 것이다. 7년 가까이 감옥 고역을 하면서도 하루도 병으로 일 못한 적이 없으니, 단지 인천감옥에서 학질에 걸려 반나절 쉰 적이 있을 뿐이다. 병원에 간 적은 고국에서 혹을 떼러 제중원濟衆院에 갔던 1개월, 그리고 상해에 온 뒤 감기에 걸려 치료한 것뿐이다.

기미년에 중국으로 건너온 후 벌써 10여 년, 그간 지나온 일 중에 중요하고 놀라운 것도 많으나, 독립 전까지 절대 비밀로 해야 하기 때문에 너희에게 일일이 알려 주지 못하는 것이 극히 유감이다.

글을 쓰기 시작한 지 1년이 넘은 민국 11년(1929. 54세) 5월 3일에 마쳤다.

임시정부 청사에서

하권

하권을 쓰고 나서

『백범일지』 상권은 53세 때(1928) 상해 임시정부 청사에서 1년여 기간 동안 쓴 것이다. 나는 젊은 나이에 글공부를 그만두고, 보잘것없는 역량과 재주를 돌아보지 않고, 성공과 실패의 영욕에 연연하지 않으며, 국가와 민족을 위하여 30여 년 힘들게 싸웠다. 그러나 예순을 바라보는 지금, 하나도 제대로 이룩한 것이 없다.

상권을 쓸 당시 나는 근 10년 임시정부를 지키고 있었지만, 시간이 지나면서 독립운동이 점점 힘을 잃어 정부라는 이름마저 지키기 어려웠다. 그야말로 해 지는 외딴 성에 슬픈 깃발 날리듯 암담한 시기였다. 독립운동도 잘 안 되고 죽을 날이 가까워지니, 무슨 일이든 과감하게 하지 않으면 안 된다고 생각하였다. 그리하여 침체된 독립운동을 새롭게 할 목적으로, 미국·하와이 동포들에게 편지하여 경제적 후원을 부탁하였고, 피 끓는 의사義士들을 찾아내어 의거를 계획하면서 『백범일지』 상권을 집필하였다.

그 후 이봉창의 동경 의거와 윤봉길의 홍구 의거가 천만다행으로 성공하였으므로 쓸모없는 이 몸도 최후를 고할까 하여, 본국에 있는 자식들이 성장하여 해외로 나오거든 전해 달라는 부탁과 함께 상권을 등사하여 미국·하와이의 몇몇 동지에게 보냈다.

그러나 하권을 쓰는 지금까지 비천한 나의 목숨은 아직 살아 있고 자식들도 이미 성장하였으니, 상권처럼 자식들에게 전해 달라고 부탁할 필요는 없게 되었다. 지금 하권을 쓰는 목적은 내가 힘써 싸운 자취를 남겨, 이를 보고 숱한 과오를 거울삼아 같은 잘못을 밟지

『백범일지』상권을 집필한
상해 임시정부의 마지막 청사

백범은 1928~1929년 이곳에서 자
식에게 유서를 남기는 심정으로 일
지를 기록하였다. 당시 법조계(法租
界) 마랑로(馬浪路) 보경리(普慶里) 4호
는 현재 마당로(馬當路) 306롱(弄) 4
호(號)이다.

말라는 것이다.

　상권을 쓸 때만 해도 임시정부는 이름만 있고, 외국인은 고사하
고 국무위원과 의정원 의원 10여 명 외에 찾아오는 동포들도 없었
다. 그러나 하권을 쓰는 지금에는 의정원 의원과 국무위원들의 얼굴
에서 걱정스런 표정이 싹 가시고, 내무·외무·군무·재무 등 4부의
행정도 눈에 띄게 나아졌다. 또한 중국에 있는 각 당파의 동포들이
임시정부를 지지하고, 미주·멕시코·쿠바 각국의 한인교포 만여 명
이 임시정부로 독립자금을 보내고 있다.

　임시정부 수립 이후 국제외교를 위해 꾸준히 노력하였으나,
중·소·미 등에서는 비공식적인 도움만 가끔 있었을 뿐 공식적인 지
원은 없었다. 그러나 지금은 미국 대통령 루스벨트가 '한국의 독립'
을 공식 선포하였고, 중국의 입법원장 손과(係科)는 "일본제국주의를
부수려면 중국이 한국 임시정부를 승인해야 한다"고 말했다. 한편
우리 임시정부도 워싱턴에 외교위원부를 설치하고 이승만 박사를
위원장으로 세워 외교 선전을 위해 노력하고 있다. 또한 한국광복군

이 정식으로 생겨나 서안에 사령부를 설치하고 병사를 모집하여 훈
련하고 있다.

임시정부의 재정은 원래 본국 동포들의 비밀후원금과 미주·하
와이 동포들의 후원금으로 충당하였다. 그러나 일본의 강압과 독립
운동의 퇴조로 날이 갈수록 액수가 점점 줄어들었다. 경제적인 어려
움으로 인해 임시정부의 직무도 멈추고, 투항하거나 귀국하는 자가
한둘이 아니었다.

그러나 윤봉길 의사의 홍구 사건 이후, 내외국인들이 임시정부
를 대하는 태도가 달라지고, 해마다 재정 수입도 증가하였다. 민국
23년(1941)에는 임시정부 수립 이후 최고액인 53만 원을 넘었고, 이후
더욱더 늘어날 것이다.

내 나이 67세(1942)에 중경重慶 임시정부 청사에서 하권을 집필하
였다. 상해 불란서 조계지 임시정부 청사 2층에서 참담한 심정으로
최대 최후의 결심을 하고 상권을 쓰던 때에 비하면, 하권을 쓰는 지
금 임시정부의 형편은 나아진 상태이다. 그러나 나는 날마다 늙고

병들어 가고 있으니, 상해시대가 '죽자꾸나 시대'라면 중경시대는 '죽어가는 시대'라 하겠다.

어떤 사람이 나에게 "어떻게 죽기를 원하는가?" 묻는다면, 제일 큰 소원은 독립 달성 이후 본국에 입성식入城式을 하고 죽는 것이다. 그것이 안 된다면, 작은 소망은 임시정부를 후원한 미주·하와이 동포들이라도 만나 보고 돌아오다 비행기에서 시신을 던져, 산중에 떨어지면 짐승들의 뱃속에, 바다에 떨어지면 물고기 뱃속에 영원히 잠드는 것이다.

세상은 고해苦海라더니, 살기도 어렵거니와 죽기 또한 어렵다. 자살도 자유가 있는 데서나 가능한 것이다. 나도 옥중에서 두 번이나 ― 치하포 사건으로 투옥되어 인천감옥에서 장티푸스에 걸렸을 때, 그리고 17년 후 다시 인천감옥으로 돌아가 인천항 건설 공사를 할 때 ― 자살하려다가 실패하였다. 안명근 형도 서대문감옥에서 굶어 죽으려고 결심하여 3~4일 동안 이런저런 핑계로 음식을 끊었지만, 간수가 눈치를 채고 의사에게 보인 후 안명근을 강제로 묶어 입을 벌린 다음 계란을 풀어 넣었다. 이처럼 자유를 잃으면 자살도 쉽지 않다.

칠십 평생을 돌이켜 보니, 살려고 해서 산 것이 아니고 살아져서 산 것이다. 죽으려 해도 죽지 못한 이 몸이 끝내는 죽어져서 죽게 되었도다.

중경 화평로 오사야항 1호 임시정부 청사에서

67세(1942) 때 집필

8

대륙을 진동시킨
이봉창과 윤봉길

1. '일본영감' 이봉창의 영원한 즐거움

내가 임시정부 재무부장이면서 상해 민단民團 단장을 맡고 있던 때,
한 동포가 찾아왔다.

"저는 일본에서 노동을 하다가 독립운동을 하고자 상해로 왔습
니다. 임시정부가 보경리 4호라 하여 이렇게 찾아왔습니다."

그는 경성京城 용산 출생으로 이봉창李奉昌(1901~1932)이라 하였다.
나는 임시정부가 독립운동자들을 지원할 힘이 없으니 가진 돈이 있
느냐고 물어보았다.

"지금 남은 돈은 10여 원 정도뿐입니다."

"그러면 생활을 해결할 방법이 있소?"

"저는 철공장에서 일할 수 있기 때문에 아무 걱정 없습니다. 노
동하면서 독립운동은 못합니까?"

나는 다음 날 다시 이야기하자 하고, 민단 사무원에게 근처 여관을 잡아 주라 하였다. 말할 때 일본어를 절반이나 섞어 쓰고, 행동 또한 일본인과 흡사하여 특별히 조사할 필요가 있다고 생각하였다.

며칠 후 그가 민단 주방에서 직원들과 같이 술과 국수를 사다 먹었다. 술이 얼큰하여 반쯤 취기가 돌았는지, 술자리의 말소리가 문밖까지 흘러나왔다.

"당신들은 독립운동을 한다면서 왜 일본 천황을 못 죽입니까?"

"하급 관리도 죽이기가 어려운데, 천황을 죽이기가 쉽겠소?"

"작년 동경에 있을 때, 천황이 능陵으로 행차한다며 행인들을 엎드리라고 한 적이 있소. 그때 내가 엎드려서 생각하기를 지금 만약 내 손에 폭탄만 있다면 쉽게 죽일 수 있지 않을까 싶었습니다."

나는 이씨의 말을 유심히 들었다. 그날 저녁, 이씨가 묵고 있는 여관을 조용히 찾아가 서로 속마음을 털어놓았다. 그는 나에게 자신의 포부를 밝혔다.

"제 나이가 31세입니다. 앞으로 31년을 더 산다 해도 늙은 생활에 무슨 재미가 있겠습니까? 인생의 목적이 쾌락이라면 31년 동안 대강 맛보았습니다. 그러니 이제는 영원한 즐거움을 얻기 위해 독립운동에 몸을 던지고자 상해에 왔습니다."

그의 인생관을 들으니 감동으로 눈물이 벅차올랐다. 이봉창은 나라를 위해 몸을 던질 수 있게 지도해 달라고 간곡하게 요청했고, 나는 쾌히 승낙하였다.

"1년 안에 준비를 하겠소. 그런데 우리 임시정부가 가난하여 그대에게 살아갈 방도를 마련해 주기 어렵고, 또한 거사擧事를 위해서 그대가 임시정부 가까이 있는 것도 불리하오. 어떻게 하면 좋겠소?"

"저는 어려서부터 일어를 잘해서 일본인 기노시타 쇼조きのしたしょうぞう 木下昌藏로 행세해 왔습니다. 상해에 오면서도 이봉창이라는 본명을 쓰지 않았으니, 앞으로도 일본인으로 행세하겠습니다. 거사를 준비하실 동안, 저는 일본인 철공장에 취직하면 월급을 많이 받을 수 있습니다."

나는 크게 찬성하고 주의를 줘서 돌려보냈다.

"우리 기관이나 사람들과는 자주 만나지 말고, 순전히 일본인으로 행세하면서 매달 한 차례씩 밤중에만 찾아오시오."

며칠 후 그가 다시 찾아와 일본인 철공장에 매월 80원씩을 받기로 하고 취직하였다고 하였다. 그 후 종종 술·고기·국수 등을 사 가지고 민단 사무실에 와서 직원들과 함께 술을 마셨다. 그는 취하면 곧장 일본 노래를 유창하게 부르며 호방하게 놀아 '일본영감'이란 별명을 얻었다. 어느 날 일본인 복장에 게다를 신고 임시정부로 들어서다가 중국 하인에게 쫓겨난 일도 있었다.

이동녕 선생과 다른 국무위원들은 조선인인지 일본인인지 분간하기 어려운 사람을 임시정부 문 안에 들인다고 나를 꾸짖었다. 나는 조사할 사건이 있다고만 답변하였다. 더 이상 크게 책망하지는 않았지만, 불쾌하게 생각하기는 마찬가지였다.

2. 불행히 명중하지 못했으나

이봉창을 만난 지 그럭저럭 1년 가까이 되었다. 항공우편이 없던 때라 임시정부와 하와이 사이의 서신 왕복에 거의 두 달이 걸렸다. 그 무렵 하와이에서 몇백 달러를 보내왔다. 나는 그 돈을 거지 옷 전대 속에 몰래 감추고 예전대로 빌어먹는 걸식乞食 생활을 계속하였다. 아무도 허름한 옷 속에 천 원이 넘는 거액이 있다는 사실을 몰랐다.

1931년 12월 중순경, 이봉창을 불란서 조계지의 중흥여관으로 비밀히 불렀다. 하룻밤 같이 자면서 일본행에 대한 여러 문제를 상의하였다. 나는 돈과 폭탄 두 개를 준비하여, 하나는 일본 천황을 죽이는 데, 다른 하나는 자살용으로 쓰게 하였다. 사용법을 가르쳐 주고, 자살이 실패할 때를 대비하여 심문에 응할 말까지 가르쳐 주었다. 다음 날 품속에서 지폐 한 뭉치를 꺼내 주며, 그 돈으로 일본 갈 채비를 하고 다시 오라 하였다.

이틀 후, 중흥여관에서 다시 만나 그와 마지막 밤을 보냈다. 이 씨가 내게 이런 말을 했다.

"그저께 선생께서 해진 옷 속에서 꺼내 주신 큰돈을 받아 갈 때 눈물이 나더이다. 일전에 민단 사무실 직원들이 밥을 굶은 듯하여, 제 돈으로 국수를 사서 같이 먹은 일이 있습니다. 그런데 생각지 못한 돈뭉치를 믿고 주시니 아무 말도 못하겠더이다. 제가 이 돈을 마음대로 써 버리더라도, 선생님은 불란서 조계지에서 한 걸음도 못 나오실 터이지요. 과연 영웅의 도량이십니다. 제 일생에 이런 신임을 받은 것은 선생께 처음이요 마지막입니다."

그 길로 함께 안공근의 집에 가서 선서식을 거행한 뒤, 폭탄 두 개와 돈 300원을 건네주고 다음과 같이 말하였다.

"선생은 마지막 가시는 길이니 이 돈을 동경에 도착할 때까지 다 쓰시오. 동경 도착 이후 전보하시면 다시 돈을 보내오리다."

그리고 사진관으로 가서 기념사진을 찍었다. 내 얼굴에 슬픈 기

이봉창 의사의 모습과 선서문(1931. 12. 13) 이봉창은 서울 용산 문창보통학교를 다니다가 중퇴하고, 일본으로 건너가 기노시타 쇼조라는 이름으로 오사카, 동경 등을 전전하였다. 1931년 중국 상해로 건너가 백범의 한인애국단에 가입하였고, 그해 말 다시 일본으로 건너가 1932년 1월 8일 천황 히로히토(裕仁)가 동경 교외 요요기(代代木) 연병장에서 관병식(觀兵式)을 마치고 돌아올 때 사쿠라다몬(櫻田門) 근처 경시청 현관 앞에서 수류탄을 던졌으나 적중하지 못했다. 이해 10월 10일 사형되었다.

색이 있었던지 이씨가 오히려 나를 위로하였다.

"저는 영원한 즐거움을 누리기 위해 떠나는 것이니, 기쁜 얼굴로 사진을 찍으십시다."

이에 억지로 미소를 띠고서 사진을 찍었다.

차에 올라앉은 이봉창이 머리 숙여 마지막 경례를 하자, 경적 소리 한 번 내고 무정한 차는 내달렸다. 그로부터 10여 일 후 동경에서 "1월 8일 물품을 팔아 치우겠다"는 전보를 받았다. 마지막으로 200원을 부쳐 주었더니, "미친 것처럼 돈을 써 버려서 밥값까지 빚져 있었는데, 200원을 받으니 다 갚고도 남겠습니다"고 연락이 왔다.

당시 우리 민족운동이 매우 침체하여 군사공작이 어려우면 테러공작이라도 해야 할 때였다. 나는 국무회의에서 한인애국단韓人愛國團을 조직하여 암살파괴공작을 실행하겠다고 보고하여, 모든 권한을 위임받고 결과만 보고하라는 특권을 얻었다. 그 제1탄이 이봉창의 동경의거였다. 이봉창이 결심한 1월 8일이 가까웠으므로, 나는 임시정부 국무원에 그간의 경과와 함께, 사건이 곧 일어나면 우리 정부의 입장이 곤란하게 될 수도 있다고 보고하였다.

드디어 1월 8일, 신문에 "이봉창이 일본 천황을 저격하였으나 명중하지 못하였다"는 기사가 실렸다. 나는 일왕日王을 죽이지 못한 것에 원통해 하였지만, 동지들은 오히려 나를 위로하였다. 일왕이 죽은 것만은 못하지만, 정신적으로는 우리가 그네들의 신성불가침인

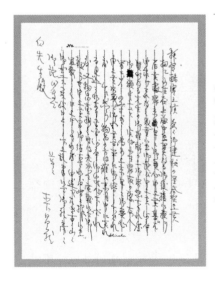

이봉창 의사가 1931년 12월 24일 동경에서 보낸 서한

편지는 한문이 많은 고어체의 일본어이며, 내용은 상해에서의 백범의 후원에 감사하며, 오사카를 거쳐 동경에 와서 돈이 떨어졌으니 용서하시고 돈을 보내 주실 것, 그러나 다음 달에는 물건을 확실하게 팔겠다. 즉 거사를 단행하겠다는 것 등이다. 보내는 사람은 木下昌藏(이봉창), 받는 사람은 白先生(백범)이다.

천황을 죽인 것이며, 이는 한인이 일본에 동화되지 않은 것을 세계 만방에 확실히 증명한 것으로, 사실상 성공이라는 것이었다. 아울러 나더러 주의하라고들 하였는데, 과연 다음 날 아침 불란서 공무국에서 아래와 같은 비밀통지가 왔다.

"지난 10여 년 동안 불란서 조계지에서 김구를 보호하여 왔으나, 천황에 폭탄을 던진 사건으로 일본이 김구 체포를 요청할 경우, 불란서가 일본과 전쟁을 결심하기 전에는 더 이상 김구를 보호하기 힘들다."

다음 날(1월 9일) 중국 국민당의 기관지인 청도靑島의 『민국일보』民國日報는 큰 활자로, "한인이 일황을 저격하였으나 불행히도 명중하지 않았다"라고 보도하였다. "불행히도"〔不幸〕 "명중하지 않았다"〔未中〕라는 표현 때문에 일본 군인과 경찰이 민국일보사로 쳐들어가 신문사를 때려 부쉈다. 그러나 『민국일보』뿐 아니라, 다른 많은 지방에서도 "불행히도 명중하지 않았다"라는 표현을 썼다. 일본이 강력히 항의하여 중국 정부는 어쩔 수 없이 각 신문사를 폐쇄하고 일을 마무리했다.

얼마 후(1932년 1월 28일) 일본은 상해사변을 일으켰다. 중국과 전쟁 중이라 그런지 일본은 적극적으로 나를 체포하려 하지 않았지만, 동지들은 내게 한 곳에서 먹고 자지 말며 조심하라고 당부하였다. 나는 낮에는 쉬고, 밤에는 동지들의 집이나 창기娼妓의 집에서 잠을 잤다. 식사는 동포의 집으로 찾아가면 누구나 정성껏 대접하였다.

중국과 일본 사이에 전쟁이 격렬하게 전개되었다. 일본군은 상해에서 남녀노소를 가리지 않고 모두 불에 던져 죽이는 등 차마 눈 뜨고 볼 수 없는 잔인한 만행을 저질렀다. 불란서 조계지 안 곳곳에서도 후방병원을 세우고 전사자의 시체와 부상병을 트럭에 가득 실어 날랐다. 나무판자 틈으로 중국인의 피가 흘러나오는 것을 보니, '우리는 언제 일본과 전쟁을 벌여 우리 강산을 피로 물들일 수 있을까' 하는 생각에 가슴 가득 경의를 느끼며 눈물이 비 오듯 흘렀다.

이봉창의 동경 의거가 세계에 알려지자 미주·하와이·멕시코·쿠바의 동포들은 크게 흥분하였다. 나를 격려하는 편지가 눈송이처럼 태평양을 건너 날아들었다. 임시정부에 반대하던 동지들도 태도를 바꾸어 나를 격려해 주었다. 금전적인 지원도 더욱 늘어났고, 상해사변과 때를 같이하여 우리 민족을 빛낼 사업을 다시 하라는 부탁이 잇달았다.

3. 윤봉길 의사와의 짧은 만남

1932년 1월 28일 상해사변을 계기로 상해의 동포 청년들도 비밀리에 나를 찾아와 나라에 몸을 던질 일감을 달라고 간청하곤 했다. 그러던 어느 날 윤봉길尹奉吉(1908~1932) 군이 조용히 나를 찾아왔다. 그는 우리 동포의 공장에서 노동자로 일한 적이 있고, 홍구虹口 시장에서 채소장사를 하고 있었다.

"제가 날마다 채소바구니를 등에 메고 홍구 쪽으로 다니는 것은 큰 뜻을 품고 상해에 온 목적을 달성하기 위해서입니다. 선생님께서는 동경 사건과 같은 계획이 또 있을 줄 믿습니다. 저를 지도하여 주시면 죽어도 은혜를 잊지 않을 것입니다."

마음을 터놓고 이야기해 보니 그는 몸을 바쳐 큰 뜻을 이룰 의로운 대장부였다. 나는 감복하여 말하였다.

"뜻을 품으면 반드시 이룬다고 했으니 안심하시오. 내가 요사이 연구하는 것이 있으나 마땅한 사람을 구하지 못해 고민하던 참이었소. 신문을 보니, 일본이 이번 전쟁에서 이긴 위세를 업고 4월 29일 홍구공원에서 천황의 생일인 천장절天長節 경축식을 거행할 모양이오. 이날 평생의 큰 목적을 달성해 봄이 어떻겠소?"

윤군은 쾌히 응낙하며, "그 말씀을 들으니, 가슴에 한 점 번민도 없어지고 마음이 편안해집니다. 준비해 주십시오" 하고 자기 숙소로 돌아갔다.

마침 상해의 일본 영사관이 "4월 29일 홍구공원에서 천장절 축하식을 거행하니, 식장에 참석하는 자는 물병과 도시락, 그리고 일본 국기 하나씩을 가지고 입장하라"고 신문에 공고하였다.

나는 즉시 왕웅王雄(김홍일) 군을 찾아가서, 일본인들이 사용하는 물통과 도시락을 보낼 터이니, 상해 병공창장과 교섭하여 그 속에 폭탄을 장치하여 3일 안에 보내 달라고 부탁하였다. 왕군이 병공창장을 만나고 돌아와서 보고하였다.

"창장이 내일 오전 선생님을 모시고 병공창으로 와서 직접 시험하는 것을 확인해 보시라 합니다. 같이 가십시다."

다음 날 아침 일찍 병공창으로 가서, 물통과 도시락, 두 종류의 폭탄 시험을 구경하였다. 마당 한 곳에 토굴을 파고 네 벽을 철판으로 두른 뒤, 그 속에 폭탄을 장치하고 뇌관 끝에 긴 끈을 잇더니, 그 끈을 수십 걸음 밖으로 끌고 나와 잡아당겼다. 그러자 토굴 속에서 우레 같은 소리가 터지며 파편이 흩어지는데 일대장관이었다. 20개를 시험하여 20개가 전부 폭발하면 실물로 장치하는데, 결과가 좋다는 말을 듣고 속으로 무척 기뻐하였다.

상해 병공창에서 이처럼 친절하게 폭탄 20개나 소모하면서 무료로 폭탄을 만들어 주는 까닭이 무엇인가? 그 역시 이봉창 의사 덕분이다. 병공창장은 자기네가 만들어 준 폭탄이 약하여 이봉창이 일왕을 죽이지 못한 것을 유감으로 생각하고 있었다. 그러던 차에 내가 다시 폭탄을 요구하니 성심껏 제조해 준 것이다. 다음 날 그들은 병공창 자동차로 폭탄을 실어 왕웅 군의 집까지 가져다 주었다.

나는 중국인 거지 옷을 벗고 싸구려 양복을 한 벌 사서 갈아입었다. 그리고 보니 나도 엄연한 신사였다. 물통과 도시락을 한두 개씩 불란서 조계지 안에 있는 동포들의 집으로 옮겼다. 무슨 물건인지 알아채지 못하게 "귀한 약품이니 불만 조심하라"고 당부하였다.

운명의 순간 4월 29일이 점점 가까워 왔다. 윤봉길 군은 말쑥하게 일본식 양복으로 갈아입고, 날마다 홍구공원으로 나가 거사할 위치를 점검하였다. 또한 시라카와白川 대장의 사진을 구하고 일장기도 마련하였다. 그리고는 보고 들은 것을 나에게 보고하였다.

"오늘 홍구공원의 식장 설치하는 곳에 시라카와 놈도 왔습디다. 그놈 곁에 서 있자니, 어떻게 내일까지 기다리나, 오늘 폭탄을 가졌더라면 이 자리에서 당장 죽일 텐데 하는 생각이 문득 들었습니다."

"그것이 무슨 말이오? 포수가 꿩을 쏠 때에도 날린 다음 쏘아 떨어뜨리고, 사슴을 잡을 때도 달리게 한 다음 쏘는 것이 사냥의 진정한 맛이오. 군이 지금 그러는 것은 내일 성공할 자신감이 모자라기 때문이 아니오?"

"아닙니다. 그놈이 곁에 선 것을 보니 문득 그런 생각이 들더란 말입니다."

태극기 앞에서 선서문을 걸고 맹세하는 윤봉길 의사와 선서문　　윤봉길은 국내에서 농촌 계몽운동을 하다, 1930년 2월 중국으로 망명, 다음 해 김구(金九)의 한인애국단에 가입하였다. 1932년 4월 26일 의거 선서식을 하였으며, 3일 후인 29일 홍구공원에서 의거를 단행하였다. 거사 직후 현장에서 체포되어, 그 해 12월 19일 가나자와(金澤) 형무소에서 총살되었다.

　"나는 이번 거사가 성공할 것을 벌써 알고 있소. 군이 일전에 번민이 그치고 마음이 편안해진다고 했는데, 그 말이 확실한 증거라고 믿소. 내가 치하포에서 쓰치다를 죽이려 할 때도, 처음에는 가슴이 몹시 울렁거렸지만 고능선 선생이 가르쳐 주신 구절, '벼랑에서 잡은 손마저 놓는 것이야말로 대장부'라는 구절을 떠올리니 마음이 차분히 가라앉았소. 군과 내가 거사하는 심정이 서로 같은 것 아니겠소?"

　윤 군은 내 말을 가슴에 새겨듣는 표정이었다. 그를 여관으로 보낸 후, 폭탄 두 개를 가지고 김해산(金海山)의 집으로 갔다. 그들 부부에게 중대한 일이 있어 내일 아침 일찍 윤봉길 군을 동북 3성으로 보낼 터이니, 저녁에 쇠고기를 사다가 새벽밥을 해 달라고 당부하였다.

4. 홍구공원의 쾌거

4월 29일 새벽, 윤군과 같이 김해산의 집에 가서 마지막으로 아침밥을 같이 먹었다. 윤군은 마치 농부가 일을 나가는 것처럼 태연한 모습이었다. 김해산 군이 조용히 나에게 말하였다.

"선생님, 지금은 상해에서 의거를 일으켜야 민족 체면을 지킬 수 있는 상황인데, 하필 이런 중요한 때에 윤군을 다른 곳으로 파견하십니까?"

솔직히 답변할 수 없어 두루뭉술하게 대답하였다.

"모험은 실제로 하는 사람에게 전권이 있는 것이오. 윤군이 무슨 일이든 하겠지요. 어디서 무슨 소리가 나는지 들어나 봅시다."

마침 오전 7시 종소리가 들렸다. 윤군은 자기 시계를 꺼내, "제

의거 직전 윤봉길 의사가 백범 앞에서 기록한 두 아들 모순(模淳)과 담(淡)에게 남긴 유서 「강보에 싸인 두 병정에게」

너이도 만일 피가 잇고 뼈가 잇다면 반다시 조선을 위하야 용감한 투사가 되여라. 태극에 깃발을 높히 드날니고 나의 빈 무덤 압혜 차저와 한 잔 술을 부어 노으라. 그리고 너의들은 아비 업슴을 슬퍼하지 말어라. 사랑하는 어머니가 잇스니 어머니의 교양으로 성공자를 동서양 역사상 보건대, 동양으로 문학가 맹가(맹자)가 잇고 서양으로 불란서 혁명가 나푸레옹이 잇고 미국에 발명가 에듸손이 잇다. 바라건대 너의 어머니는 그의 어머니가 되고, 너의들은 그 사람이 되여라.

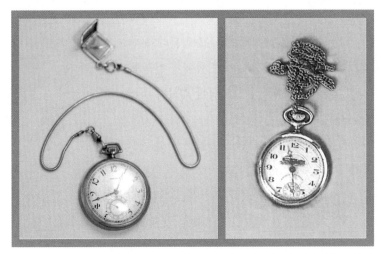

백범과 윤봉길 의사가 서로 교환한 시계 홍구공원으로 출발하면서 윤의사는 백범에게 자신의 금색 시계(왼쪽)를 드리고, 백범의 은색 시계(오른쪽)를 받아 가졌다.

시계는 어제 선서식 후 6원을 주고 산 것인데, 선생님의 시계는 2원 짜리입니다. 저는 이제 1시간밖에 더 소용이 없습니다"라며 내 시계와 바꾸자고 하였다. 나는 기념으로 그의 시계를 받고, 내 시계를 그에게 주었다. 윤군은 마지막 길을 떠나기 전 자동차를 타면서, 가지고 있던 돈도 꺼내 내 손에 쥐어 주었다.

"약간의 돈을 가지는 것이 무슨 방해가 되겠소?"

"아닙니다. 자동차 요금을 내고도 5~6원은 남겠습니다."

그러는 사이 자동차가 서서히 움직이기 시작하였다. 나는 목메인 소리로 마지막 작별의 말을 건네었다.

"후일 지하에서 만납시다."

윤군이 차창으로 나를 향하여 머리를 숙였다. 자동차는 엔진소리를 높이 울리며 천하영웅 윤봉길을 싣고 홍구공원으로 질주하였다.

나는 그 길로 조상섭의 상점에 들어가 편지 한 통을 써서 점원 김영린에게 주고, 급히 안창호 형에게 전달하라고 했다.

"오늘 오전 10시경부터 댁에 계시지 마십시오. 큰일이 생길 듯합니다."

편지를 보내고, 그 길로 이동녕 선생 처소로 갔다. 그동안의 경과를 보고하고 점심을 먹고 난 뒤 소식 있기를 기다렸다. 마침내 오후 1시쯤 되자 곳곳에서 술렁거리는 소리가 들려왔다.

"홍구공원에서 중국인이 폭탄을 던져 일본인이 많이 죽었다."

"고려사람의 짓이다."

그러다가 오후 두세 시경 신문 호외가 터져 나왔다.

홍구공원 일본인의 경축대에 대량의 폭탄이 폭발하여 민단장 가와바다河端는 즉사하고, 시라카와白川 대장, 시게미츠重光 대사, 우에다植田 중장, 노무라野村 중장 등 문무 대관이 모두 중상 운운.

일본인 신문에서는 '중국인의 소행'이라고 하였으나, 그 다음 날 각 신문은 한결같이 윤봉길의 이름을 큰 활자로 실어 놓았다. 곧이어 불란서 조계지에 대한 대대적인 수색이 벌어졌다.

나는 안공근·엄항섭 두 사람을 가만히 불러, 앞으로 그들의 집안 생활은 내가 책임질 테니, 오로지 우리 사업에만 전념하라고 당부하였다. 그리고는 미국인 피치S. A. Fitch에게 당분간 지낼 피신처를 마련해 달라고 부탁하였다. 그는 기쁜 마음으로 우리를 받아들였다. 나와 김철, 안군, 엄군 네 명이 그의 집으로 옮겨 갔다. 그곳에서 우

**윤의사 의거 직전과 직후,
홍구공원 천장절 식단의 모습**

의거 전의 단상은 질서 정연한 모
습이지만, 의거 직후 단상의 모습
은 아수라장이 되었다.

리는 2층 전부를 사용하였고, 피치 부인은 극진한 정성으로 식사까지 대접하였다. 벌써부터 우리는 윤의사가 희생한 공을 톡톡히 받기 시작하였다.

피치 댁 전화를 사용하여 불란서 조계지 안에 있는 동포들의 집에 연락해 보았다. 때때로 동포들이 체포되었다는 보고가 있어, 그들을 위해 서양 변호사를 고용하였으나 별 효과가 없었다. 나는 체포된 동지들의 집에 돈을 주어 생계를 돕게 하고, 피신하려는 자가 있으면 여비를 마련해 주게 하였다.

이때 안창호 등과 젊은 학생 몇 명이 체포되었다. 왜놈들이 날마다 미친개처럼 사람을 잡으려고 돌아다니니, 임시정부와 민단 직원들은 말할 것도 없고 심지어 애국부인회까지도 전혀 활동을 할 수 없게 되었다. 이렇게 되자 동포들 사이에서 나를 비난하는 소리가 터져 나오기 시작하였다.

"홍구 사건의 주모자는 따로 있는데, 자기는 몸을 감추고 관계없는 자들만 잡히게 하는 것이 옳지 못하다."

나는 동지들에게 사건의 진상을 세상에 공개할 필요가 있다고 주장하였다. 안공근은 펄쩍 뛰면서 반대하였다.

"불란서 조계지에 계시면서 그 사실을 발표하는 것은 너무 위험합니다."

해방 후 경교장에서 피치 박사 부부와 함께 백범은 맏손녀 효자를 안고 있고, 이승만 박사와 프란체스카 여사가 백범 좌우로 한 사람 건너에 각각 떨어져 앉아 있다. 피치 박사(George A. Fitch)는 뒷줄 왼쪽 끝에 서 있고, 피치 부인(Geraldine Fitch)은 앞줄 오른쪽 끝에 앉아 있다. 피치 부부, 특히 부인은 윤봉길 의거 직후 백범의 피난을 적극 도왔을 뿐만 아니라, 해방 직후 「아무도 모르는 한국인 지도자」(The Korean Leader Nobody Knows)라는 글로 피신 당시 백범의 생활을 소개하였고, 남북연석회의 이후 백범이 위기에 처했을 때도 미국 언론에 투고하여, 백범은 빈민에게 대단한 동정심을 가진 우익이며, 공산주의자가 아니라 미국의 프랭클린 루스벨트나 뉴딜주의자(New Dealer), 중국의 손문(孫文) 같은 사람이라고 적극 옹호하였다.

그러나 나는 엄항섭에게 선언문을 쓰게 하고 피치 부인에게 영문으로 번역하게 하여 로이터 통신사로 보냈다. 이 발표를 통하여 비로소 동경 사건과 상해 홍구 사건의 주모자가 김구라는 사실을 세계 각국에서 알게 되었다.

여기서 윤봉길 사건으로 중국사람, 미주·하와이·멕시코·쿠바 교포들, 중국 관내에 있던 독립운동가들이 나를 어떻게 대했는지에 대해 간단히 적겠다.

첫째는 중국사람들의 태도이다. 일본이 한국과 중국 두 민족을 이간질하기 위해 '만보산 사건'을 터뜨려서, 그 때문에 조선 곳곳에서 한인 무뢰배들이 중국 상인과 노동자들을 때려죽이는 소동이 벌어졌다. 중류 이상의 중국인들은 그 일이 왜구의 간계임을 알아챘지만, 하류 계급 사이에서는 고려인이 중국인을 죽인다는 악감정이 생겨 동경 사건(이봉창 의거) 이후에도 좀체 사그라지지 않았다. 그러나 4·29 윤봉길 의거로 중국인의 한인에 대한 감정은 놀랄 만큼 좋아졌다.

둘째, 이 거사로 인해 미주·하와이·멕시코·쿠바 등지의 한인교포들이 임시정부로 대단한 성원을 보내기 시작했다. 이봉창의 동경 의거는 완전히 성공하지 못하였지만, 이번 홍구 사건은 절대적으로 성공했기 때문이다. 이로부터 임시정부에 대한 납세와 나에 대한 후원이 눈에 띄게 늘어나서, 우리 사업도 점차 확장되어 나갔다.

그러나 중국 관내 지역 독립운동가들의 태도는 나에 대해 비판적인 편이었다. 윤봉길 의거 이후 내 신변이 위험해져서 친지들의 면담 요구에 함부로 응할 수 없게 되자, 교포들이 불만을 품게 된 것이었다.

피신과 유랑 속의 민족운동

1. 위기일발의 상해 탈출

4·29 윤봉길 의거 이후 일본은 처음 나의 목에 20만 원의 현상금을 걸었다가, 다시 일본 외무성·조선총독부·상해주둔군 사령부 세 곳에서 한꺼번에 현상금 60만 원을 내걸었다. 일부에서는 아무리 위험해도 숨어서 편안히 살아서 되느냐는 비난도 있었지만, 나는 모든 것을 사양하고 피치 댁에서 20여 일간 숨어 지내며 비밀히 활동하였다.

그런데 어느 날 피치 부인이 급히 2층으로 올라오더니, 정탐꾼에게 발각된 것 같으니 속히 떠나야겠다고 했다. 즉 아래층에서 낯선 사람이 주방으로 접근하기에 "누구냐?"고 물었더니, "양복점 사람인데 식당 하인에게 양복 지을 것이 있는지 물어보러 왔다"고 대답했다고 한다. 부인이 수상하게 여기자, 그제서야 불란서 경찰서의 정탐꾼 증명을 내보이더라는 것이었다. 이에 화가 난 부인이, "외국인

집에 함부로 침입하느냐?"고 호통을 치니 "미안합니다" 하고는 그냥 가더라는 것이다. 정탐꾼들이 왜 그 집을 주목하게 되었을까 생각해 보니, 아마도 피치 댁 전화를 너무 많이 사용한 탓인 듯하였다.

피치 부인은 곧 아래층으로 내려가 전화로 자기 남편을 불렀다. 그리고 자기는 나와 부부인 양 자동차 뒷좌석에 나란히 앉고, 피치 선생이 운전사가 되어 차를 몰고 문밖으로 나갔다. 밖에 일본인은 보이지 않았지만, 불란서인·러시아인·중국인 등 각국 정탐꾼이 수풀처럼 에워싸고 있었다. 그러나 미국인 집이라 누구도 손을 쓰지 못하였다.

불란서 조계지를 벗어나 중국 지역에 이르러 차를 멈추었다. 나와 공근은 기차역으로 가서 가흥嘉興의 수륜사창秀綸紗廠으로 피신하였다. 이곳은 박찬익 형이 은주부殷鑄夫와 저보성褚輔成에게 부탁하여 마련한 곳으로, 엄항섭 군의 가족과 김의한 일가, 이동녕 선생이 며

가흥 서남호반(西南湖畔)의 수륜사창

윤봉길 의거로 상해를 탈출한 백범과 임시정부 요인들이 처음 피신한 곳으로, 5월 20일경 이곳에 도착하였다. 백범이 사진 상단에 "嘉興 秀綸紗廠 四二九 以後 初次 避難所"라 메모해 두었다. 여기서 四二九는 4월 29일 윤봉길 의거를 말한다. 멀리 다리 건너 보이는 건물이 수륜사창으로, 원래 면사 공장이었으나 당시 세계 대공황으로 폐쇄되어 피신처로 적격이었다.

백범의 피신을 도와준 가흥의 중국인들과 임정 가족 뒷줄 왼쪽부터 진동생, 한사람 건너 김의한, 이동녕, 반찬익, 백범, 엄항섭, 저봉장, 가운데줄 오른쪽 끝이 저봉장 부인 주가예이다. 사진의 구도는 중국인들이 양끝에서 임정 요인들을 보위하는 구도이며, 임정 가족들도 신분을 숨기기 위해 대부분 중국인 복장을 하였다.

칠 전에 벌써 와 있었다.

　이때부터 가흥 생활이 시작되었다. 나는 '장진구'張震球 혹은 '장진'張震으로 행세하였다. 가흥은 저보성 씨의 고향인데, 저씨는 절강성장浙江省長을 지낸 덕망 높은 신사이고, 맏아들 봉장鳳章은 미국 유학생 출신으로 동문 밖 민풍지창民豊紙廠에 고등기사로 있었다. 저보성의 집은 남문 밖에 있는 구식 집으로, 그리 크지는 않았으나 사대부의 저택다워 보였다. 그는 수양아들 진동생陳桐生 군의 정자 한 곳을 나의 침실로 내 주었다. 호수 주변에 정교하게 지은 반양식 집으로 수륜사창과 마주 볼 정도로 가까웠고, 풍경 또한 매우 아름다웠다.

도피 중인 백범이 구경한 가흥의 명소들 ① 남호(南湖), ② 연우루(烟雨樓), ③ 삼탑(三塔), ④ 혈인사(血印寺) 돌기둥. 백범의 언급과 같이 혈인사의 좌측 돌기둥에는 신기하게도 승려 모양의 핏자국이 남아 있다.

　내 실체를 아는 사람은 저씨 부자 내외와 진동생 부부뿐이었다. 가장 곤란한 것은 언어 문제였다. 나는 광동인으로 행세했지만, 중국 말을 너무 모르는 데다 광동 말은 상해 말과 또 다르니 벙어리나 다름없었다.

　가흥에는 산은 없으나 호수가 낙지발같이 사방으로 통하여, 7∼8세 어린아이라도 다 노를 저을 줄 알았다. 땅이 기름지고 각종 산물이 풍부하여 인심과 풍속이 상해와는 딴 세상이었다. 상점에 에누리가 없고, 고객이 물건을 가게에 놓고 며칠씩 잊어버린 채 갔다 와도 잘 보관하였다가 공손히 내 주었다. 상해에서는 보기 힘든 아름다운 풍습이었다.

진동생 내외는 나를 안내하여 남호南湖와 연우루烟雨樓, 서문 밖 삼탑三塔과 혈인사血印寺 등을 구경시켜 주었다. 전해오는 이야기에 따르면, 명나라 때 왜가 침입하여 인근 부녀들을 잡아 사원에 가두고 한 승려로 하여금 지키게 하였는데, 그 승려가 밤중에 부녀들을 모두 풀어 주자 왜놈들이 그를 타살하여 아직도 핏자국이 혈인사 입구의 돌기둥에 남아 있다고 한다.

그러던 어느 날 상해에서 비밀보고가 왔는데, 왜구의 활동이 더 사나워졌다고 했다. 또한 아침에 일본 경찰 수색대가 항주로 출발하였으니, 만일 내가 그쪽 방면에 숨어 있다면 가까운 역에 사람을 보내 은밀히 살펴보라고 했다. 역 부근에 사람을 보내 몰래 살펴보니, 과연 일본 경찰이 변장하고 차에서 내려 눈에 불을 켜고 이곳저곳을 순찰하고 있었다.

세상에 이상한 일도 다 있다. 4·29 윤봉길 의거 직후, 상해에 있는 일본인들의 유인물에 "김구 만세!"라고 쓴 내용이 뿌려졌다는데, 실제로 얻어 보지는 못하였다. 일본인이면서 우리에게 돈을 받고 정보를 주는 자도 여러 명 있었다. 이번 정보도 일본 영사관의 일본인 관리가 보내 준 것이었다.

2. 별장 생활과 산수 구경

가흥까지 일본 경찰이 파견되니, 나는 가흥을 떠나야 했다. 저보성

해염(海鹽)의 영안정과 재청별서

백범이 주가예 여사와 함께 재청별서로 피
난가면서 잠시 쉬었던 산꼭대기의 영안정
(위)과 남북호(南北湖)의 호반에 있는 재청별
서(아래). 재청별서는 현재 해염현 중점문물
보호단위(重點文物保護單位)로 지정되어 '김
구 피난처'(金九避難處)로 소개되고 있으며,
실내에는 백범의 반신상이 있다.

의 아들 저봉장楮鳳章의 처가〔朱氏〕가 해염현海鹽縣 성안에 있고, 거기서
서남쪽으로 수십 리 가면 주朱씨의 별장인 재청별서載靑別墅가 있었
다. 봉장 형은 자기 부인과 상의하여 나를 주씨 별장으로 피신시키
기로 하였다.

저봉장의 부인 주가예朱佳蕊는 나와 단둘이 배를 타고 하루 걸려
주씨 사택에 도착하였다. 이 사택은 해염현에서 가장 큰데, 대문 앞
만 육로이고 나머지는 호반에 둘러싸여 주변에 배들이 지나다녔다.
대문 안으로 들어가면 정원이 있고, 다시 좁은 문으로 들어가면 사
무실이 있었다. 전에는 400여 명이 공동식당에서 식사하였는데, 근
래에는 대부분 흩어졌고, 남은 사람들도 따로 음식을 만들어 먹는다
고 했다. 내 숙소는 사택 뒤편에 있는 양옥이었다.

주씨 사택에서 하룻밤 묵고, 다시 자동차로 노리언盧里堰에서 하차하여 서남산령西南山嶺까지 5~6리 가까이 걸어갔다. 저부인(주가에)은 굽 높은 신을 신고 더위에 손수건으로 땀을 훔치며 고개를 넘었다. 친정 여자하인 하나가 내가 먹을 음식을 들고 따라왔다. 우리가 이렇게 산을 넘어가는 모습을 활동사진기로 생생하게 찍어 자손만대에 전하고 싶지만, 활동사진기가 없으니 문자로나마 기록하여 후세에 전하고자 한다. 우리 나라가 독립이 된다면, 우리 자손이나 동포 중 누가 저부인의 용감성과 친절을 흠모치 않으리오.

주씨가 지은 산꼭대기 길가의 정자(永安亭)에서 쉬었다가 다시 걷기 시작하여 몇백 보 가니 산 중턱에 아담한 양옥 한 채가 보였다. 고용인 일가족이 나와 저부인을 공손히 맞이하였다. 저부인은 친정에서 가지고 온 육류와 과일·채소를 건네며 내 식성에 대해 주의시키고, 등산할 때 조심할 점 등을 일일이 지시한 후, 그날 본가로 돌아갔다.

재청별서는 원래 더위를 피하던 별장이었지만, 저부인의 친정 숙부를 매장한 후에는 묘사 지내는 제청祭廳이 되었다. 나는 날마다 묘지기를 데리고 다니며 산과 바다의 풍경을 즐겼다. 바다에는 돛단배와 증기선이 오가고, 사택 좌우에 어우러진 소나무와 단풍이 나그네에게 가을바람의 쓸쓸함을 더욱 절실히 느끼게 해 주었다. 고국을 떠나 상해 생활 13년여, 나는 상해에서 한 걸음도 밖으로 나가지 못하였다. 13년이 넘도록 산수 구경에 주렸던 터라, 10여 일 동안 세월 가는 줄 모르고 산수 구경하는 것이 일과가 되었다.

묘지기를 따라 응과정鷹窠頂에 오르니 비구니 암자(운수암)가 하나 있었다. 늙은 비구니가 나와 맞이하자, 묘지기가 인사를 나누고 말

했다.

"저 귀한 손님은 해염 주씨 댁 큰아가씨가 모셔 온 광동인으로, 약을 드시기 위해 별장에 머물고 계시는데, 여기 구경하러 왔습니다."

"아미타불, 멀리서 잘 오셨는지요? 아미타불, 내당으로 들어갑시다. 아미타불."

나는 염불하는 여승을 따라 암자로 들어갔다. 붉은 입술과 분칠한 얼굴에 승복을 맵시 있게 입고, 목에는 긴 염주를 매고 손에는 짧은 염주를 쥔 젊은 여승들이 각 방에서 나와 추파하듯 인사를 했다. 그 모습을 보니 상해의 창녀촌이 떠올랐다.

묘지기는 내 시곗줄 끝에 작은 지남침指南針이 있는 것을 보고서 말했다.

"뒷산자락에 바위가 하나 있는데, 그 위에 지남침을 놓으면 곧 지북침指北針으로 변한답니다."

따라가 보니, 바위 위에 동전 한 개 놓을 만한 자리가 우묵하게 패여 있었다. 거기다 지남침을 들여놓으니 과연 북쪽을 가리키는 지북침이 되었다. 필시 바위가 자석광이나 자철광인 듯하였다.

어느 날, 묘지기가 장날 구경을 가자고 하여 따라나섰다. 그곳에 감포진澉浦鎭이 있었는데, 명나라 때 왜구 때문에 지은 작은 성으로, 포대砲垈가 있는 바닷가 요새였다. 성안에는 인가도 즐비하고 관청도 있는 모양이었다. 성안을 돌면서 대강 구경하니 외진 곳이라 그런지 장꾼도 적었다.

국숫집에 들어가 점심을 먹는데, 뭇사람들과 경찰이 수군거리며 나를 지켜보더니, 묘지기를 다른 곳으로 불러 가고 내게도 직접 뭔가를 캐물었다. 나는 서투른 중국어로 광동 상인이라 대답하고, 벽 너머 묘지기의 답변에 귀를 기울였다. 그가 해염 주씨 댁 큰아가씨

해염현의 감포진

해염현 바닷가의 요새지. 백범은 이곳에서 중국 경찰에게 신분이 드러나자, 다시 가흥으로 돌아가게 되었다.

가 별장에 모셔 온 손님이라고 큰소리치는 것만 보아도, 이곳에서 주가의 세력이 얼마나 큰지 알 수 있었다. 무슨 까닭인지 물으니 묘지기가 답하였다.

"경찰들이 영문도 모르고 장선생이 일본인이 아니냐 묻기로, 주씨 댁 큰아가씨가 일본인과 동행하겠는가 하였더니 아무 말도 못하던데요."

며칠 후 안공근·엄항섭·진동생이 와서 응과정의 빼어난 경치를 감상하고 다시 가흥으로 돌아갔다. 일전에 경찰이 감포진에서 나에 대해 물어본 후 별장을 비밀히 감시하였지만 별 단서를 얻지 못하자, 경찰국장이 해염 주씨 집에 출장 가서 내 정체를 조사하였다고 한다. 저부인의 부친이 사실대로 알려주자, 경찰국장은 크게 놀라며 있는 힘을 다하여 보호하겠다고 하였다 한다. 그러나 시골 경찰을 믿기 어려워 나는 다시 가흥으로 돌아가기로 하였다.

3. 여뱃사공 주애보와 선상 생활

가흥 남문 밖, 물길로 10여 리 떨어진 엄가빈嚴家浜이란 농촌에 진동생의 작은 농장이 있었다. 그 마을에 사는 손용보라는 농부가 진동생과 친한 사이라, 그의 집에 잠시 묵게 되었다. 5~6월 양잠하는 철이라, 집집마다 돌아다니며 양잠하는 것과 실 뽑는 것을 살펴보았다. 60살 넘은 노파가 일을 하는데, 물레 곁에 솥을 걸고 물레 밑에 발판을 달아, 오른발로 물레바퀴를 돌리고, 왼손으로는 장작불을 지펴 누에고치를 삶으면서, 오른손으로 물레에 실을 감았다. 어려서부터 본

우리 나라의 길쌈과는 전혀 달랐다. 나는 노파에게 물어보았다.

"금년 나이가 몇이오?"

"육십 좀 넘었소."

"몇 살부터 이 기계를 사용하였소?"

"일곱 살 때부터요."

"그러면 60년 전에도 이 기계로 고치를 켰소?"

"예, 달라지지 않았소."

실제로 7~8세 어린아이가 고치 켜는 것을 보니, 노파의 말을 믿을 수 있었다.

농가에 묵으면서 이곳의 농기구를 자세히 살펴보았다. 비록 구식이라도 우리 농기구에 비해 퍽 앞서는 것 같았다. 전답에 물을 대는 것만 보아도, 소나 말 또는 남녀 여러 명이 수차水車를 밟아 호수물을 한 길 이상이나 끌어올리니 얼마나 편리한가.

모내기도 마찬가지다. 모내는 날에 미리 벼 베는 날을 계산하니, 이른 벼는 80일, 중간 벼는 100일, 늦은 벼는 120일이라 한다. 일본이 줄모를 발명한 줄 알았는데, 중국에서는 옛날부터 줄모를 심었으니, 김매는 기계를 보아도 가히 알 만했다.

예전부터 우리 사신들이 중국을 왕래하였건만, 우리 선조들은 눈먼 사람이었던가. 이렇게 유익한 것을 소개하지 않았으니, 어찌 통탄스런 일이 아니리오. 문익점文益漸(1329~1398)은 면화 씨를, 그 아들 문래文來는 물레를, 손자 문영文英은 면포 짜는 법을 중국에서 수입하였다. 그러나 그 후로는 말마다 중국을 오랑캐라 일컬으며 그들의 문물을 돌아보지 않았다. 또한 명나라 때 불편하고 고통스런 망건이나 갓 등 망할 놈의 의관문물만 중국에서 들여왔으니, 생각만 하여

도 이가 시리다.

우리 민족의 비운은 대체로 사대사상에서 비롯된 것이다. 국민의 실질적인 행복은 내 모른다 하고, 창시자 주희朱熹 이상으로 성리학만 주창하여 사색당파로 수백 년이나 다투어 왔으니, 민족 원기는 다 닳아 없어지고 남에게 의지하려는 생각만 남았다. 이러니 어찌 나라가 망하지 않으리오.

슬프다. 오늘날 청년들은 늙은이들을 향하여 낡고 봉건적이라 비판하는데, 긍정할 점이 없지 않지만 문제 또한 적지 않다. 사회주의자들은 민족혁명과 사회혁명을 한꺼번에 할 것을 극력 주장하다가도, 레닌이 "식민지는 민족운동을 먼저 하고 사회운동은 뒤에 하는 것이 바람직하다"고 하자, 조금도 주저 없이 민족운동을 먼저 해야 한다고 떠들지 않는가.

청년들은 중국 정자程子와 주자朱子의 방귀조차 향기롭다는 옛사람들을 비웃지만, 같은 입과 혀로 러시아 레닌의 방귀는 '달다' 하니, 정신 차릴지어다. 나는 결코 정자·주자 학설의 신봉자도 아니고 마르크스·레닌주의의 배척자도 아니다. 우리 나라에 맞는 주의와 제도를 위해 머리를 쓰는 자 있는가? 없다면 이보다 더 슬픈 일이 어디 있으랴.

엄가빈에서 다시 가흥으로 돌아와 오룡교五龍橋에 있는 진동생 집에서 지냈다. 낮에는 뱃사공 주애보朱愛寶의 작은 배를 타고 인근 운하로 다니며 농촌 이곳저곳을 구경하는 것이 유일한 일이었다.

하루는 하도 심심하여 혼자 동문東門으로 가는 대로변 광장에 나가 보았다. 그곳에 군대의 조련장이 있는데, 오가는 사람들이 모여서 훈련하는 광경을 보기에 나도 걸음을 멈추고 구경하였다. 그런데

군관 하나가 나를 유심히 보더니, 갑자기 달려와서 어디서 온 사람
이냐고 물었다. 나는 광동사람이라고 얼른 대답하였다. 그러나 그
군관이 광동인일 줄이야 어찌 알았으랴. 나는 당장 보안대 본부로
끌려가서 취조를 받았다.

"나는 중국인이 아니다. 단장團長을 만나게 해 주면 본래 신분을
글로써 설명하겠다."

단장은 나오지 않고 부단장이 얼굴을 내밀기에, 나는 한인인데
홍구 사건 이후 상해에서 살기 힘들어 저봉장의 소개로 오룡교 진동
생의 집에 머물고 있는 장진구라고 하였다. 경찰은 그 길로 저씨 댁
과 진씨 댁에 가서 조사를 한 모양이었다. 네 시간쯤 후 진형이 와서
보증을 서고 풀려났다.

저봉장 형은 나에게 결혼을 권하였다.

"김선생이 마침 홀아비니, 내 친구 중 과부로 나이 서른 가까이
된 중학교 교원이 있소. 보시고 마음에 맞으면 취함이 좋은 피신 방

법이 될 듯한데, 어떠하오?"

"유식한 중학교 교원이라면 바로 나의 비밀이 탄로 날 것이오. 차라리 여사공에게 부탁하는 편이 낫겠소. 주애보 같은 일자무식이면 비밀을 지킬 수 있을 것이오."

이후 나는 아예 주애보의 배에서 생활하였다. 오늘은 남문 호수에서 자고, 내일은 북문 강변에서 자고, 낮에는 땅 위를 걷거나 하였다.

4. 장개석 면담과 낙양군관학교

내가 숨어 지낸 반면, 박찬익·엄항섭·안공근 세 사람은 끊임없이 활동하였다. 중국인 친구들과 미주 동포들의 도움도 늘어나서 활동 비용 마련은 어렵지 않았다. 박찬익 형은 중국 국민당 당원으로 남경 중앙당부에 있었으므로 중국 정부 요인 중에 친한 사람이 많았다.

그를 통해 국민당 중앙 조직부장 진과부陳果夫에게 소개를 받아 장개석蔣介石 장군의 면담 통지를 받았다.

나는 안공근과 엄항섭을 데리고 남경으로 갔다. 진과부가 보낸 사람들이 마중 나와 중앙반점中央飯店에 숙소를 정해 주었다. 다음 날 밤 박찬익을 통역으로 데리고 진과부의 자동차를 타고 중앙군관학교 안에 있는 장개석 장군 저택으로 갔다. 장군은 중국옷을 입고 부드러운 얼굴로 나를 맞이해 주었다. 서로 날씨 인사를 나눈 뒤, 장씨가 짤막하게 말하였다.

"동방 각 민족은 손문孫文(1886~1925) 선생의 삼민주의三民主義에 맞는 민주정치를 하는 것이 마땅하오."

"그렇습니다. 그런데 일본의 마수가 시시각각 중국 대륙을 침입하니, 좌우를 물리쳐 주시면 글로써 몇 마디 올리겠습니다."

"좋소."

진과부와 박찬익이 나간 뒤, 필담을 시작하였다.

"선생(장개석)이 100만 원을 허락하면, 2년 안에 일본·조선·만주 세 곳에서 큰 폭동을 일으켜, 대륙 침략을 위한 일본의 교두보를 파괴하겠소. 선생의 생각은 어떠하오?"

"상세한 계획을 글로 작성하여 주시오."

나는 그러겠다 하고 물러 나왔다.

다음 날 간단한 계획서를 작성하여 보냈다. 그랬더니 진과부가 자기 별장으로 초청하여 연회를 베풀고, 장개석 장군을 대신하여 다음과 같이 권유하였다.

"특무공작으로 천황을 죽인다 해도 천황은 또 나올 것이고, 대장을 죽인다 해도 대장이 또 나올 것이오. 그러니 앞으로 독립을 하려면 군인을 키워야 하지 않겠소?"

"감히 부탁할 수 없었으나 그것이 내가 진실로 바라는 바요. 문제는 장소와 재력이오."

이리하여 장소를 중국중앙육군군관학교 낙양분교洛陽分校로 정하고, 한 기期에 군관 100명씩을 키워 내기로 하였다. 동북 3성의 옛 독립군들과 중국 관내 지역의 청년들이 모여들었다. 1933년 11월 1기로 92명이 입학하고, 이청천李靑天과 이범석李範奭이 교관敎官과 영관領官으로 근무하게 되었다.

그러나 얼마 되지 않아 일본 영사 스마須麻가 중국 경비사령 곡정륜谷正倫을 찾아와 군관학교에 한인 학생을 받아들인 것을 엄중 항의하여, 한인 학생은 겨우 1기만 졸업하였다.

5. 9년 만의 모자 상봉

1925년 어머님이 귀국하셔서 안악에 계실 때, 이봉창 의사의 동경 사건이 일어나자 순사대가 집을 둘러싸고 며칠간 감시했다고 한다. 윤봉길 의사의 홍구 사건 이후에는 더욱 감시가 심하였다 한다. 그러던 시기에 나는 비밀히 어머님께 보고하였다.

"어머님께서 아이들을 데리고 다시 중국에 오셔도, 전과 같이 굶지는 않을 것입니다. 나올 수 있으면 나오십시오."

어머님은 "나이 늙어 죽을 날이 며칠 남지 않았으니, 생전에 손자 둘을 제 아비에게 맡기겠다"며 용감하게 안악경찰서에 출국원을 제출하셨다. 다행히 안악경찰서의 허가를 얻고 짐을 꾸리시는데, 경성 경시청에서 안악으로 요원을 보내 번복하였다.

"상해에서 일본 경관들이 아무리 당신 아들을 체포하려 해도 찾지 못하는 터에, 노인이 가시면 고생이 이루 말할 수 없을 것이오. 상부의 명령으로 출국을 허락지 않으니 그리 알고 집으로 돌아가시오."

어머님은 크게 노하여 "내 아들을 찾는 일은 내가 그대네 경관보다 나을 것이다. 언제는 출국을 허가한다 하기에 살림살이를 다 처분하였는데 이제 와서 출국을 허락지 않는다 하니, 남의 나라를 빼앗아 이같이 하고도 오래갈 줄 아느냐?"라고 말씀하시고 흥분하여 기절하셨다. 경찰은 어머님께 다시 물었다.

"여전히 출국할 뜻이 있는가?"

"그같이 말썽 많은 출국은 하지 않겠다."

어머님은 돌아와 목공을 불러 집을 수리하고 살림살이를 준비하여 오래살 것처럼 해 보이셨다. 그런 다음 몇 달 뒤, 송화에 사는 동생 병문안을 간다며 신이를 데리고 신천읍으로 떠나 평양에 도착하셨다. 거기서 숭실중학에 다니고 있던 인이를 불러 만주 안동安東행 직행열차를 타셨다. 대련大連에서 일본 경찰의 검문이 있었지만, 인이가 어린 동생과 늙은 할머니를 위해위威海衛의 친척집에 맡기러 가는 길이라 하여 통과하였다고 한다.

어머님은 상해 안공근 군의 집에 하룻밤 묵으시고, 가흥 엄항섭 군의 집으로 오셨다. 남경에서 이 소식을 듣고 나는 가흥으로 가서 어머님을 다시 뵙게 되었다. 9년 만에 다시 만나서 어머님이 하신 첫 말씀은, "나는 지금부터 '너'라는 말을 고쳐 '자네'라 하고, 잘못하는 일이 있어도 말로만 꾸짖고 회초리를 쓰지 않겠네. 듣건대 자네가 군관학교를 하면서 많은 청년을 거느리고 남의 사표師表가 된 모양이니, 나도 체면을 세워 주자는 것일세"였다. 이로써 나는 나이 육십에 어머님이 내리시는 큰 은혜를 입었다.

이후 어머님을 남경으로 모시고 왔다. 어머님의 생신 때 청년단과 우리 동지들이 돈을 모아 생신상을 올리려고 하였으나, 미리 눈치를 채신 어머님께서 당신 입맛대로 음식을 만들어 자시겠다며 그 돈을 달라 하셨다. 그런데 어머님은 그 돈에다 얼마를 더 보태어 권총을 사서 일본놈 죽이는 데 쓰라며 청년단에 내어주셨다.

남경 생활도 점점 위험해졌다. 내가 남경에 있다는 냄새를 맡고 왜구가 암살대를 보낸다는 소식을 접했다. 공자묘 근처에 사람을 보내 살펴보니 과연 사복을 입은 일본 경찰 7명이 줄을 지어 순찰하더라고 하였다. 나는 어쩔 수 없이 가흥의 여뱃사공 주애보를 데려와 회청교淮青橋에 방을 얻어 함께 생활하였다. 직업은 고물상이라 하고,

남경에서의 백범 가족
상해에서 짧은 기간 가족들과 단란한 생활을 보낸 후로, 근 10년 만인 1934년에야 백범은 남경에서 다시 어머님, 두 아들과 가까이 생활할 수 있었다. 부인의 자리는 비어 있지만, 당시 백범은 주애보와 함께 살고 있었다.

광동 해남도海南島 사람처럼 행세하였다. 경찰이 조사를 하러 와도 주애보가 먼저 설명하고, 나는 직접 말하는 것을 삼갔다.

1937년 7월 7일 노구교 사건으로 중국의 일본에 대한 항전이 시작되었다. 그러나 전쟁은 중국 측에 점점 불리해져서 일본 비행기의 남경 폭격이 날로 심해졌다. 어느 날 회청교 집에서 적 비행기 때문에 잠을 못 이루다가 경보 해제 후에 겨우 잠이 들었는데, 잠결에 갑자기 공중에서 기관포 소리가 들려왔다. 자리에서 벌떡 일어나 방 밖으로 나서는데, 벼락 치는 소리가 나면서 천장이 무너져 버렸다. 만약 그때 나가지 않았다면 틀림없이 천장에 깔려 죽었을 것이다. 뒷방에서 자고 있던 주애보도 다행히 무사하였다. 밖에 나오니 사람들이 흙먼지를 헤치고 나오고 있었고, 시체가 헤아릴 수 없었다. 하늘을 바라보니 비행기가 비둘기 떼처럼 날고 있었고, 곳곳에서 불길이 높이 치솟아 하늘이 마치 붉은 담요 같았다.

날이 밝자마자 마로가馬路街에 있는 어머님 댁을 찾아갔다. 여기저기 죽은 사람, 상한 사람이 길에 가득한 것을 보면서 문을 두드리니, 어머님께서 문을 열어 주셨다.

"놀라셨지요?"

어머님은 웃으시면서 말씀하셨다.

"놀라기는 무엇을 놀라. 침대가 들썩들썩하더군. 그래, 사람이 많이 죽었나?"

"예, 오면서 보니 이 근처에서도 사람이 많이 다쳤던데요."

"우리 사람들은 상하지 않았나?"

"글쎄올시다. 지금 나가 보렵니다."

곧 나와서 이청천의 집을 방문하니, 집이 흔들려 놀라기는 하였으나 별일은 없었고, 남기가藍旗街에 있는 학생들과 가족들도 괜찮으니 천만다행이었다. 이광李光 댁 자녀는 일곱인데, 밤중에 바삐 피난 가다 아이가 혼자 자고 있는 것을 깨닫고 다시 담을 넘어 자는 아이를 안고 나왔다는 우스운 이야기도 있었다.

6. 혁명난류의 총탄을 맞다

남경이 시시각각 위험해지자 중국 정부는 중경重慶을 전시수도로 정하고, 각 기관을 하나씩 옮기기 시작했다. 임시정부와 대가족 100여 명은 우선 호남성 장사長沙로 옮기기로 하고, 상해·항주에 있는 동지들과 각지에 흩어져 있는 식구들에게 여비를 보내어 일단 남경으로 모이라고 하였다.

이때 한두 가지 유감스런 일이 있었다. 중국 도사에게 선도仙道를 배우던 양기탁 선생께 여비를 보내고, 즉시 남경으로 와서 같이 장사로 출발하자고 하였으나, 끝내 도착하지 않아 어쩔 수 없이 그냥 떠난 후로 소식을 알지 못하였다. 또 하나, 안공근을 상해로 보내 자기 가족과 안중근 의사의 부인인 큰형수 댁 식구 모두를 남경으로 데려오라고 부탁하였는데, 안공근은 자기 가족만 거느리고 오고 큰형수를 데려오지 않았다. 나는 크게 꾸짖었다.

"양반 집에 불이 나면 사당의 신주神主부터 안고 나오는 법인데, 혁명가가 피난하면서 나라 위해 몸을 바친 의사의 부인을 점령지에 버리고 오는 것은, 안군 가문은 물론 혁명가의 도리로도 있을 수 없는 일이다. 또한 군의 가족도 임시정부의 단체 생활에 들어와서 생

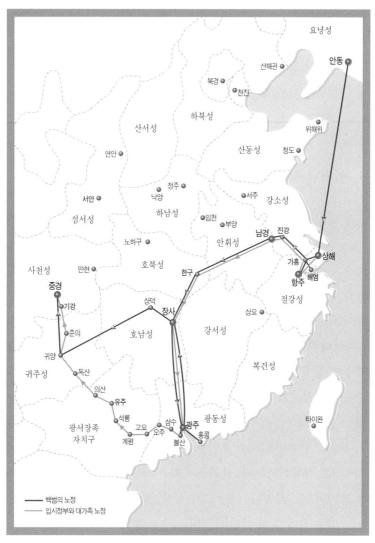

요녕성

안동

산해관

북경

천진

하북성

위해위

산서성

산동성

청도

연안

정주

서안

낙양

서주

강소성

섬서성

하남성

임천

부양

남경

진강

노하구

안휘성

상해

사천성

만현

호북성

한구

가흥

해염

항주

중경

기강

상덕

장사

절강성

준의

호남성

상요

귀양

강서성

복건성

귀주성

독산

의산

유주

타이완

석룡

삼수

광주

광동성

광서장족

자치구

계평

오주

홍콩

불산

─── 백범의 노정

─── 임시정부와 대가족 노정

중국에서 백범과 임시정부의 이동 경로 백범과 임시정부는 26년 이상 중국에 있었는데, 그 시기의 절반 정도(1919~1932) 상해에 있었다. 윤봉길 의거 이후 백범과 임시정부는 따로 또는 같이 여러 번 옮겨 다녔다. 1932년 5월 가흥으로 옮긴 이후, 백범은 해염·항주 등을 오가며 피신하였고, 임시정부는 항주·진강으로 이동하였다. 1936년 2월 이후 백범과 임시정부는 남경·장사·광주로 같이 이동하였다. 1938년 10월 백범은 장사·상덕·귀양을 거쳐 중경에 도착하였고, 임시정부는 유주·기강·토교로 이동하였다. 1940년 9월 대가족은 토교에 남았지만, 임시정부는 중경으로 옮겼다.

사고락을 함께하는 것이 좋지 않겠는가?"

그러나 공근은 자기 식구만 별도로 중경으로 옮기게 하고 단체 생활에 들어오는 것을 원치 않아, 결국 본인의 뜻에 맡겼다.

나는 안휘安徽 둔계屯溪중학에 다니고 있던 신이를 불러 오고 어머님도 모셔 와, 안공근의 식구와 함께 영국 증기선을 타고 한구漢口로 떠났다. 뒤이어 동포 100여 명이 중국 목선 한 척에 짐까지 가득 싣고 남경을 떠났다. 한구까지 동행한 공근의 식구는 중경으로 이주하였고, 나는 어머님을 모시고 장사에 도착하였다. 선발대 조성환·조완구 등은 진강鎭江에서 임시정부 문서를 가지고 며칠 먼저 장사에 도착해 있었고, 뒤이어 남경을 떠난 일행 역시 풍랑 중에도 무사히 장사에 도착하였다.

남경을 출발할 때 같이 살던 주애보를 고향인 가흥으로 돌려보냈다. 그때 여비를 100원밖에 주지 못한 것이 내내 후회된다. 그녀는 5년 가까이 나를 광동인인 줄 알고 있었고, 모르는 사이 부부같이 되었는데, 뒷날 다시 만날 줄 알고 돈도 넉넉히 주지 못했다. 참으로 미안하고 아쉽다.

100여 명이나 되는 대식구들을 이끌고 호남성 장사로 간 이유는, 이곳 곡식 값이 싼데다 홍콩을 통하여 해외로 계속 통신할 계획이 있기 때문이었다. 선발대를 장사로 보낼 때는 안심하지 못하였으나, 장사에 도착하자 운 좋게도 전부터 친하게 지내던 장치중張治中 장군이 호남성 주석으로 취임하여 만사가 순탄하게 되었다. 경제적으로도 중국 정부가 매월 지급해 주는 얼마간의 보조와 미국 한인교포의 도움이 있어서, 대가족의 식구는 많았지만 난민치고는 고급스럽게 살았다.

게다가 장사에 도착한 후부터는 나도 기탄없이 본명 김구로 행세하였다. 1919년 상해에 도착한 후 지금까지 나는 본국 사람을 만나 초면에 인사할 때 이외에는, 본성명을 내놓고 인사를 못하고 매번 이름을 바꿔 가며 생활할 수밖에 없었다. 그러나 안전한 장사에서는 그럴 필요가 없었다.

상해·항주·남경에서 장사로 옮겨 온 식구는 광복진선光復陣線에 참가한 조선혁명당·한국독립당·한국국민당 세 당의 당원과 그 가족, 그리고 임시정부 직원들이었다. 장사에서 세 당의 통일문제를 협의하기 위해 1938년 5월 6일 남목청楠木廳에서 연회를 열었다.

나도 여기에 참석하였는데, 정신을 차려 보니 병원인 듯하고, 몸이 매우 불편하였다. 어디냐고 물어보니, 남목청에서 술을 마시다 졸도하여 입원하였다고 했다. 의사가 자주 와서 가슴을 진찰하고 가슴에 무슨 상처가 있는 듯하여 물어보았다.

"어찌된 까닭입니까?"

"졸도할 때 상 모서리에 엎어져서 약간 다치신 것 같습니다."

나는 그 말을 믿고 아무런 의심도 품지 않았다. 거의 1개월이 가까워서야 엄항섭 군이 진상을 알려 주었다.

그날 남목청에서 연회가 시작되었을 때, 조선혁명당원 이운환李雲煥이 갑자기 들이닥쳐 권총을 난사하였다. 그는 남경에서부터 상해로 특무공작을 가고 싶다 하여 내가 자금 지원도 해 준 적이 있는 자였다. 첫번째 총탄에 내가 맞고, 두번째 총탄에 현익철이 중상, 세번째에 유동열이 중상, 네번째에 이청천이 경상을 입었다. 현익철은 의원에 도착하자마자 죽었고, 나와 유동열은 입원 치료 후 같이 퇴원하게 되었다.

성省 정부의 긴급 명령으로 이운환은 체포되고, 혐의범으로 박창세·강창제 등도 수감되었다. 강·박 두 사람은 전에 상해에서 이유필李裕弼의 지휘로 병인의용대丙寅義勇隊라는 특무공작기관을 세운 일종의 혁명난류革命亂類였다. 그들은 동포에게서 강제로 돈을 뺏기도 하고, 일본 정탐꾼을 총으로 쏘아 죽이거나 또는 따르기도 하였다. 즉 혁명가로서 신용은 없었으나 그렇다고 반혁명자라 하기도 어려웠다. 이운환은 필시 강·박 두 사람에게 이용당하여 남목청 사건의 주범이 되었을 것이다. 전쟁으로 장사도 위험하였으므로, 중국 법정에서는 주범과 종범 모두 법대로 다스리지 않고 대부분 석방하였다. 이운환까지 탈옥하여 걸인 행색으로 귀주貴州 쪽으로 오는 것을 구양군歐陽群이 만났다는 말을 뒷날 중경에서 들었다.

남목청 사건으로 장사에는 큰 소동이 벌어졌다. 경비사령부에서는 무창武昌으로 출발한 기차를 다시 장사까지 되돌려서 범인을 찾았고, 우리 정부는 광동으로 공작원을 보내 중한합작으로 범인을 체포하기 위해 애썼다. 성 주석인 장치중 장군은 내가 입원한 상아의원까지 친히 찾아와서 치료 비용은 일체 성 정부가 책임질 것이라고 약

이운환의 총에 맞은 백범이
사경을 헤맸던 상아의원(湘雅醫院)

현재 호남성(湖南省) 장사시(長沙市)
상아로(湘雅路) 87호에 있으며, 중
남대학상아의원(中南大學湘雅醫院)
으로 되어 남아 있다.

속하였다.

사고 직후 내가 자동차에 실려 상아의원에 도착하였을 때에는 의사가 가망이 없다고 진단하여 입원 수속도 하지 않고 문간에서 죽기만 기다렸다고 한다. 그런데 세 시간이나 숨이 이어지는 것을 보고, 의사가 한 시간만 더 살아 있으면 방법이 있을 듯하다고 하여, 급기야 우등병실에 입원시켜 치료를 시작하였다.

그때 안공근은 중경의 자기 가족과 광서廣西의 작은형 정근 가족을 이주시키기 위해 홍콩에 가 있었고, 아들 인이 역시 상해공작 가는 길에 홍콩에 가 있었다. 내가 살 가망이 없다는 선고를 받자마자 바로 피살 소식을 담은 전보가 홍콩으로 날아갔다. 그래서 며칠 후 인이와 안공근이 나의 장례에 참석하기 위해 홍콩에서 장사로 돌아오기까지 하였다. 한구에서 중일전쟁을 이끌던 장개석 장군도 하루 몇 차례나 전문을 보내 주었다. 한 달 후 퇴원한 뒤에는 나하천羅霞天 씨가 치료비 3,000원을 가지고 와서 대신 위문해 주었다.

퇴원 후 즉시 걸어서 어머님을 찾아뵈었다. 어머님께서는 거의 퇴원할 무렵이 되어서야 신이가 사실을 알려 드렸다. 어머님은 조금도 흔들리는 기색 없이 이 말씀뿐이셨다.

"자네의 생명은 상제上帝께서 보호하시는 줄 아네. 사악한 것이 옳은 것을 범하지 못하지. 허나 참으로 유감스럽네. 정탐꾼 이운환도 한인이니, 한인의 총을 맞고 산 것은 일인의 총에 죽은 것보다 못하네."

그리고는 손수 만드신 음식을 먹으라고 하셨다.

엄항섭 군의 집에서 휴양하는 도중, 갑자기 신기가 불편하고 구역질이 나면서 오른쪽 다리가 마비되었다. 상아의원에 가서 X선으로 검사하니, 본래 심장 옆에 있던 탄환이 오른쪽 갈비뼈 옆으로 옮겨 가 있다고 했다. 서양 외과 주임이 말했다.

"본래 심장 곁에 있던 탄환이 큰 혈관을 통과하여 오른편 갈비뼈 쪽으로 옮겨 갔습니다. 불편하면 수술도 쉬우나, 그대로 두어도 지장 없습니다. 오른쪽 다리의 마비는 탄환이 큰 혈관을 압박하기 때문이니, 작은 혈관들이 커지면 저절로 풀릴 것입니다."

전시수도 중경의 임시정부와 광복군

1. 광주廣州로, 다시 중경重慶으로

시간이 갈수록 장사에도 적기 공습이 심해져서 중국 기관들까지 피난하게 되었다. 광복진선 3당 간부들이 회의한 결과, 광동 남녕南寧이나 운남雲南 쪽으로 옮겨 해외와 연락망을 유지하자고 하였다. 그러나 피난민이 많아서 먼 곳은 고사하고 가까운 시골로 옮겨 가기도 곤란한 형편이었다. 나는 절룩거리는 다리를 끌고 성 정부의 장주석을 방문하여 그 문제를 상의하였다. 장주석은 우리 일행에게 기차 한 칸을 통째로 무료로 쓰게 하고, 광동성의 주석 오철성吳鐵城에게 친필 소개장을 써 주었다.

나는 일행보다 하루 먼저 출발하여 광주廣州에 도착하여, 동산백원東山柏園을 임시정부 청사로 정하고, 아세아여관에 대가족 전부를 수용하였다. 광주로 이사를 마무리한 후, 나는 안중근 의사 부인을 왜놈 점령지인 상해에서 빼내기 위해서 홍콩으로 가서, 마침 비밀임무를 띠고 상해로 보내려던 공작요원들과 회의를 하였다. 나는 안의사 부인을 상해에서 모셔 오자고 강경하게 주장하였으나, 그들은 현실적으로 어렵다고 했다. 그들을 꾸짖었으나, 모셔 오는 것은 실제로 불가능한 일이었다.

광주에서 2개월간 머물자, 광주에도 적기 공습이 심해졌다. 당시 중국 정부는 전시수도를 중경重慶으로 정하였다. 장개석 장군에게 전보를 보내 우리도 중경으로 데려갈 것을 요청하였더니 "오라"는 답신이 왔다. 나는 장사長沙·귀양貴陽을 거쳐 중경에 무사히 도착하였다. 그사이 광주가 함락되어 우리 일행의 소식이 궁금하던 차에, 일행이 무사히 유주에 도착했다는 전보를 받고 안심하였다.

그때는 중국 정부도 차량 부족으로 곤란을 겪고 있어, 우리 대가족을 유주에서 다시 중경 가까운 곳으로 이사시키는 것도 큰 문제였다. 중국 측은 군수품 운반 때문에 차량이 부족하여 도와줄 처지가 못 된다고 했다. 그러나 중경에서 내가 여러 차례 교섭한 끝에 자동차 6량을 확보하여 사람들과 짐을 운반하게 하였고, 여비까지 챙겨 보냈다. 나는 중국 관리에게 우리 일행이 살 곳을 어디로 정하려는지 물었다. 중경에서는 대식구가 생활할 수 있는 큰 집을 구하기도 힘들고, 또 폭격의 위험도 피해야 했기에, 결국 중경에서 떨어진 기강綦江으로 결정하였다.

2. 공동묘지의 지하회장이 되신 어머님

하루는 인이가 찾아와서, 아직 유주柳州에 계시던 어머님이 병이 나
서서 신이와 함께 중경으로 모시고 왔다고 하였다. 따라가니 내가
묵고 있는 여관 바로 맞은편에 와 계셨다. 여관에서 같이 하룻밤을
지낸 뒤, 남안 아궁보鵝宮堡의 손가화원孫家花園으로 가시게 했다. 어머
님의 병은 인후증咽喉症으로, 의사의 말을 들으니 광서 지방의 풍토병
이라 한다. 나이만 젊으시면 수술 받으실 수도 있고, 병이 초기이면
다른 방법도 있으나, 이미 너무 늦었다고 한다. 당신도 이미 다시 살
아나지 못할 것을 각오하시고 말씀하셨다.

어머님 장례식에서 백범의 모습   어머님 곽낙원 여사는 백범에게 가장 많은 영향을 미쳤던 인물이며,
백범의 효성 또한 지극하였다. 오른쪽에는 아들 백범과 김홍서, 왼쪽에는 손자 인과 신이 있다. 백범과
손자들의 모습이 비통하고 초췌하다.

"어서 독립이 되도록 노력하고, 독립하여 귀국할 때 나의 유골과 인이 어미의 유골까지 가지고 돌아가서 고향에 묻어라."

대한민국 21년(1939) 4월 26일, 어머님은 50여 년간 고생만 하시다가 독립이 되는 것도 보지 못하시고 손가화원에서 영영 돌아올 수 없는 길을 떠나셨다. 그곳에서 5리 가량 되는 화상산和尚山 공동묘지에 석실을 만들어 어머님을 모셨다. 매장지 가까이에 어머니보다 젊은 나이에 세상을 떠난 한인 수십 명의 무덤이 있었다. 어머니는 살아 계실 때에도 나이가 제일 많으셔서 대식구의 어른 대접을 받으셨는데, 돌아가신 뒤에도 '지하회장'地下會長이 되신 듯싶었다.

살아 계실 때 어머님은 모든 일을 손수 처리하셨다. 우리 나라에서는 예전에 종을 부렸고, 나라를 강제로 빼앗긴 뒤에는 돈으로 사람을 고용하였다. 그러나 어머님은 일찍부터 당신의 일을 다른 사람에게 맡기지 않으셨으니, '종'은 물론이고 '고용' 두 글자와도 상관이 없으셨다. 돌아가실 때까지 팔십 평생 손수 옷을 꿰매고 밥을 지으셨다.

세월은 흐르는 물과 같아 내 나이 이미 육십이 지났다. 『백범일지』 상편을 기록할 때 지나간 사건들이 몇 년 몇 일에 일어났는지는 전부 본국에 계신 어머니께 편지 올려 답장을 받아 써 넣은 것이다. 지금 하편을 쓰면서도 어머님이 살아 계시다면 도움을 많이 받았을 터이건만, 아 슬프다!

3. 한국광복군과 국내 침공 작전

기강綦江은 중경과 거리가 멀어 오고 가기가 불편하였다. 중경에서 기강 쪽으로 40리쯤 되는 곳에 토교土橋라는 시골 시장이 있는데, 그 곳에 화계花溪와 폭포가 있고, 그 폭포 위에 동감東坎이라는 작은 동네가 있었다. 중국 당국과 교섭하여 그곳에 기와집 세 채를 짓고, 2층 민가 한 채를 사들여 100여 명의 대식구를 살게 하였다.

토교로 대가족을 옮긴 후 독립운동 원조를 부탁하였으나, 중국 관리가 냉담한 태도를 보여 국민당 중앙당부의 서은증徐恩曾을 찾아가 교섭하였다.

"중국이 대일항전으로 곤란한 때에 도와 달라고 해서 매우 미안하오. 미국의 동포 만여 명이 나를 오라 하고, 또 미국은 장차 일본과 전쟁을 벌이려고 준비하고 있으니 대미외교도 시작하고 싶소. 여

임시정부의 대식구들이 살았던 토교 마을 토교는 중경시 남쪽 15km 떨어진 곳으로, 서울에 비교하면 안양에 해당하는 지점이다. 현재는 중경시 구룡파구(九龍坡區) 화계향(花溪鄕) 화계촌(花溪村)이라고 한다. 그곳 동감폭포 위 언덕에 임시정부의 대가족들이 거처하였으나, 지금은 큰 공장이 들어서서 옛 자취를 찾아볼 수 없다.

비도 걱정 없으니 비자 수속만 부탁하오."

"중국과 약간의 관계라도 맺고 난 뒤, 해외로 나가는 것이 좋지 않겠소?"

"나 역시 그런 뜻에서 여러 해 동안 중국 수도만 따라왔소. 그러나 지금 중국은 5~6곳의 대도시를 잃고 자신의 전쟁을 수행하는 것도 어려운 입장이라, 차마 한국 독립을 원조해 달라고 하기가 미안하오."

"책임지고 선생의 계획서를 상부에 보고할 터이니, 한 부 작성하여 보내 주시오."

중국이 일본과 5년간 전쟁하는 동안, 우리는 군대조차 조직하지 못하였다. 이 사실이 너무나 원통하여 「한국광복군 조직계획안」을 작성하고, 광복군 결성이 삼천만 한족韓族을 총동원하는 일임을 설명하여 장개석 장군에게 보냈다. 그러자 광복군 계획을 흔쾌히 허락한다는 회신이 바로 도착하였다.

임시정부는 이청천을 광복군 총사령관에 임명하고, 미주·하와이 동포들이 원조한 3~4만 원을 지출하는 등 있는 힘을 다하여, 1940년 9월 17일 중경 가릉빈관嘉陵賓館에서 광복군 성립 전례식을 거행하였다. 당시 중경 지역 경비총사령이던 유치劉峙 상장上將을 비롯하여 중국 동지들이 많이 참석하였고, 체코·터키·불란서 대사들도 참석하였다. 외국인 연회로서는 눈에 띄게 성황을 이루었고 연합국 신문기자들도 참석하여, 광복군 성립 소식이 여러 나라에 널리 알려지게 되었다.

그러나 그 후 오랫동안 광복군은 연합국의 관심을 끌지 못했다. 그러던 어느 날(1945년 1월 31일) 장준하·김준엽 등 한 무리의 청년들이

한국광복군 총사령부 성립 전례식을 마치고 전례식은 일본 공군기의 공습을 피해 1940년 9월 17일 아침 7시에 거행되었고, 장소는 가릉강 기슭에 있던 가릉빈관(嘉陵賓館)이었다. 현재는 그 자리가 가릉신로(嘉陵新路) 18호가 되어 아파트가 들어서 있다. 사진에는 가릉빈관의 영문 이름(JIALING HOTEL)의 일부가 보이며 태극기와 청천백일기가 교차되어 있다.

가슴에 태극기를 붙이고 애국가를 부르며 임시정부 청사로 들어섰다. 이들은 화북 각지의 일본 부대에서 도망쳐 나온 한인 학병들로 광복군 제3지대장 김학규가 정부로 호송해 온 것이었다.

　　이 일은 중경에 커다란 반응을 불러일으켰다. 중국 각계 인사들이 참여한 중한문화협회에서 이들 청년 50여 명에 대한 환영회를 열어 주었다. 서양 각 통신사 기자들과 각국 대사관원들도 호기심 어린 눈길로 참석하여 청년들에게 여러 가지를 질문하였다. 한 청년의 답변이 눈길을 끌었다.

　　"우리는 어렸을 때부터 일본의 교육을 받았습니다. 그런 까닭에 우리 역사는 고사하고 언어에도 능숙치 못합니다. 그런데 일본 유학

중 징병으로 전쟁에 나가게 되어 가족과 이별하러 집에 들렀더니 부모와 조부모께서, 우리 독립정부가 중경에 있으니 왜군 앞잡이로 끌려 다니다가 개죽음 당하느니 차라리 우리 정부를 찾아가서 독립전쟁을 하다가 영광스럽게 죽으라고 비밀히 말씀하셨습니다. 이 말씀을 듣고 일본 부대에서 도망하다가 더러는 죽고 더러는 살아 우리 정부를 찾아온 것입니다."

한인 동포는 말할 것도 없고 연합국 인사들까지 이 말에 크게 감격하였다.

이후 광복군은 서안西安과 부양阜陽에서 미군과 함께 비밀훈련을 실시하였다. 3개월 훈련으로 요원들을 조선으로 밀파할 준비를 마쳤을 때, 나는 미국 비행기를 타고 서안으로 가서 OSS 국장 도노반 William Donovan 장군과 공작工作을 협의하였다. 광복군 제2지대 본부 사무실에서 정면 오른쪽 태극기 밑에 내가 앉고, 왼쪽 성조기 밑에 도노반이 앉았다. 도노반 앞에 미국 훈련관들이 앉고, 내 앞에 제2지대 간부들이 앉은 후, 도노반 장군이 정중하게 선언하였다.

"오늘 이 시간부터 아메리카합중국과 대한민국임시정부의 적 일본에 항거하는 비밀공작이 시작되었다."

도노반과 내가 정문으로 나올 때 활동사진반이 와서 촬영하고 식을 끝마쳤다.

다음 날, 비밀훈련을 받은 학생들의 실전연습이 있었다. 두곡杜曲에서 동남쪽으로 40리쯤 떨어진 종남산終南山 옛절에 있는 비밀훈련소로 가니, 마침 정오라 미국 군대식으로 점심을 먹었다. 맨 먼저 냉수 여러 통을 뜰에 가져다 놓더니, 국그릇과 물그릇으로 쓰는 쇠그릇과 종이갑을 하나씩 나누어 주었다. 종이갑을 풀어헤치니 과자

백범과 미 OSS의 도노반 장군

1945월 8월 7일 서안(西安) 광복군 제2지
대에서 백범은 저명한 미 OSS 국장 도
노반 장군과 함께 회담을 하고, 광복군의
실전 훈련을 시찰하기 위해 종남산 비밀
훈련소로 갔다.

비슷한 것이 5개, 통조림 깡통 여러 개, 담배 4개비, 그리고 휴지가
들어 있었다. 종이로 싼 가루 한 봉지를 냉수에 섞으니 훌륭한 고깃
국이 되었다. 간단한 전투식량이었으나 점심으로 충분했다. 군대식
사 한 가지만 보더라도 일본이 질 것은 명확한 사실이었다.

이어서 미군 장교들이 우리 청년들을 훈련시키는 광경을 구경하
였다. 첫번째, 심리학 박사가 학생들을 시험하여 보고, 그중 모험심
이 풍부한 자에게는 파괴술을, 지적 능력이 강한 자에게는 적정 정
탐을, 눈 밝고 손재주 있는 자에게는 무전기 사용법을 각각 훈련시
켰다.

다음은, 청년 7명을 데리고 종남산 봉우리로 올라가 수백 길 절

벽 아래로 내려가서 적정을 살펴보고 올라오는 훈련이었다. 소지품은 수백 길 되는 마 밧줄 하나뿐이었다. 7명이 의논하여 밧줄을 여러 매듭으로 지은 후, 한쪽 끝을 위쪽 봉우리의 바위에다 매고 줄을 타고 절벽 아래로 내려가, 입에다 나뭇가지 하나씩을 물고 올라왔다. 이를 지켜본 미국 교관은, 앞서 중국 학생 400명을 모아 놓고 시험하였을 때도 얻지 못한 결과를 한국 청년 7명은 해냈다며, 참으로 앞날이 촉망되는 국민이라고 크게 칭찬하였다. 이어서 폭파술·사격술·비밀도강술 등에 대한 시찰을 마치고, 그날 두곡에 돌아왔다.

4. 왜적의 항복, 하늘이 무너지고 땅이 꺼지는 듯

두곡에서 하룻밤을 묵고, 다음 날 서안의 중국 친구들을 방문하였다. 성 주석 축소주祝紹周 선생은 나와 가까운 친우라, 다음 날 저녁 자기 사랑에서 식사를 같이 하자고 하였다. 다음 날 서안의 명소를 대강 구경하고, 축 주석의 사랑에서 저녁을 먹은 후 객실에서 수박을 먹으며 이야기를 나누는데, 갑자기 전화 소리가 울렸다. 축 주석은 놀란 듯 자리에서 일어나 중경에서 무슨 소식이 있는 듯하다며 전화실로 급히 가더니, 뒤이어 나오며 말했다.

  "왜적이 항복한답니다!"

  내게 이 말은 희소식이라기보다 하늘이 무너지고 땅이 꺼지는 일이었다. 수년 동안 노력한 참전 준비가 모두 헛일이 되고 말았다. 서안훈련소와 부양훈련소에서 훈련받은 우리 청년들을 미국 잠수함에 태워 본국으로 침투시킨 후 조직적으로 공작하게 하려고 미 육군

성과 긴밀히 합작하였는데, 한 번도 실행해 보지 못하고 일본이 항복하였으니, 지금까지 들인 정성이 아깝고 다가올 일이 걱정되었다.

축씨 사랑에서 나와 차가 큰길을 지날 때 보니, 거리에는 사람들이 벌써 인산인해를 이루었고 만세 소리가 온 성안을 뒤흔들고 있었다. 약속한 환영 준비를 전부 취소하고 그날 밤 바로 두곡으로 돌아왔다.

우리 광복군은 계획했던 임무를 달성치 못하고 전쟁이 끝나 실망낙담하는 분위기였지만, 미국 교관과 군인들은 기뻐서 난리였다. 당시 미국은 두곡에 한국 병사 수천 명을 수용할 큰 공사를 진행하고 있었는데, 그 공사도 일제히 중지되었다. 나는 원래 서안에서 훈련받은 청년들을 1차로 본국에 보내고, 이어 부양에서 훈련받은 청년들을 2차로 본국에 보낼 예정이었으나, 그것 역시 물거품이 되었다.

서안으로 갈 때 군용기를 타고 갔으니 중경으로 올 때에도 군용기를 타고 올 예정이었다. 그러나 전쟁이 끝나는 바람에 모든 질서가 엉망이라 군용기를 타지 못하고 여객기로 돌아왔다. 내가 중경으로 올 때, 서안에서는 미국 군인들과 이범석 지대장, 우리 청년 4~5명 등이 서울로 출발하였다. 그 후 소식을 들으니 이들은 영등포(여의도)에 도착하여 하룻밤만 묵고, 왜놈들의 항거로 다시 서안에 돌아왔다고 한다.

중경에 돌아와 보니 중국 사회는 전쟁으로 긴장되었던 분위기가 갑자기 변하여 혼란에 빠져 있었고, 한인 사회도 어찌해야 할지 방향을 잡지 못하고 있었다. 임시정부 의정원도 "국무원이 총사직을 하자", "임시정부를 해산하고 본국에 돌아가자" 등등 논의가 분분하였다. 그러다 주석이 중경으로 돌아오면 의견을 들은 후 결정하자

국내에 들어갔다 중국 유현(維縣)으로 돌아온 미군 사절단과 광복군 일행 1945년 8월 18일 중국전구 미군 사절단 28명은 미군 수송기 C-47을 타고 국내에 진입하여, 당시 비행장인 여의도에 착륙하였다. 그러나 조선 주둔 일본군이 동경으로부터 아무런 지시를 받은 바 없다며 중국으로 돌아갈 것을 통고하여, 다음 날 서안으로 돌아오던 도중 산동성(山東省) 유현에 불시착하였다. 당시 사절단에는 이범석, 장준하, 김준엽, 노능서, 이계현, 이해평 등 광복군 6명이 포함되어 있었다.

하여, 3일간 회의를 멈추고 있었다.

8월 21일 나는 의정원이 개회하자마자 출석하여 임시정부를 해산하는 것이나 총사직은 천만부당하며, 서울에 들어가 국민 앞에 정부를 바친 다음 국무위원이 총사직하는 것이 옳다고 주장하였다. 그런데 우리가 입국하려 하자, 미국 측에서 서울에는 미 군정부가 있으니 임시정부 요인들은 개인 자격으로 들어오라고 통보하였다. 이 문제로 다시 의논이 분분하였으나 결국은 개인 자격으로 입국하기로 결정되었다.

7년간의 중경 생활을 마치게 되니 감개무량하여 무슨 말을 써야 할지 모르겠다. 남안 화상산에 있는 어머님의 묘소와 아들 인의 묘지를 찾아가 꽃을 바치고 축문을 읽은 뒤, 묘지기에게 돈을 후하게 주고 잘 관리해 달라 부탁하였다. 그리고 가죽상자 8개를 구입하여 임

중국 국민당 정부가 열어준 임시정부 환송연(1945년 11월 4일) 단상에는 태극기와 청천백일기가 걸려 있다. 맨 앞의 주석 자리에서 서 있는 사람이 장개석(蔣介石) 국민당 주석, 오른편에 부인 송미령(宋美齡) 여사, 왼편에 백범이 앉아 있다.

시정부 문서를 정리하였다(이 여덟 상자의 문서는 한국전쟁 중 유실되었다).

　1945년 11월 중경을 떠날 때, 중국 공산당 본부에서 주은래周恩來·동필무董必武 등이 임시정부 국무원 전체를 초청하여 송별연을 열어 주었다. 국민당 정부에서도 송별연을 열었는데, 장개석 선생을 비롯하여 각계의 명사 수백 명이 모였다. 연회는 중·한 국기를 교차해서 걸어 놓은 중국 국민당 중앙당부 대례당大禮堂에서 융숭하게 열렸다. 맨 먼저 장개석 주석과 부인 송미령 여사가 앞으로 중국과 한국 간의 영원한 행복을 도모하자는 연설을 하였고, 우리 쪽에서 답사를 한 후 끝마쳤다.

5. 중경 생활 7년의 회고

1945년 11월 5일 드디어 중경을 떠나게 되었다. 중경에서 7년간 많은 일이 있었지만, 그중 몇 가지만 말하려 한다.

중경은 가릉강과 양자강이 합류하는 곳으로, 파巴 장군이 개척하여 옛날에는 파촉巴蜀이라 불렀다. 중일전쟁이 일어나기 전까지는 중기선〔輪船〕이 정박하고 많은 물자가 모이는 상업 항구였다. 그러나 일본과의 전쟁 중에 중경은 중국의 전시수도가 되었다. 일본군 점령지의 중국 관리와 피난민들이 중경으로 모여들자, 평소 몇만 명에 불과하던 인구가 갑자기 100만여 명으로 늘어났다. 집도 몇 배나 늘었지만, 주택난이 심하여 여름에는 길에서 자는 사람이 태반이었다. 식량은 배급제인데, 배급소 문 앞에는 사철 내내 사람들이 길게 줄을 섰고, 서로 때리고 욕하는 등 다툼이 끊이지 않았다.

그러나 우리 동포는 따로 명부를 작성하여 중국 정부와 교섭하였으므로, 한꺼번에 배급을 타서 찧어다가 하인을 시켜 집집마다 배달해 주었다. 또한 한인들은 참새나 쥐가 곡식을 축내지 않도록 집집마다 독그릇을 사용했다. 반찬 값은 돈으로 받고, 먹을 물도 하인을 부려 길어 먹었다. 전시 중 우리 동포들의 생활은 중국인들보다 비교적 규율 있고 안전한 편이었다. 남안과 토교의 동포들도 중경처럼 한인촌을 이루고 중국의 중산계급 정도로 생활하였다.

다음으로 나의 가족에 대해 말하겠다. 내 일생을 통틀어 가족이 함께 모여 생활한 기간은 얼마 되지 않는다. 18세에 붓을 내던진 후 늘 홀로 떠돌이 생활이었다. 다만 황해도 장련읍 사직동에서 어머니를 모시고 종형 일가와 함께 2~3년 머물렀고, 결혼 이후 문화·안악

등지에서 얼마간 같이 살았다. 가족들과 가장 오래 산 것은 상해 불란서 조계지에서 4년(1920~1924) 정도이다.

1924년 아내를 잃었고, 이듬해 어머님이 아들 인과 신을 데리고 본국으로 가셨다. 이후 10여 년 동안 혈혈단신 홀로 지냈다. 9년 만에 어머님이 중국에 다시 오셨으나, 어머님은 인과 신을 데리고 따로 사시고, 나는 나대로 동포들의 집이나 중국 친우의 집에서 더부살이 생활을 계속하였다. 이러한 생활은 중경에서도 마찬가지였다.

다음으로 일본의 폭격으로 힘들었던 일을 몇 가지 말하려 한다. 남경에서 폭격으로 죽을 뻔한 일은 앞에서 이미 기록하였다. 그 후 장사나 광동에서도 몇 차례 폭격을 당하였지만 별로 위험한 적은 없

임시정부의 마지막 청사 1945년 1월부터 11월 환국할 때까지 사용하던 임시정부의 마지막 청사. 당시 주소는 시중구 칠성강 연화지 4호, 현재는 연화지 38호이다. 대문에서 뒷담까지의 길이가 43.3m, 폭이 17.2m나 되는 넓은 집이다. 일부 증축이 이루어지긴 하였지만 건물 구조는 크게 변경되지 않았고, 건물 사이에 있는 층층계단도 옛 모습 그대로이다. 현재 중경시 문물보호단위(文物保護單位)로 지정되어 있다.

었다. 그러나 중경에서는 4~5년 내내 폭격 속에서 살았다. 먹고 자는 일은 짬짬이 하고, 피난만 일삼아 하였다.

어떤 날은 폭격이 너무 심하여 아침부터 저녁까지 방공호에서 지낸 적도 있다. 우리 임시정부도 중경에서 양류가楊柳街·석판가石坂街·오사야항吳師爺巷·연화지蓮花池 등으로 네 번이나 옮겨 다녔으니, 그때 힘들었던 상황은 평생 잊을 수 없다. 양류가에서 폭격 때문에 더 이상 버틸 수가 없어지자 석판가로 옮겼고, 석판가에서는 불이 나서 건물이 다 타 버렸다. 오사야항에서는 폭격으로 집이 완전히 무너져서 다시 고쳐 지었다.

오사야항에서 지내던 어느 날, 폭격이 심해서 새벽부터 9시간이나 사설 방공호에 들어가 있었다. 나중에 나와 보니 주변 집은 전부 부서지고 없었다. 급히 돌아와 보니 내 집 대문에도 폭탄이 떨어져 담장과 기와가 전부 무너져 있었다. 그날 남안南岸에서 동포 3~4명이 죽었다는 급보를 들었다. 즉시 가서 조사해 보니, 신익희 씨 조카와 김영린의 처가 폭사하였다. 어찌할 방도가 없으니, 다만 통탄할 뿐이었다.

옛말에 "시체가 산처럼 쌓였다"고 하는데, 나는 문인들이 글재주로 과장하여 쓰는 말이라고만 생각했다. 그런데 그날 폭격당한 곳을 보니, 그 말이 쓰이는 이유를 알 것 같았다. 들것으로 방공호에 흩어진 시체를 옮기는데, 어린아이의 시체는 2~3구씩, 어른 시체는 1구씩 모아서 쌓으니, 정말로 시체가 산처럼 쌓였다.

산처럼 쌓인 시체를 짐짝처럼 화물차에 실어 운반하였다. 차가 달리다가 흔들리면 시체가 땅으로 떨어지는 일도 있었는데, 다시 싣기 귀찮다고 화물차 뒤에 목을 매달고 그냥 달렸다. 화물차가 시체를 땅에 끌면서 달리는 모습은 차마 눈 뜨고 볼 수 없는 참상이었다. 사람들은 저마다 가족 시체를 찾아 가는데, 어떤 곳은 집조차 타서 검은 벽돌과 재만 남은 빈터에 시체를 갖다 놓고 통곡하니, 또한 차마 귀로 들을 수 없고 눈 뜨고 볼 수 없는 지경이었다.

그날 비단 폭탄에 맞아 죽은 사람뿐 아니라 방공호에서 숨이 막혀 죽은 사람도 많았다. 남녀 모두 옷이 성한 사람이 없고 몸에도 상처가 많았는데, 숨이 막혀 최후까지 몸부림쳤기 때문이다. 이들이 방공호 밖으로 나오지 못한 것은 경관이 밖에서 문을 채운 채 자기만 급히 도망갔기 때문이었다.

불행 중 혹 행운을 잡는 경우도 있었다. 방공호에 피난한 이들은 거의 모두 귀중품을 지니고 있었다. 경관의 지휘로 죽은 자의 귀중품을 모으니, 금은보석 역시 시체처럼 산을 이루었다. 사람들 중 그 귀중품으로 큰 부자가 된 자도 있다고 들었다.

중경의 기후는 9월 초부터 다음 해 4월까지 구름과 안개가 많아 햇빛을 보기 힘들다. 게다가 기압이 낮은 분지이므로, 땅에서 솟아나는 악취, 인가나 공장에서 뿜어져 나오는 석탄 연기가 흩어지지 않아 눈을 뜨기 힘들 정도로 공기가 불결했다. 우리 동포 300~400명이 이곳에서 6~7년 사는 동안 순전히 폐병으로만 70~80명이나 죽었다. 이는 중경에 사는 전체 한인의 근 2할에 해당하는 숫자이다. 외국의 영사관이나 상인들도 중경에서는 3년 이상 견디지 못하는데, 우리는 이곳에서 6~7년씩이나 살았다. 큰아들 인이도 이곳에서 폐병으로 죽고 말았으니, 알고도 피할 수 없어 당한 일이라 좀처럼 잊기 어렵다.

11

조국의 산천과
동지를 찾아서

1. 감격의 귀국

일본이 항복한 후 고국에 돌아가기 위해 임시정부의 문서들을 정리
하고, 국무위원과 일반 직원이 비행기 두 대에 나누어 탔다. 1945년
11월 5일, 중경 출발 5시간 후인 오후 6시, 나는 13년 전 떠났던 상해
의 공기를 다시 호흡하게 되었다. 비행장인 홍구공원에는 환영 인파
로 인산인해를 이루었다. 홍구공원은 일본 영사관과 가까이 있었으
므로, 상해 생활 13년여 동안 나는 한 번도 가 보지 못했었다.

　공원에서 상해 동포 6,000여 명이 아침 6시부터 저녁 6시까지 줄
지어 기다린다 하기로 차를 멈추고 나가 보았다. 마침 높은 축대가
있기에, 거기 올라서서 동포들에게 인사하였다. 그런데 내가 인사한
그 축대가 바로 13년 전 윤봉길 의사에 의해 왜적 시라카와 등이 폭
탄을 맞은 곳이며, 그 후 일본이 군사훈련할 때 장교들의 지휘대로

상해 비행장에 도착한 백범 일행 이승만은 10월 16일 귀국하였지만, 백범과 임시정부의 귀국은 상당히 지연되어, 11월 5일 상해 강만(江灣) 비행장에 도착하였다. 중앙에 꽃다발을 목에 걸고 태극기를 손에 든 백범이 있고, 그 왼쪽에는 이청천 장군이 있다. 그 옆의 여성은 제1진 일행 15명 중 유일한 여성으로 백범의 맏며느리이자 안중근 의사의 조카딸인 안미생(安美生) 여사이다.

사용하였다고 한다. 이 말을 들으니 윤봉길 의거 그날의 기억에 새삼스레 가슴이 뭉클하였다.

세상일이 어찌 모두 우연이리요. 상해의 동포 수는 13년 전보다 몇십 배나 늘어났지만, 전쟁으로 살기가 어려워지자 옛날처럼 독립 정신을 굳게 지키며 일본의 앞잡이가 되지 않은 사람은 불과 10여 명밖에 없었다. 그들의 굳은 지조를 훌륭히 여겨 서병호(徐炳浩) 자택에서 만찬을 열고 같이 기념사진을 찍었다.

상해에서 동포들의 환영회가 성황리에 개최되었다. 13년 전의 어린아이들은 벌써 다 자랐고, 장정들은 이미 늙어 옛날 얼굴을 찾아보기 어려웠다. 구 불란서 조계지의 공동묘역에서 아내의 묘를 찾았으나 흔적조차 없었다. 내가 의아해하자 묘지기가 10년 전 이장한 곳으로 인도해 주었다.

고국을 떠난 지 근 27년, 1945년 11월 23일 상해에서 미국 비행기를 타고 3시간 만에 김포 비행장에 착륙하였다. 착륙 당시 기쁨과 슬픔 두 가지 감정을 동시에 느꼈다. 해외에 있을 때 나는 우리 후손들이 일본의 악정 때문에 주름을 펴지 못할까 봐 걱정하였었다. 그러나 걱정과는 딴판으로 책보를 메고 줄지어 다니는 학생들의 활발하고 명랑한 모습을 보니, 우리 민족의 장래가 촉망되었다. 이것이 기쁨이다. 그러나 차창으로 내다보이는 동포들의 집은 하나같이 땅에 납작하고 빈틈없이 이어져 있어, 생활 수준이 나쁠 거라고 짐작하니 마음이 슬프고 답답하였다.

많은 동포들이 나를 환영하기 위해 여러 날 동안 기다렸지만, 막상 우리가 도착한 날 마중 나온 동포는 얼마 되지 않았다. 미군을 통하다 보니 연락이 철저하지 못했던 것이다. 늙은 몸을 자동차에 태우고 차창으로 좌우를 바라보며 서울에 도착하니, 산천은 변함없이 나를 반겨 주는 듯했다.

나는 숙소인 죽첨정竹添町(백범이 거처하면서 경교장으로 이름을 바꾸었다)으로 갔고, 국무위원들과 그 외의 일행은 한미호텔에 숙소를 정하였다.

서울에 도착하자마자 윤봉길·이봉창·김주경의 유가족이 있으면 찾아오라는 기사를 신문에 실었다. 덕산에서 윤봉길 의사의 아들이 찾아왔고, 서울에서 이봉창 의사의 조카딸이 찾아왔다. 강화 김주경의 아들 윤태는 이북에 있어서 오지 못하고, 그 친딸과 친척들

환국 이후 백범의 거처가 된 경교장

종로구 평동 181번지 소재. 강북삼성
병원 본관으로 오랫동안 사용되다, 현
재는 국가문화재 사적 제465호로 지
정되어 있다. 사진은 1948년의 모습이
다.

이 강화·김포 등지로부터 찾아왔다. 기쁨과 슬픔이 뒤섞인 심정으
로 그들과 만났다. 27년 만에 고국에 돌아왔으나 38선 때문에 그리
운 고향에는 가지 못하였다. 다만 재종형제들과 사촌누이 가족들이
서울로 올라와 기쁘게 상봉하였을 뿐이다.

국내에서 임시정부 환영 바람이 일어나자, 군정청 소속기관과
정당·사회·교육·교회·공장 등 각종 단체에서 쉴 틈 없이 환영회를
열어 주었다. 우리는 모두 개인 자격으로 입국하였지만, 수십만 겨
레가 모두 나와서 '임시정부 환영회'라고 크게 쓴 글씨와 태극기를
하늘 높이 휘날리며 시위 행렬을 이루니, 해외에서 겪은 온갖 풍상
과 고통을 동정하는 듯싶었다.

12월 19일 임시정부 환영 국민대회의의 행렬을 마친 후 덕수궁
에서 잔치가 열렸다. 하지Jone R. Hodge 중장을 비롯하여 미군정 간부
들과 수많은 동포들이 참여하여 덕수궁 마당이 비좁을 지경이었다.
비단 서울뿐이랴. 인천·개성 등 지방 각지에서도 일제히 임시정부
환영회를 열어 주었다.

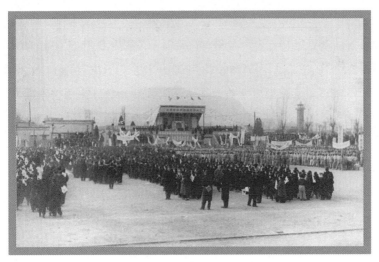

서울운동장에서 열린 임시정부 환영회(1945년 12월 19일) 당시 언론에 의하면 환영회에 남녀 학생과 일반 시민 등 15만 명이 운집하였다고 한다. 여기서 백범은 자주·평등·행복의 신한국을 건설하자고 답사(答辭)하였다.

2. 삼의사 유골 봉안

민국 28년(1946)을 맞이하여 나는 38선 남쪽 지방을 순회하였다. 먼저 내게 의미가 깊은 인천 지역을 돌아보았다. 21세 때 인천감옥에서 사형 언도를 받았다가 23세 때 탈옥하였고, 1911년 안악 사건으로 15년 징역을 언도받았다가 39세 때 다시 인천감옥으로 이감되었다. 그때 징역살이하면서 일한 곳이 항구 건설 공사장이다. 인천항을 찾아가 바라보니 내 피와 땀이 배어 있는 듯하고, 50년 전 처음 투옥되었을 때 부모님이 나를 만나기 위해 내왕하시던 길에는 아직 눈물 흔적이 남아 있는 듯 가슴이 뭉클하였다. 지난날의 감회와 함께 인천 순시를 대환영리에 마쳤다.

두번째로 마곡사로 향했다. 공주에 도착하니, 충청남북도 11개 군에서 10만이 넘는 동포들이 모여들어 환영회를 열어 주었다. 감격적으로 환영회를 마치고 공주를 떠났다. 의병 지도자 김복한金福漢 선생과 대마도에 유배되어 순절하신 최익현崔益鉉 선생의 영정을 찾아가 참배하고, 동민의 환영을 받으며 유가족을 위로하였다.

마곡사 가는 길에는 각 군의 정당·사회단체 대표자만 350명 이상 따라왔다. 또한 마곡사 승려들이 공주까지 마중 나와 주었고, 마곡사 동구에 남녀 승려들이 줄지어 반겨 맞아 주었다. 48년 전 중이 되어 굴갓 쓰고 염주 걸고 바랑 지고 드나들던 길을 살펴보며 천천

마곡사의 대광보전과 향나무 대광보전은 마곡사를 대표하는 건물 중 하나로, 현판은 조선 후기 대표적인 문인화가인 강세황이 쓴 것이며, 앞 기둥 6개에는 능엄경의 구절이 주련으로 붙어 있다. 가운데 두 기둥의 구절이 바로 "却來觀世間(각래관세간) 猶如夢中事(유여몽중사)"로, 지금도 고풍스런 모습 그대로 남아 있다. 1946년 백범이 방문했을 때 이 구절을 보고 23세 때 마곡사에 은거하였던 일을 회상하며 감개무량하여 향나무 한 그루를 심었다. 향나무 앞에는 1989년 공주군에서 세운 안내 「김구 선생 은거지」라는 제목의 돌비석이 있다. 현재 향나무의 위치는 옮겨져 있다.

히 들어가니, 산천은 변함없이 나를 반겨 주는 듯하였다. 48년 전 무심히 보았던 대광보전大光寶殿 기둥에 걸려 있는 주련柱聯의 글귀를 자세히 들여다보니, 이렇게 씌어 있었다.

속세의 일을 돌아보니   却來觀世間
오히려 꿈속의 일만 같도다.   猶如夢中事

지난 일들을 생각하니, 이 구절이 과연 나를 두고 한 말이 아닌가 하는 생각이 들었다.

옛날 내가 불경을 배우던 염화실에서 하룻밤을 묵었다. 그날 밤, 승려들은 나를 위해 지성껏 불공을 올려 주었다. 다음 날 아침 기념으로 무궁화 한 포기와 향나무 한 그루를 심고 마곡사를 떠났다.

세번째로 4월 26일, 예산 시량리 윤봉길 의사의 본댁을 방문하였다. 다음 날 그곳에서 윤의사 기념제를 거행하였다.

윤봉길 의사 유가족과 함께 1946년 4월 26일 백범은 윤의사의 본댁을 방문하고 그곳에서 윤의사 기념제를 거행하였다. 백범 오른쪽으로 윤의사의 아버님, 어머님, 윤의사의 부인, 아들이다. 아들은 아버지 윤의사의 영정을 들고 있다.

　서울에 돌아온 뒤, 나는 일본의 박렬朴烈 동지에게 부탁하여 조국 광복에 몸 바친 윤봉길·이봉창·백정기 3의사의 유골을 환국시키게 하였다. 의사들의 유골이 부산에 도착하였다는 기별을 듣고, 특별열차로 부산에 내려갔다. 6월 15일 부산에서 3의사 유골 봉환식을 거행하고, 다음 날 영구를 서울로 모셨다. 부산역 앞에서 서울까지 각 역전마다, 사회단체와 교육기관은 물론이고 일반인들까지 모여서 추도식을 거행하니, 산천초목도 슬퍼하는 듯 감개가 무량하였다.

　서울 도착 즉시 영구를 태고사太古寺에 봉안하고 누구나 경의를 표할 수 있게 하였다. 봉장위원회奉葬委員會 책임자들이 두루 장지를 구하였으나 여의치 못하여, 7월 6일 내가 직접 선택한 용산 효창원 안에 매장하였다. 장례식에는 미군정 간부들도 참석하였다. 미군이 호위 출동해 주겠다고 하였으나, 그것만은 중지시켰다. 그러나 조선인 경관은 물론 지방 각지의 육·해군 경비대가 다 집합하고, 각 정당 단체와 교육기관과 공장과 일반인들까지 총출동하였다. 태고사

에서 효창원까지 인산인해를 이루니, 전차·자동차 등 각종 차량과
보행자까지 모두 멈추어 섰다. 슬픈 음악을 연주하는 악대를 선두로,
사진기자들이 사이사이 늘어섰고, 제전을 드리는 화봉대花峰隊와 창
공에 흩날리는 만장대輓章隊가 따랐고, 그 뒤로 여학생대가 상여를 모
시니, 옛날 국왕의 장례식보다 더 성황을 이루었다.

장지 제일 앞머리에 안중근 의사의 유골을 봉안할 자리를 비워 놓
고, 그 아래쪽에 3의사의 유골을 차례로 모셨다. 당일 참석한 유가족
의 눈물과 각 사회단체의 추도문 낭독으로 해도 빛을 잃은 듯하였다.

3. 제주도와 삼남 순방

얼마 후 다시 삼남 지역 순회를 시작하였다. 1946년 7월 말 비행기
로 김포를 출발하여 제주도에 착륙하였다. 제주도 내 미 군정청을
비롯하여 각 정당·단체와 교육·교회·공장의 대표들이 환영회를 크
게 열어 주었다. 삼성전三聖殿에 참배한 후 삼성혈三聖穴을 돌아보고,
다시 해안으로 나가 제주 해녀들이 잠수하여 해산물 따는 광경을 구
경하였다. 마침 비가 잦은 때라 한라산에는 가 보지 못하고 서울로
돌아왔다.

그 후 1946년 8월 17일 춘천 가정리에 있는 의암 유인석 선생의
묘에 참배하고, 유족을 위문하였다.

1946년 9월 14일 나는 다시 삼남을 시찰하기 위해 열차를 타고
부산역으로 갔다. 다음 날 자동차로 김해에 도착하니, 때마침 김수
로 왕릉의 가을 큰 제삿날(추향대제)이었다. 김씨와 허씨들이 모인 자

백범이 쓴 충무공 시비

1947년 8월 15일 백범은 해방 2주년을 기념하여, 자신이 애송하던 충무공의 시구 "誓海魚龍動(서해어룡동) 盟山草木知(맹산초목지)"를 써서 진해에 보냈다. 이 비석은 원래 해군통제부 동문 앞에 있었으나, 백범 암살 이후 비석의 윗부분이 훼손당하였고 비석은 철거되었다. 1960년 4·19 이후 진해시 남원 로타리에 이 비석이 다시 세워졌는데, '誓海'자 부분에 떨어져 나간 조각을 다시 붙인 흔적을 확인할 수 있다.

리에서 나에게 사모각대를 갖추어 주었다.

그 길로 다시 창원, 진전으로 출발하였다. 상해에서 본국으로 파견되어 독립운동 하다가 감옥에서 고문을 당하고 결국 세상을 떠난 이교재李教載 지사의 유가족을 찾아서 위로하였다.

다음 날 진해에 가서 해군 총사령관 손원일의 안내로 해안경비대 열병식을 마치고 진해를 시찰하였다. 그곳에서 경비함을 타고 통영에 상륙하여 통영·진주·여수·순천 등지를 돌아보았다. 가는 곳마다 환영회가 끊이지 않았다.

먼저 진주로 가서 애국 기녀 논개의 혼을 위로하는 마음으로 촉석루矗石樓를 돌아보고, 인근의 사천·고성 일대를 돌아보았다. 그리고 임진왜란 때 충무공 이순신 장군이 왜적을 격침하였던 한산도의 제승당制勝堂을 방문하고 영정에 참배하였다. 참배 후 좌우를 살펴보니 제승당 현판이 땅에 떨어져 있었다. 이유를 물으니, 일제시대에 떼어낸 뒤 아직 달지 못한 것이라 하였다. 지금까지 보관한 것만도

한산섬 제승당 현판 앞의 백범
영조 15년(1739) 조경(趙璥)이 한산섬에 제승당
(制勝堂)을 세우고, 대형 친필 현판을 걸었다.
1946년 9월 20일 제승당을 방문한 백범이
땅에 있는 현판을 다시 걸게 하였다고 하지
만, 현재 이 현판은 걸려 있지 않고 제승당
안의 바닥에 세워져 있다.

다행이라 생각하고 현판을 걸게 하였다.

　한산섬에서 여수·순천을 거쳐 보성군 득량면 득량리에 도착하
였다. 이곳은 48년 전(1898) 내가 탈옥하여 숨어 지낼 때 수삼 개월 머
물렀던 나의 동족 부락인데, 동족들은 물론 인근 지방 사람들까지 크
게 환영해 주었다. 나를 환영하기 위해 도로를 고치고 소나무로 문
을 만들어 세우고 사람들이 줄지어 서 있었다. 나는 차를 멈추고 걸
어서 동네로 들어갔다.

　48년 전, 내가 숨어 살며 글을 보던 고 김광언 씨 집이 옛 모습 그
대로 나를 맞아 주니, 불귀의 객이 된 김씨 생각에 가슴이 뭉클하였
다. 그 옛날 내가 밥 먹던 자리에서 다시 한 번 음식을 대접하고자 한
다 하여, 마루 위에 병풍을 두르고 정갈하게 마련한 자리에 앉으니,
산천은 예전 그대로이나 옛사람은 별로 없었다. 모인 동포들을 향하
여, "혹시 나를 아는 사람이 있는가?" 하고 물으니, 동네 할머니 한
분이 대답했다.

"제가 일곱 살 때 선생님 글공부하시던 자리에서 놀던 기억이 새롭습니다."

그 밖에 우리 동족 중 한 사람인 김판남 씨가 나와서, 48년 전 나의 필적이 완연한 책 한 권(『東國史記』)을 내보이며, 옛일이 어제 같다고 말하였다. 전에 나와 알던 이는 이 두 사람뿐이었다.

또 잊지 못할 한 가지 일이 있다. 48년 전, 나와 동갑인 선宣씨가 나와 허물없이 지내다가 내가 그 동네를 떠난다고 하자 그 부인이 손수 만든 붓주머니〔筆囊〕 하나를 작별 기념으로 준 일이 있다. 선씨에 대해 물으니, 그는 이미 세상을 떠났고, 부인과 가족은 보성읍 부근에 산다고 했다. 그 노부인 역시 옛일을 잊지 않고 내가 지금 가는 보성읍으로 마중 나올 거라고 전하였다. 그날 보성읍에 도달하니, 과연 그 부인이 온 가족을 거느리고 마중 나와 있었다. 참으로 감격적이었다.

그곳에서 강연을 마친 후 광주까지 가는 동안 내가 받은 환영은 이루 말하기 어려울 정도였다. 역마다 수많은 사람들이 환영하니, 어떤 날은 서너 번이나 멈춘 적도 있다.

며칠 후 광주에 도착하여 보니, 곳곳에서 사람들이 준 선물·해산물·육산물·금품 등이 차에 가득 찼다. 광주에 전쟁 피해자가 많다는 말을 듣고, 시장에게 그들을 돕는 데 보태 쓰라고 부탁하고 광주 환영회를 마쳤다.

광주를 출발하여 나주로 향하는 도중 함평군을 지날 때였다. 수많은 사람들이 길을 막고 잠시라도 함평읍에 들러 달라고 소원하였다. 하는 수 없이 함평읍에 들러 학교 운동장에서 환영 강연을 마치고, 날이 저물 무렵에야 나주읍에 도착하였다. 나주에서 내가 탈옥

ⓒ주진우

백범의 기부로 지어진 광주 백화마을 1946년 9월 광주를 방문한 백범은 서민호 광주 시장에게 전재(戰災) 동포를 돕는 데 쓰라면서 자신이 남도행에서 받은 선물을 모두 기부하였다. 광주 시장은 이 선물들을 기반으로 기금을 조성하여 광주 동구 학동 일대에 7~8평 규모의 작은 집들을 지어 100가구의 이재민에게 분배하였다. 백범의 선물에서 비롯된 이 마을은 100가구가 평화롭게 살라는 뜻으로 백화(白和)마을이라 이름 붙여졌다.

한 이후 숨어 지낸 육모정六茅亭 이진사 댁의 소식을 물었다. 이진사 댁은 함평읍에 있는데, 아까 함평에서 만세를 선창한 이가 바로 이 진사의 둘째 아들이라고 하였다. 그제서야 세월 탓에 함평을 나주로 혼동했음을 깨달았다. 함평의 이재혁·이재승 등은 이진사의 손자들인데, 얼마 후 선물을 가지고 서울로 나를 찾아왔다. 나는 그때 착각한 사실을 이야기하고 사과하였다.

전주에 도착하니 수없이 많은 사람들이 나와서 환영해 주었다. 그중에서도 내가 21세 때 신천 청계동 안태훈 진사 댁에서 만나 청나라까지 동행했던 김형진의 유족들, 즉 아들 김맹문, 조카 김맹열, 생질 최경열 등을 만났다. 전주에서 성대한 환영이 끝난 후 김맹문의

백범의 함평 강연 모습 1946년 9월 백범은 젊은 시절 탈옥 후 피신한 바 있는 전라도 일대를 순회하였는데, 이때 이루어진 함평 강연은 대대적인 성황리에 치러졌다. 백범이 한때 피신한 바 있는 함평 이진사 댁은 아직도 남아 있으며, 육모정(六茅亭) 터도 확인할 수 있다.

가족들과 함께 특별환영기념사진을 찍으니, 고 김형진 씨에 대한 감회로 가슴이 벅차올랐다.

　목포·군산·강경 등지를 일일이 돌아보았다. 모두 잊지 못할 곳들이다. 목포에서 노동자로 변장하여 지게 지고 양봉구를 찾아갔던 기억이 새로웠다. 그 자리에서 양봉구 씨의 유가족에 대해 물어보았으나 아무것도 알 수 없었다. 9월 말 군산을 거쳐 강경에 도착하여 공종렬 씨의 소식을 물어보았다. 그는 젊어서 자살하였고 자손도 없다고 했다. 내가 방문하였을 때 공씨 집안에서 일어난 괴변, 즉 공씨 누이의 부정과 아이 살해 사건은 친척 간에 일어난 일이라고 하였다.

4. 서부 지역 순방

삼남 일대 시찰을 대강 마치고 서울로 돌아와서 얼마간 휴식을 취한
후, 1946년 11월 강화를 방문하여, 김주경 씨의 셋째 동생 진경의 집
을 찾아보았다. 그 집은 46년 전(1900) 내가 김두래로 이름을 바꾸고,
사랑에다 서당을 열고 학생들을 가르친 곳이다. 그곳에서 교편을 잡
은 지 3개월 만에 유완무가 보낸 이춘백을 만났었다. 집은 옛날 그대
로였다. 찾아가서 환영하는 친척들과 함께 기념사진을 찍었다.

합일학교 운동장에서 강연하다가, 옛날 나에게 배운 학생 30명
중 이 자리에 참석한 자 있거든 나서 보라고 두세 번 외쳐 보았다. 그
러나 한 사람도 없었다. 그런데 저녁 때 한 사람이 경관과 함께 찾아

강화의 옛 동지 김주경 집을 방문하는 백범 백범이 처음 투옥되었을 때 김주경은 백범을 석방시키고자
백방으로 노력했으며, 그것이 좌절되자 탈옥을 권유하였다. 탈옥 후 백범은 이 집에서 서당을 열었는데,
1946년 11월 백범이 이곳을 방문하였을 때 어린이들이 마중나와 도열한 것이 이채롭다.

와서 말했다.

"제가 선생님의 제자올시다."

"그러면 나에게서 배운 기억이 나느냐?"

"생각납니다."

"왜 아까 운동장에서 대답을 안 했느냐?"

"저도 운동장에 참석하였으나 선생님 강연을 듣고 너무도 감격한 나머지 눈물을 멈출 수 없어 대답을 못했습니다."

11월 말 38선 남쪽 서부 일대를 시찰하기로 하였다. 개성에 도착하여 18~19세 때 둘러보았던 만월대와 선죽교를 구경하고, 개성 특산품인 고려인삼 제조공장을 시찰하였다. 개성의 각 정당·사회단체는 물론이고 일반 남녀노소가 모두 나와서 환영식을 열어 주었다.

다음 날 배천온천을 거쳐 연안온천에 도착하니, 역전마다 마중 나온 동포들의 감격이 이루 헤아릴 수 없었다. 인사말을 대강 마치고 연안온천에서 하룻밤을 묵은 후 연안읍으로 갔다.

가는 길에 효자 이창매의 묘를 배알하러 갔다. 시골 늙은이에게 길을 물어보니 전과 변한 것이 없다고 하였다. 묘 앞에 도착하여 이창매가 남긴 발자국을 따라 밟으며 참배하고, 50년 전 인천감옥으로 이감되던 길에 이 묘비 앞에서 쉬었던 일을 깊이 되새겨 보았다. 그런 다음 눈짐작으로 당시 어머님이 앉으셨던 자리를 찾아보았다. 묘와 산천은 옛 모습 그대로이고, 좌우에 따르는 경관들도 그때 나를 호송해 가던 경관들과 비슷했지만, 그 옛날 나를 따라오시던 어머님 얼굴만은 뵈올 길이 없었다. 앞이 캄캄하여 쏟아지는 눈물을 멈출 길 없었다.

중경에서 어머님이 운명하시면서 "내 원통한 마음을 어찌하면

개성 선죽교를 방문한 백범 백범은 귀국 이후 38선으로 인해 고향 해주와 황해도를 방문하지 못하였다. 1946년 11월 말 백범은 38선 남쪽인 개성, 배천, 연안 등 해주 바로 아래 황해도 지역을 순회하였고 이때 개성 선죽교를 방문하였다. 백범은, 선죽교에서 타살된 정몽주를 추모하는 시를 즐겨 쓰기도 하였다.

좋으냐?" 하시던 최후의 말씀을 떠올리니, 이날 이 자리에서 같이 옛이야기를 나누지 못할 줄 미리 아시고 하신 말씀 같아 슬픈 마음을 진정키 어려웠다.

　지금 어머님은 낯선 중경의 화상산 남쪽 자락에 손자 인과 함께 누워 계신다. 영혼이라도 고국에 돌아오셔서 나와 같이 환영을 받으신다면 그나마 위안이 되지 않을까. 이런저런 생각에 만감이 교차하였다.

　연안에서 제일 큰 학교 운동장에 사람들이 빽빽하게 모여 서서 환영식을 성대하게 열어 주었다. 강연을 마치고 그 길로 청단에 도착하니, 거기서도 환영하는 동포들의 열정은 마찬가지였다. 그러나

38선 때문에 내가 태어난 곳을 먼발치로 바라보기만 할 뿐 가 보지 못하였다. 그대로 돌아서서 서울로 향하니, 그때의 가슴 아픔이란 말로 다 표현할 수가 없었다.

1946년 12월 2일 늦게 다시 배천으로 돌아와 종일 나를 기다리며 서 있던 동포들을 향하여 간단하게 인사 겸 강연을 마치고 그날 밤을 보냈다. 그곳은 근 40년 전 군수 전봉훈 씨의 요청으로, 최광옥 선생을 주강사로 모시고 사범강습을 진행했던 곳이다. 불행히 최선생이 폐병으로 객사하여 읍내 유지들과 전군수가 뜻을 모아 배천 남산 위 운동장 옆에 안장했었다. 근 40년 만에 이곳에 오니, 곳곳마다 스며 있는 옛 기억과 감상을 이루 다 헤아릴 수 없었다.

다음 날 배천을 떠나 서울로 향하는 길에 장단 고랑포旱浪浦에 들러 선조 경순왕릉에 참배하였다. 능촌陵村에 사는 경주 김씨들이 내가 올 것을 미리 알고 제전祭典을 준비해 놓았다. 참배 후 문산에 도착하여 환영식과 강연회를 마치고 서울로 돌아오니, 서부 지방 순회는 이로써 끝이 났다.

대한이 자주독립하는 날을 기다려
다시 이 글을 계속하기로 하고 붓을 놓는다.
서울 새문(서대문) 밖에서

나의 소원

민족국가

"네 소원이 무엇이냐?" 하고 하나님이 물으시면, 나는 서슴지 않고 "내 소원은 대한 독립이오" 대답할 것이다. "그 다음 소원은 무엇이냐?" 하면, 나는 또 "우리 나라의 독립이오" 할 것이요, 또 "그 다음 소원이 무엇이냐?" 하는 셋째번 물음에도, 나는 더욱 소리를 높여 "나의 소원은 우리 나라 대한의 완전한 자주 독립이오" 대답할 것이다.

동포 여러분 !

나 김구의 소원은 이것 하나밖에 없다. 내 칠십 평생 이 소원을 위해 살아 왔고, 현재에도 이 소원 때문에 살고 있으며, 미래에도 이 소원을 달성하려고 살 것이다. 칠십 평생 독립이 없는 백성으로 설움과 부끄러움과 애탐을 겪은 나에게, 세상에 가장 좋은 것이 완전하게 자주 독립한 나라의 백성으로 살아보다 죽는 일이다. 나는 일찍이 우리 독립 정부의 문지기가 되기를 원했거니와, 그것은 우리 나라가 독립국만 되면 나는 그 나라에 가장 미천한 자가 되어도 좋다는 뜻이다. 왜냐하면, 독립한 제 나라의 빈천貧賤이 남의 밑에 사는 부귀富貴보다 기쁘고, 영광스럽고, 희망이 많기 때문이다.

옛날 일본에 갔던 신라의 충신 박제상朴堤上이, "차라리 계림鷄林(신라)의 개와 돼지가 될지언정 왜왕倭王의 신하로 부귀를 누리지 않겠다" 한 것이 그의 진정이었던 것을 나는 안다. 왜왕이 높은 벼슬과 많은 재물을 준다는 것도 물리치고 제상은 달게 죽임을 받았으니, 그것은 "차라리 내 나라의 귀신이 되리라"는 신조 때문이었다.

근래 동포 중에는 우리 나라가 어느 이웃 나라의 연방에 편입하기를 소원하는 자가 있다 한다. 나는 그 말을 차마 믿으려 아니하거니와, 만일 진실로 그러한 자가 있다 하면 그는 제정신을 잃은 미친 놈이라고밖에 볼 수 없다. 나는 공자·석가·예수의 도를 배웠고 그들을 성인으로 숭배하지만, 그들이 합하여서 세운 천당·극락이 있다 하더라도 그것이 우리 민족이 세운 나라가 아닐진대, 우리 민족을 그 나라로 끌고 들어가지 아니할 것이다. 왜냐 하면 피와 역사를 같이하는 민족이란 완연히 있는 것이어서, 내 몸이 남의 몸이 되지 못함과 같이 이 민족이 저 민족이 될 수 없는 것은, 마치 형제도 한 집에서 살기에 어려운 것과 같은 것이다. 둘 이상이 합하여서 하나가 되자면 하나는 높고 하나는 낮아서, 하나는 위에 있어서 명령하고 하나는 밑에 있어서 복종하는 것이 근본 문제가 되는 것이다.

이에 대하여 일부 소위 좌익의 무리는 혈통의 조국을 부인하고 소위 사상의 조국을 운운하며, 혈족의 동포를 무시하고 소위 사상의 동무와 프롤레타리아트의 국제적 계급을 주장하여, 민족주의라면 마치 이미 진리권의 밖의 생각같이 말하고 있다. 그러나 이것은 심히 어리석은 생각이다. 철학도 변하고 정치·경제의 학설도 일시적이지만, 민족의 혈통은 영구적이다. 일찍이 어느 민족 안에서나 종교로, 혹은 학설로, 혹은 경제적·정치적 이해의 충돌로 두 파 세 파로 갈려서 피로써 싸운 일이 없는 민족이 없지만, 그것도 바람같이 지나가는 일시적인 것이요, 민족은 필경 바람 잔 뒤의 초목 모양으로 뿌리와 가지를 서로 걸고 한 수풀을 이루어 살고 있다. 오늘날 소위 좌우익이란 것도 결국 영원한 혈통의 바다에 일어나는 일시적인 풍파에 불과하다는 것을 잊어서는 아니 된다.

이처럼 모든 사상도 가고 신앙도 변한다. 그러나 혈통적인 민족만은 영원히, 성쇠흥망의 공동 운명의 인연에 얽힌 한 몸으로 이 땅 위에 남는 것이다. 세계 인류가 네요 내요 없이 한 집이 되어 사는 것은 좋은 일이요, 인류의 최고요 최후인 희망이요 이상이다. 그러나 이것은 멀고 먼 장래에 바랄 것이요 현실의 일은 아니다. 사해동포四海同胞의 크고 아름다운 목표를 향하여 인류가 향상하고 전진하는 노력을 하는 것은 좋은 일이요 마땅히 할 일이나, 이것도 현실을 떠나서는 안 되는 것이니, 현실의 진리는 민족마다 최선의 국가를 이루어 최선의 문화를 낳아 길러서 다른 민족과 서로 바꾸고 서로 돕는 일이다. 이것이 내가 믿고 있는 민주주의요, 이것이 인류의 현단계에서는 가장 확실한 진리다.

그러므로 우리 민족의 최고의 임무는, 첫째로 남의 절제(간섭)도 아니 받고 남에게 의지도 아니 하는, 완전한 자주 독립의 나라를 세우는 일이다. 이것 없이는 우리 민족의 생활을 보장할 수 없을 뿐더러, 우리 민족의 정신력을 자유로 발휘하여 빛나는 문화를 세울 수 없기 때문이다. 이렇게 완전한 자주 독립의 나라를 세운 뒤에는, 둘째로 이 지구상의 인류가 진정한 평화와 복락을 누릴 수 있는 사상을 낳아 그것을 먼저 우리 나라에 실현하는 것이다. 나는 오늘날의 인류의 문화가 불완전함을 안다. 나라마다 안으로는 정치상·경제상·사회상으로 불평등·불합리가 있고, 밖으로 국제적으로는 나라와 나라, 민족과 민족의 시기·알력·침략, 그리고 그 침략에 대한 보복으로 작고 큰 전쟁이 그칠 사이가 없어서, 많은 생명과 재물을 희생하고도 좋은 일이 오는 것이 아니라 인심의 불안과 도덕의 타락은 갈수록 더하니, 이래 가지고는 전쟁이 그칠 날이 없어 인류는 마침내 멸망하고 말 것이다.

그러므로 인류 세계에는 새로운 생활 원리의 발견과 실천이 필요하게 되었다. 이것이야말로 우리 민족이 담당할 천직天職이라 믿는다. 이러함으로 우리 민족의 독립이란 결코 삼천리 삼천만 우리만의 일이 아니라, 진실로 세계 전체의 운명에 관한 일이다. 그러므로 우리 나라의 독립을 위하여 일하는 것이 곧 인류를 위하여 일하는 것이다.

만일 우리의 오늘날 형편이 초라한 것을 보고 스스로 비하하는 자굴지심自屈之心으로, 우리가 세우는 나라가 그처럼 위대한 일을 할 것을 의심한다면 그것은 스스로 모욕하는 일이다. 우리 민족의 지나간 역사가 빛나지 아니함이 아니나, 그것은 아직 서곡이었다. 우리가 주연 배우로 세계 역사의 무대에 나서는 것은 오늘 이후다. 삼천만 우리 민족이 옛날 그리스 민족이나 로마 민족이 한 일을 못한다고 생각할 수 있겠는가.

내가 원하는 우리 민족의 사업은 결코 세계를 무력으로 정복하거나 경제력으로 지배하려는 것이 아니다. 오직 사랑의 문화, 평화의 문화로 우리 스스로 잘 살고, 인류 전체가 의좋게 즐겁게 살도록 하자는 것이다. 어느 민족도 일찍이 그러한 일을 한 이가 없었으니 그것은 공상이라고 하지 말라. 일찍이 아무도 한 자가 없기 때문에 우리가 하자는 것이다. 이 큰 일을 하늘이 우리를 위하여 남겨 놓으신 것이라고 깨달을 때, 우리 민족은 비로소 제 길을 찾고 제 일을 알아본 것이다.

나는 우리 나라의 청춘 남녀가 모두 과거의 조그맣고 좁다란 생각을 버리고, 우리 민족의 큰 사명에 눈을 떠서, 기꺼이 제 마음을 닦고 제 힘을 기르기를 바란다. 젊은이들이 모두 이 정신을 가지고 이 방향으로 힘을 쓴다면 30년이 못 되어, 남들이 눈을 비비고 다시 쳐다볼 정도로 우리 민족은 대대적으로 발전할 것이라고 확신하는 바이다.

정치 이념

나의 정치 이념은 한마디로 자유이다. 우리가 세우는 나라는 자유의 나라라야 한다.

자유란 무엇인가? 각 개인이 제멋대로 사는 것을 자유라 한다면, 이것은 나라가 생기기 이전이나, 저 레닌의 말대로 나라가 소멸된 뒤에나 가능한 일이다. 국가 생활을 하는 인류에게 이러한 무조건의 자유는 없다. 국가란 일종의 규범의 속박이기 때문이다. 국가 생활을 하는 우리를 속박하는 것은 법이다. 개인의 생활이 국법에 속박되는 것은 자유 있는 나라나 자유 없는 나라나 마찬가지다. 그러니 자유와 자유 아님이 갈리는 것은 개인의 자유를 속박하는 법이 어디서 오느냐 하는 데 달렸다. 자유 있는 나라의 법은 국민의 자유로운 의사에서 나오고, 자유 없는 나라의 법은 국민 중의 일 개인 또는 일 계급에서 나온다. 일 개인에서 나오는 것을 전제 또는 독재라 하고, 일 계급에서 오는 것을 계급 독재라 하고 통칭 파쇼라고 한다.

　나는 우리 나라가 독재의 나라가 되기를 원치 아니한다. 독재의 나라에서는 정권에 참여하는 계급을 제외하고 다른 국민은 노예가 되고 마는 것이다. 독재 중에서 가장 무서운 독재는 어떤 주의, 즉 철학을 기초로 하는 계급 독재이다. 군주나 기타 개인 독재자의 독재는 그 개인만 제거되면 그만이지만, 다수의 개인으로 조직된 한 계급이 독재의 주체일 때 이것을 제거하기는 심히 어렵다. 이러한 독재는 그보다도 큰 조직의 힘이나 국제적 압력이 아니고는 깨뜨리기 어려운 것이다.

　우리 나라의 양반 정치도 일종의 계급 독재로 수백 년 계속하였다. 이탈리아의 파시스트, 독일의 나치스 독재는 누구나 다 아는 일이다. 모든 계급 독재 중에도 가장 무서운 것은 철학을 기초로 한 계급 독재다. 수백 년 동안 조선에서 행하여 온 계급 독재는 유교, 그 중에도 주자학파의 철학을 기초로 한 것이어서, 정치뿐만 아니라 사상, 학문, 사회 생활, 가정 생활, 개인 생활까지 규정하는 독재였다. 이 독재정치 밑에서 우리 민족의 참다운 문화는 소멸되고 원기는 마멸된 것이다. 주자학 이외의 학문은 발달하지 못하였으니 그 영향이

예술·경제·산업에까지 미치었다.

　우리 나라가 망하고 국민의 힘[民力]이 쇠잔하게 된 가장 큰 원인이 실로 여기 있었다. 국민의 머릿 속에 아무리 좋은 사상과 경륜이 생기더라도 그가 집권계급의 사람이 아니거나, 집권세력이더라도 사문난적[斯文亂賊]이라는 이단의 범주에 들어가면 세상에 발표되지 못하기 때문이었다. 이 때문에 싹이 트려다가 눌려 죽은 새 사상, 싹도 트지 못하고 밟혀 버린 경륜이 얼마나 많았을까. 언론의 자유가 얼마나 중요한 것임을 통감하지 아니할 수 없다. 오직 언론의 자유가 있는 나라에만 진보가 있는 것이다.

　시방 공산당이 주장하는 소련식 민주주의란 것은 이러한 독재정치 중에도 가장 철저한 것이어서, 독재정치의 모든 특징을 극단으로 발휘하고 있다. 그것은 헤겔의 변증법, 포이에르바하의 유물론 이 두 가지에, 아담 스미드의 노동가치론을 가미한 마르크스의 학설을 최후의 것으로 믿어, 공산당과 소련의 법률과 군대와 경찰의 힘을 한데 모아서, 마르크스의 학설에 일점일획[一点一劃]이라도 반대는 고사하고 비판하는 것도 엄금하여, 위반하는 자를 죽음의 숙청으로써 대하니, 이는 옛날 조선의 사문난적에 대한 것 이상이다.

　만일 이러한 정치가 세계에 퍼진다면 전 인류의 사상은 마르크스주의 하나로 통일될 법도 하거니와, 설사 그렇게 통일이 된다 하더라도 그것이 불행히 잘못된 이론일진대, 그런 큰 인류의 불행은 없을 것이다. 그런데 마르크스 학설의 기초인 헤겔의 변증법 이론이 이미 여러 학자의 비판으로 전면적 진리가 아닌 것이 알려지지 아니하였는가. 자연계의 변천도 변증법에 의하지 아니함은 뉴튼·아인슈타인 등 과학자들의 학설을 보아 분명하다.

그러므로 어느 한 학설을 표준으로 하여서 국민의 사상을 속박하는 것은, 어느 한 종교를 국교로 정하여서 국민의 신앙을 강제하는 것과 마찬가지로 옳지 아니한 일이다. 산에 한 가지 나무만 나지 아니하고, 들에 한 가지 꽃만 피지 아니한다. 여러 가지 나무가 어울려서 위대한 삼림의 아름다움을 이루고, 백 가지 꽃이 섞여 피어서 봄의 풍성한 경치를 이루는 것이다. 우리가 세우는 나라에는 유교도 성하고, 불교도, 예수교도 자유로 발달하고, 또 철학을 보더라도 인류의 위대한 사상이 다 들어와서 꽃이 피고 열매를 맺게 해야 할 것이다. 이래야만 비로소 자유의 나라라 할 것이요, 이러한 자유의 나라에서만 인류의 가장 크고 가장 높은 문화가 발생할 것이다.

나는 노자老子의 무위無爲 사상을 그대로 믿는 자는 아니지만, 정치에 너무 인공을 가하는 것을 옳지 않다고 생각한다. 대개 사람이란 전지전능할 수 없고 학설이란 완전무결할 수 없는 것이므로, 한 사람의 생각, 한 학설의 원리로 국민을 통제하는 것은 일시적으로는 빠른 진보를 보이는 것 같지만, 끝내 병통이 생겨 그야말로 변증법적인 폭력의 혁명을 부르게 되는 것이다. 모든 생물에는 다 환경에 순응하여 자신을 보존하는 본능이 있으므로 가장 좋은 길은 가만히 두는 것이다. 작은 꾀로 자주 건드리면 이익보다도 해가 많다. 개인생활에 너무 잘게 간섭하는 것은 결코 좋은 정치가 아니다. 국민은 군대의 병정도 아니요, 감옥의 죄수도 아니다. 한 사람 또 몇 사람의 호령으로 끌고 가는 것이 극히 부자연하고 또 위태한 일이라는 것은, 파시스트 이탈리아와 나치스 독일이 불행하게도 가장 잘 증명하고 있지 아니한가.

미국은 이러한 독재국에 비교하여 통일이 안 되는 것 같고 일의 진행이 느린 듯하여도, 그 결과로 보건대 가장 큰 힘을 발하고 있으니, 이것은 그 나라의 민주주의 정치의 효과이다. 무슨 일을 의논할 때 처음에는 백성들이 저마다 제 의견을 발표하여 소란하고 통일되지 않는 것 같지만, 갑론을박甲論乙駁으로 서로 토론하는 동안 의견이 차차 정리되어 마침내 두어 큰 진영으로 포섭되었다가, 다시 다수결의 방법으로 한 결론에 도달하여, 국회의 결의가 되고 원수元帥의 결재를 얻어 법률이 이루어지면, 국민의 의사가 결정되어 요지부동하게 되는 것이다.

이 모양으로 민주주의란 국민의 의사를 알아보는 절차 또는 방식이요, 그 내용은 아니다. 즉 언론의 자유, 투표의 자유, 다수결에 복종, 이 세 가지가 곧 민주주의이다. 국론國論, 즉 국민의 의사는 그때그때 국민의 언론전言論戰으로 결정되는 것이어서, 어느 개인이나 당파의 특정한 철학적 이론에 좌우되지 않는 것이 미국식 민주주의의 특색이다. 다시 말하면 언론, 투표, 다수결 복종이라는 절차만 밟으면 어떠한 철학에 기초한 법률도 정책도 만들 수 있으니, 이것을 제한하는 것은 오직 그 헌법의 조문뿐이다. 그런데 헌법도 결코 독재국의 그것과 같이 신성불가침의 것이 아니라, 민주주의의 절차로 개정할 수 있는 것이니, 이러므로 민주, 즉 백성이 나라의 주권자라 하는 것이다. 이러한 나라에서 국론을 움직이려면 어떤 개인이나 당파를 움직여서 되지 아니하고, 그 나라 국민의 의견을 움직여야 된다.

백성들의 작은 의견은 이해 관계로 결정되거니와, 큰 의견은 그 국민성과 신앙 및 철학으로 결정된다. 여기서 문화와 교육의 중요성이 생긴다. 국민성을 보존하는 것이나 수정하고 향상하는 것이 문화와 교육의 힘이요, 산업의 방향도 문화와 교육으로 결정됨이 큰 까닭이다. 교육이란 결코 생활의 기술을 가르치는 것만을 의미하는 것이 아니다. 교육의 기초가 되는 것은 우주와 인생과 정치에 대한 철학이다. 어떠한 철학의 기초 위에, 어떠한 생활의 기술을 가르치는 것이 곧 국민교육이다. 그러므로 좋은 민주주의의 정치는 좋은 교육에서 시작될 것이다. 건전한 철학의 기초 위에 서지 아니한 지식과 기술의 교육은 그 개인과 그를 포함한 국가에 해가 된다. 인류 전체를 보아도 그러하다.

이상에 말한 것으로 내 정치 이념을 대강 짐작할 것이다. 나는 어떠한 의미로든지 독재정치를 배격한다. 나는 우리 동포를 향하여서 부르짖는다. 결코 독재정치가 아니 되도록 조심하라고, 동포 각 개인이 충분한 언론 자유를 누려서 국민 전체의 의견대로 정치하는 나라를 건설하자고, 일부 당파나 한 계급의 철학으로 다른 다수를 강제함이 없고, 또 현재 우리들의 이론으로 우리 자손의 사상과 신앙의 자유를 속박함이 없는 나라, 천지와 같이 넓고 자유로운 나라, 그러면서도 사랑의 덕과 법의 질서가 우주 자연의 법칙과 같이 준수되는 우리나라를 건설하자고.

그렇다고 내가 미국의 민주주의 제도를 그대로 받아들이자는 것은 아니다. 다만 소련의 독재적인 민주주의에 대하여 미국의 언론 자유적인 민주주의를 비교하여서 그 가치를 판단하였을 뿐이다. 둘 중에서 하나를 택한다면 사상과 언론의 자유를 기초로 한 것을 취한다는 말이다. 그러나 나는 미국의 민주주의 정치 제도가 반드시 최후적인 완성된 것이라고는 생각하지 않는다. 인생의 어느 부분이나 마찬가지로 정치 형태도 무한한 창조적 진화가 있을 것이다. 더구나 우리 나라와 같이 반만년 이래 여러 가지 국가 형태를 경험한 나라에는 결점도 많으려니와, 교묘하게 발달된 정치제도도 없지 아니할 것이다. 가까이 조선시대만 보더라도 홍문관弘文館·사간원司諫院·사헌부司憲府 같은 것은 국민 중에 현인賢人의 의사를 국정에 반영하는 멋있는 제도요, 과거제도와 암행어사 같은 것도 연구할 만한 제도다. 역대의 정치제도를 상고하면 반드시 쓸 만한 것도 많으리라 믿는다. 이렇게 남의 나라의 좋은 것을 취하고 내 나라의 좋은 것을 골라서, 우리 나라에 독특한 좋은 제도를 만드는 것이 세계 문명에 이바지하는 일이다.

내가 원하는 우리 나라

나는 우리 나라가 세계에서 가장 아름다운 나라가 되기를 원한다. 가장 부강한 나라가 되기를 원하는 것은 아니다. 내가 남의 침략에 가슴이 아팠으니, 내 나라가 남을 침략하는 것을 원치 아니한다. 우리의 부는 우리 생활을 풍족히 할 만하고, 우리의 힘은 남의 침략을 막을 만하면 족하다. 오직 한없이 가지고 싶은 것은 높은 문화의 힘이다. 문화의 힘은 우리 자신을 행복하게 하고, 나아가서 남에게도 행복을 주기 때문이다. 지금 인류에게 부족한 것은 무력도 아니오, 경제력도 아니다. 자연과학의 힘은 아무리 많아도 좋으나, 인류 전체로 보면 현재의 자연과학만 가지고도 편안히 살아가기에 넉넉하다.

인류가 현재에 불행한 근본 이유는 인의仁義가 부족하고, 자비가 부족하고, 사랑이 부족한 때문이다. 이 마음만 발달이 되면, 현재의 물질력으로 인류 20억이 다 편안히 살아갈 수 있을 것이다. 인류에게 이 정신을 배양하는 것은 오직 문화이다. 나는 우리 나라가 남의 것을 모방하는 나라가 되지 말고, 이러한 높고 새로운 문화의 근원이 되고, 목표가 되고, 모범이 되기를 원한다. 그래서 진정한 세계의 평화가 우리 나라에서, 우리 나라로 말미암아 세계에 실현되기를 원한다.

홍익인간弘益人間이라는 우리 국조國祖 단군의 이상理想이 이것이라고 믿는다. 또 우리 민족의 재주와 정신과 과거의 단련이 이 사명을 달성하기에 넉넉하고, 국토의 위치와 기타의 지리적 조건이 그러하며, 또 1차·2차 세계대전을 치른 인류의 요구가 그러하며, 새로 나라를 고쳐 세우는 우리가 서 있는 시기가 그러하다고 믿는다. 우리 민족이 주연배우로 세계의 무대에 등장할 날이 눈앞에 보이지 아니하는가.

이 일을 하기 위하여 우리가 할 일은 사상의 자유를 확보하는 정치 양식의 건립과 국민교육의 완비이다. 내가 위에서 자유의 나라를 강조하고, 교육의 중요성을 말한 것도 이 때문이다. 최고의 문화를 건설하는 사명을 달성할 민족은 한마디로 말하면 국민 모두를 성인聖人으로 만드는 데 있다. 대한大韓사람이라면 간 데마다 신용을 받고 대접을 받아야 한다.

우리의 적이 우리를 누르고 있을 때에는 미워하고 분해하는 살벌 투쟁의 정신을 길렀지만, 적은 이미 물러갔으니 우리는 증오의 투쟁을 버리고 화합의 건설을 일삼을 때다. 집안이 불화하면 망하듯, 나라 안이 갈려서 싸우면 망한다. 동포간의 증오와 투쟁은 망할 징조이다. 우리의 용모에서는 화기가 빛나야 한다. 우리 국토 안에는 언제나 봄바람이 가득해야 한다. 이것은 우리 국민 각자가 한번 마음을 고쳐먹음으로써 가능하게 되고, 그러한 정신을 교육함으로 영원히 이어질 것이다.

최고의 문화로 인류의 모범이 되는 것을 사명으로 삼는 우리 민족의 개개인은 이기적 개인주의자가 되어서는 안 된다. 우리는 개인의 자유를 극도로 주장하되, 그것은 저 짐승들과 같이 저마다 제 배를 채우기에 쓰는 자유가 아니요, 제 가족을, 제 이웃을, 제 국민을 잘 살게 하는 데 쓰이는 자유이다. 공원의 꽃을 꺾는 자유가 아니라 공원에 꽃을 심는 자유다. 우리는 남의 것을 빼앗거나 남의 덕을 보려는 사람이 아니라 가족에게, 이웃에게, 동포에게 주는 것으로 즐거움으로 삼는 사람이다. 이것이 우리말에 이른바 선비요 점잖은 사람이다.

그러므로 우리는 게으르지 아니하고 부지런하다. 사랑하는 처자를 가진 가장은 부지런할 수밖에 없다. 한없이 주기 위함이다. 힘 드는 일은 내가 앞서 하니 사랑하는 동포를 아낌이요, 즐거운 것은 남에게 권하니 사랑하는 자를 위하기 때문이다. 이것이 우리 조상들이 좋아하던 인자하고 어진 덕이다.

이러함으로써 우리 나라 산에는 삼림이 무성하고, 들에는 오곡백과가 풍성하며, 촌락과 도시는 깨끗하고 풍성하고 화평할 것이다. 그리하여 우리 동포, 즉 대한사람은 남자나 여자나 얼굴에는 항상 화기가 있고, 몸에서는 어진 향기를 발할 것이다. 이러한 나라는 불행하려 해도 불행할 수 없고, 망하려 해도 망할 수 없는 것이다. 민족의 행복은 결코 계급투쟁에서 오는 것이 아니요, 개인의 행복이 이기심에서 오는 것도 아니다. 계급투쟁은 끝없는 계급투쟁을 낳아서 국토에 피가 마를 날 없고, 내가 이기심으로 남을 해하면 천하가 이기심으로 나를 해할 것이니, 이것은 조금 얻고 많이 빼앗기는 것이다. 일본이 이번 전쟁에 패해 보복당한 것은 국제적·민족적으로 그것을 증명하는 가장 좋은 실례다.

이상에 말한 것은 내가 바라는 새 나라의 용모의 일단을 그린 것이다. 동포 여러분! 이러한 나라가 된다면 얼마나 좋겠는가. 우리 자손에게 이러한 나라를 남기고 가면 얼마나 만족하겠는가. 옛날 한漢 나라 지역의 기자箕子가 우리 나라를 사모하여 왔고, 공자孔子께서도 우리 민족이 사는 데 오고 싶다고 하셨으며 우리 민족을 인仁을 좋아하는 민족이라 하였다. 옛날에도 그러하였거니와, 앞으로 세계 인류가 모두, 우리 민족의 문화를 이렇게 사모하도록 하지 아니하려는가. 나는 우리의 힘으로, 특히 교육의 힘으로 반드시 이 일이 이루어질 것이라고 믿는다. 우리 나라의 젊은 남녀가 다 이 마음을 가진다면 아니 이루어지고 어찌하랴!

나도 일찍이 황해도에서 교육에 종사하였거니와, 내가 교육에서 바라던 것이 이것이었다. 내 나이 이제 일흔이 넘었으니 직접 국민교육에 종사할 시일이 넉넉지 못하지만, 나는 천하의 교육자와 남녀 학도들이 한번 크게 마음을 고쳐먹기를 빌지 아니할 수 없다.

1947년
새문 밖에서

백범 연보

1. 『백범일지』 원문의 연기 착오를 대폭 정정하여 연보를 작성하였다.
2. 가급적 달(月)까지 표시하여 선후 관계를 파악할 수 있게 하였으며, 같은 달에 일어난 사건은 ; 로 연결하였다.
3. 백범과 직접 관련되지 않는 일반 시사 사항은 〔 〕 안에 정리하고 음영 처리하였다.
4. 건양(建陽) 원년(1896) 이전은 음력, 그 이후는 양력을 원칙으로 하였지만, 그렇지 않는 경우 양·음력을 적시하였다.
5. 주어가 없는 경우는 백범의 활동을 의미한다.

1876년(1세) 〔2월: '한일수호조규'(丙子條約, 江華條約) 조인〕 음력 7월 11일(양력 8월 29일): 해주 텃골에서 태어남. 아명兒名은 창암昌巖.

1878~79년(3~4세) 천연두를 앓음. 얼굴에 벼슬자국 생김.

1880~82년(5~7세) 강령 삼가리三街里로 이사갔다 텃골 고향으로 다시 돌아옴.

1883~86년(8~11세) 아버님, 도존위都尊位에 천거되었다가 3년이 못되어 면직.

1887년(12세) 양반이 되기로 결심. 과거를 위한 서당 공부 시작.

1888~89년(13~14세) 아버님, 갑자기 전신불수 되었다가 호전되어 반신불수. 부모님은 의원을 찾아 전국을 떠돌아다니고, 김창암은 친척 댁을 전전.

1890~91년(15~16세) 부모님과 더불어 고향 해주 텃골로 돌아와 서당 공부 재개.

1892년(17세) 과거 낙방. 관상 공부하며, 마음 좋은 사람이 되기로 결심. 병법서 탐독, 가문 어린이를 모아 1년간 가르침.

1893년(18세) 동학 입문, 김창수金昌洙로 개명.

1894년(19세) 〔1월: 전봉준의 고부민란 발생. 5월: 전주화약. 6월: 청일전쟁 발발〕

가을: 김창수, 동학접주 첩지를 받음. [9월: 동학농민군 2차 봉기. 10월 22일
~11월 12일: 동학군 공주 우금치에서 대패]. 11월 27일(양력 12월 23일): '팔봉
접주'로 해주성 공격에 선봉에 나서지만 실패. 12월 [전봉준, 순창에서 잡혀
경성으로 압송] 김창수 부대, 동학군 이동엽李東燁의 공격으로 대패. 이후 3개
월간 몽금포로 잠적.

1895년(20세) 2월: 청계동 안태훈 진사에게 의탁. 스승 고능선高能善을 만남. 5월:
김형진과 함께 청국淸國 만주까지 감. [8월: 을미사변乙未事變, 명성황후 시해]
11월: 김이언 의병에 참가하나 패배. 고능선의 장손녀와 약혼하나, 김치경의
훼방으로 파혼. [11월 15일: 단발령 공포. 11월 17일: 건양建陽으로 연호 개정,
양력 사용]

1896년(21세) [1월: 전국 각지에 을미의병 일어남. 2월 11일: 고종, 아관파천] 3월
9일: 김창수, 치하포에서 일본인 스치다(土田讓亮)를 죽임. 6월: 해주옥에 투옥.
8~9월: 인천으로 이송되어 세 차례 심문 받음. 10월 22일: 법부, 김창수의 교
수형 건의, 고종은 최종 판결 보류.

1897년(22세) 김주경金周卿이 김창수 구명 운동을 벌이지만 실패.

1898년(23세) 3월: 탈옥, 대신 부모님이 투옥됨. 삼남으로 도피. 늦가을: 공주 마
곡사麻谷寺에서 스님 원종圓宗이 됨.

1899년(24세) 4월: 해주에서 부모님 상봉. 5월: 평양 영천암靈泉庵 방장으로 걸시
승乞詩僧 생활. 9~10월경: 환속, 해주 고향에 돌아옴.

1900년(25세) 2월: 강화 김주경의 동생, 진경의 집에서 3개월 동안 훈장 생활. 유
완무와 그의 동지들을 만남. 이름을 구龜로 고침. 11월: 고능선 선생과 구국 방
안 대한 논쟁.

1901년(26세) 1월 28일(음력: 1900년 12월 9일): 아버님 사망.

1902년(27세) 음력 1월: 여옥如玉과 맞선을 보고 약혼.

1903년(28세)　음력 1월: 약혼녀 여옥 병사. 음력 2월: 아버님 탈상. 이후 기독교에
입문, 평양에서 열린 겨울 사경회 참여.

1904년(29세)　장련 사직동으로 이사. 여름: 평양 예수교 주최 사범강습에 참여,
안신호와 약혼했으나 곧 파혼. 광진학교光進學敎 설립.

1905년(30세)　〔11월 17일: 을사늑약乙巳勒約 체결〕; 김구, 경성 상동교회 모임에
참여, 전덕기·이준·이동녕·최재학 등과 함께 상소, 공개 연설 등 구국운동.

1906년(31세)　장련 사직동에서 최준례와 약혼. 9월: 장련 읍내로 이주, 장련공립
소학교 교원이 됨. 11월: 최광옥과 안악면학회 조직. 12월: 최준례와 결혼.

1907년(32세)　〔4월: 신민회 조직. 7월: 대한제국 군대 해산, 전국적인 의병운동丁
未義兵. 8월: 고종 퇴위, 순종 즉위〕; 11월: 장련 봉양학교 교사로 학생 손두환
을 단발함.

1908년(33세)　장련에서 신천군 문화로 이사, 서명의숙西明義塾 교사. 안악으로 이
사, 양산학교 교사. 해서교육총회를 조직, 학무총감學務總監이 됨.

1909년(34세)　황해도 각 군을 순회하며 계몽운동. 10월: 안중근 의사, 이토 히로
부미 저격 사살. 김구, 이 사건과 연루되어 체포되었으나, 한 달여 만에 불기
소 처분. 12월: 재령 보강학교保强學校 교장 겸임; 나석주羅錫疇·이재명李在明
등과 만남. 〔12월: 이재명, 경성에서 이완용을 습격〕

1910년(35세)　둘째 딸 화경化慶 태어남. 〔8월 29일: '한일합방조약' 공포〕 12월: 경
성에서 열린 신민회 회의에 참여. 안명근, 양산학교로 김구를 찾아옴.

1911년(36세)　1월: 일제, 안악 사건을 조작, 황해도 일대의 민족주의자 총검거. 김
구도 체포되어 혹독한 고문을 당함. 7월: 김구, 징역 15년 선고 받음; 서대문
감옥으로 이감, 의병과 활빈당 등을 만남.

1912년(37세)　〔7월: 메이지천황明治天皇 사망〕 9월: 김구, 15년형에서 7년으로 감형.

1914년(39세)　〔4월: 메이지천황의 부인 사망〕 김구, 7년형에서 다시 5년으로 감형.

출옥을 대비하여 이름을 구九로, 호를 백범白凡으로 고침. 인천감옥으로 이감 (죄수 번호 55호), 인천항 건설 공사에 동원.

1915년(40세) 둘째 딸 화경 죽음. 8월: 김구, 가석방.

1916년(41세) 문화 궁궁농장 추수 검사[看檢]. 셋째 딸 은경恩慶 태어남.

1917년(42세) 2월: 동산평東山坪 농장의 농감이 됨. 셋째 딸 은경 죽음.

1918년(43세) 11월: 아들 인仁 출생.

1919년(44세) 3월: [3·1운동 발발] 3월 29일: 김구, 상해로 망명. 4월: 상해에서 대한민국임시정부 수립. 9월: 김구, 임시정부의 경무국장警務局長이 됨.

1920년(45세) 8월: 아내 최준례, 아들 인을 데리고 상해로 옴.

1922년(47세) 어머님, 상해로 옴. 차남 신信 출생. 9월: 임시정부 내무총장이 됨.

1923년(48세) 6월: 김구, 국민대표회의 해산령 내림.

1924년(49세) 1월: 아내 최준례 사망. 6월: 김구, 임시정부 노동국총판을 겸임.

1925년(50세) [3월: 임시정부, 이승만 면직안 의결 ; 박은식을 임시 대통령으로 선출. 7월: 박은식, 임시정부 대통령 사임] 8월 29일: 나석주 의사, 백범의 생일상을 차려줌. [9월: 이상룡, 임시정부 국무령에 임명됨] 11월: 어머님, 차남 신을 데리고 귀국.

1926년(51세) [6월: 국내 6·10만세운동. 12월: 나석주 의사, 동양척식회사에 폭탄을 던지고 자결] 12월: 국무령 홍진 등 임시정부 전 국무위원 총사직 ; 김구, 임정의 국무령에 선출됨.

1927년(52세) 9월: 장남 인을 고국으로 보냄. 3월: 임시정부, 국무령제를 집단지도체제인 국무위원제로 개편 ; 김구, 국무위원에 선출됨.

1928년(53세) 3월: 김구, 『백범일지』 상권 집필 시작 ; 임시정부의 침체를 타개하기 위해 미주 교포들에게 편지 보내기 정책을 실시함.

1929년(54세) 5월: 『백범일지』 상권 탈고. 8월: 김구, 상해 교민단 단장이 됨.

1930년(55세) 1월: 김구, 이동녕 등과 한국독립당 창당.

1931년(56세) 〔9월: 만주사변滿洲事變 발발〕 10월: 김구, 일본 요인 암살을 목적으로 한인애국단韓人愛國團을 창단, 이봉창 의거 계획을 세움.

1932년(57세) 1월 8일: 이봉창 의사, 일황 히로히토(裕仁)에게 수류탄 투척. 〔1월 29일: 상해사변 발발. 3월: 만주국 성립〕 4월 29일: 윤봉길, 상해 홍구공원 의거. 김구, 피치 씨 집에 피신. 5월: 김구, 상해 탈출, 가흥·해염 등으로 피신 ; 임시정부, 상해에서 항주抗州로 옮김. 〔10월: 이봉창, 교수형으로 순국. 12월: 윤봉길, 총살형으로 순국〕

1933년(58세) 5월: 김구, 장개석 면담. 11월: 중국 중앙육군군관학교 낙양분교洛陽分校에 한인특별반 설치.

1934년(59세) 4월: 9년 만에 어머님과 아들 인·신을 만남. 낙양분교洛陽分校의 한인특별반 중지. 가흥의 여뱃사공 주애보를 남경으로 데려와 동거. 12월: 남경에서 한인특무독립군韓國特務獨立軍 조직.

1935년(60세) 〔4월: 민족혁명당 결성 운동, 임정무용론 대두. 7월: 민족혁명당 결성〕 10월: 임정의정원 의원 16인, 가흥 남호南湖에서 선상船上 비상회의, 이동녕·김구·조완구 등을 임시정부 국무위원으로 보선 ; 임시정부의 김구 시대 개막. 11월: 김구, 임시정부를 옹호하기 위하여 한국국민당을 조직. 임시정부, 항주에서 진강으로 옮김.

1936년(61세) 8월 27일: 김구, 환갑을 맞이하여 이순신의 진중음陣中吟을 휘호로 씀. 〔12월 12일: 장개석, 서안에서 장학량에 의해 구금(서안사변)〕

1937년(62세) 〔6월 4일: 김일성, 보천보 습격. 7월 7일: 노구교蘆溝橋 사건으로 중일전쟁 발발. 11월 20일: 장개석, 천도 발표〕 김구, 임정 대가족과 호남성 장사長沙로 피난. 〔12월 13일: 일본군, 남경 점령 및 대학살〕

1938년(63세) 5월: 남목청楠木廳에서 이운환의 저격을 받음. 7월: 임시정부, 광주

廣州로 옮김. 10월: 임시정부, 유주柳州로 옮김. 〔일본군, 한구·무창·광동 등
함락〕

1939년(64세) 3월: 임시정부, 사천성 기강綦江으로 옮김. 4월: 어머님 곽낙원(81세)
사망. 〔9월: 독일의 폴란드 침공으로 제2차 세계대전 발발〕

1940년(65세) 2월: 임시정부 대가족, 토교土橋로 이사. 5월: 한국독립당·조선혁명
당·한국국민당이 통합하여 한국독립당 결성. 9월: 임시정부, 중경으로 옮김 ;
광복군 성립 전례식. 10월: 임시정부, 헌법 개정 ; 김구, 주석으로 선출됨.

1941년(66세) 10월: 『백범일지』 하권 집필을 시작. 11월: 임시정부, 「대한민국 건
국강령」 발표. 12월: 〔일본군의 진주만 공습으로 태평양전쟁 개전〕 임시정부,
일본에 선전포고.

1942년(67세) 3월: 임시정부, 「3·1절 선언」으로 중·미·영·소에 임시정부 승인을
요구. 10월: 김원봉 등 좌파, 임시정부에 참여.

1943년(68세) 〔9월: 이탈리아, 연합군에 항복. 11월: 미·영·중 3국 거두, 카이로
회담에서 한국의 독립 문제 논의〕

1944년(69세) 4월: 김구, 임정 주석으로 재선. 〔6월: 연합군, 노르망디 상륙〕 10월:
김구, 장개석 면담, 임시정부 승인 요구.

1945년(70세) 2월: 임정, 일본·독일에 선전포고 ; 〔미국·소련·영국 얄타회담 개
최〕 3월: 장남 인(28세) 사망. 〔5월: 독일 항복, 7월: 미·영·중 3국 거두, 포츠
담선언〕 8월: 김구, 서안에서 미군 도노반 장군과 회담. 〔8월 15일: 일본 항복,
9월: 국내, 조선인민공화국 수립 선포, 10월: 이승만 귀국〕 11월: 김구를 포함
한 임시정부 국무위원 제1진 귀국. 12월: 서울운동장에서 임시정부 환영회,
〔모스크바 3상회의〕 김구, 신탁통치 반대 총동원위원회를 조직.

1946년(71세) 2월: 김구, 비상국민회의 조직, 반탁운동 〔3월: 제1차 미소공동위원
회 개최, 6월: 이승만, 정읍에서 남한 단독정부 수립 발언〕 7월: 김구, 이봉창·

윤봉길·백정기 3의사의 유골을 효창원에 모심. 10월: 좌우합작 7원칙 발표 ; 김구, 이에 대한 지지성명 발표.

1947년(72세)　1월: 김구, 반탁독립투쟁위원회 조직, 제2차 반탁운동 전개. 3월: 김구, 건국실천원양성소 개설. 5월: 김구, 제2차 미소공동위원회 불참을 성명. 〔9월: 한국문제 UN에 이관됨〕10월: 한국독립당, 남북대표회의 의결. 〔11월: UN 총회에서 유엔 감시하의 한반도 총선 가결〕12월: 장덕수, 피살 ; 김구, 암살의 배후로 의심 받음 ; 국사원에서 『백범일지』 출간.

1948년(73세)　1월: 김구, 통일정부 수립을 요구하는 6개항 의견서 발표. 2월: 남북회담을 제안하는 서신을 북한의 김일성·김두봉에게 보냄. 4월: 〔제주도 4·3 사건 발생〕; 김구, 북행하여 남북연석회의 참여. 〔5·10 총선거〕7월: 김구, 북한의 단정 수립도 반대한다는 성명 밝힘 ; 통일독립촉진회 결성 ; 〔8월 15일: 대한민국 수립, 9월 9일: 조선민주주의인민공화국 수립〕

1949년(74세)　1월: 김구, 서울에서 남북협상을 희망한다고 발언 ; 백범학원을 세움. 3월: 창암학원 세움. 〔5월: 국회프락치 사건〕6월 26일 낮 12시 36분: 안두희의 총에 맞아 경교장에서 운명. 7월 5일: 국민장 거행, 효창원에 안장.

찾아보기